直贡法嗣

直贡·丹增白玛坚参　著
克珠群佩　译

西藏人民出版社

图书在版编目(CIP)数据

直贡法嗣/直贡·丹增白玛坚参著.——拉萨：西藏人民出版社，2013.10（2024.3重印）

ISBN 978—7—223—00861—7

Ⅰ.①直… Ⅱ.①直… Ⅲ.①喇嘛宗—僧侣—列传 Ⅳ.①B949.92

中国版本图书馆CIP数据核字(2013)第234558号

直贡法嗣

编　　著	直贡·丹增白玛坚参 克珠群佩　译
责任编辑	杨芳萍　多杰卓玛
封面设计	罗桑扎西
责任印制	缪攀
出版发行	西藏人民出版社（拉萨市林廓北路20号）
印　　刷	西藏山水印务技术有限公司
开　　本	850×1168　1/32
印　　张	9
字　　数	200千
版　　次	1995年9月 第1版
印　　次	2024年3月 第3次印刷
印　　数	3,001-5,000
书　　号	ISBN 978-7-223-00861-7
定　　价	26.00元

发行部联系电话(传真)：0891-6826115

目　录

藏文出版说明

《直贡法嗣教史·金鬘》为从直贡觉巴仁钦白算起的直贡第二十九任住持,或按共许的传统算法,觉巴仁钦白除外,从堪钦古热瓦算起的直贡第二十八任住持丹增白玛坚参晋美陈烈乔烈朗杰所著。他于藏历第十三饶迥金虎年即公元1770(年)诞生在工域地区的年氏王后代的一个咒师家族。七岁时被直贡第二十七任住持贡觉丹增曲吉尼玛认定为第二十六任住持贡觉丹增珠堆白典曲吉尼玛陈烈乔烈朗巴杰瓦桑布德的转世灵童,并于公元1776年即藏历火猴年从直贡派去以杨日噶尔寺卸任亲教师杰赛巴为首的僧俗多人到工域迎请殊胜转世灵童,当年二月吉日来到直贡,父子相见。之后,在直贡替寺于法主仁钦白像前受居士戒,取名贡觉丹增陈烈朗杰,依止上师聆听了直贡诸教法及善逝集等新旧密乘诸教法。十五岁时正受沙弥戒,取名丹增白玛坚参晋美陈烈乔烈朗巴杰瓦德,从洛仁波且曲吉坚参尊前听受诸灌顶教法。十九岁土猴年即公元1788年被授权为直贡政教法太子,坐床就职。二十三岁时,由至尊曲吉尼玛为亲教师,由洛仁波且为业轨范师,在如数比丘中正受比丘戒。当年至尊先师圆寂,至尊丹增白玛坚参承担起直贡政教的全部责任,并完成了为先师建造灵塔等诸事,为宏扬直贡教法立下了汗马功劳。除此之外,我们未见其他传记,故难以作详细介绍,尚请见谅。

《直贡法嗣·金鬘》是根据第十五任住持所作法王阐教王仁波且以前历代住持历史、第二十二任住持贡觉仁钦所作《宝鬘》、第二十三任住持曲吉扎巴所作《莲花鬘》、第二十五任住持顿珠曲吉杰佰所作《法嗣·水晶鬘》,并参照巴卧《教史·贤者喜宴》和一些先师传记、诸新旧典籍而著成。年代有出入处,又参考了郭译师之《青史》等诸史书进行校订,于第十三饶迥金猴年即公元1800年作了详细汇编辑录,于水猪年即公元1803年又作了认真校正,并最后定稿。

《直贡法嗣》记载了吉祥直贡派的教法传承和派系、历代上师、各时期的寺院盛衰情况等,是一部研究直贡历史不可缺少的重要文献。然而,成书之后,直贡诸拉章和寺院逐渐衰落,使得《法嗣·金鬘》亦未能付梓,而且其手抄本亦非常少见。直贡派是噶举派四大八小中最兴盛的一个教派,具有八百多年的历史,而且是西藏政教各方面享有盛誉的十三万户府之一。我国元、明、清各朝代的许多皇帝曾给直贡派上师赐赏诏敕和诰印等,以示嘉奖。直贡派的历史是西藏历史整体中之重要部分。鉴于以上原因,亦为了抢救西藏历史古籍,为了给研究西藏学的学者提供参考,现将此书铅印出版。

《了义佛法心要大直贡法嗣教史·金鬘》的原文是从直贡国觉拉章的残存书籍中寻找并借出来的,为行书体版本。该版本字体清晰,在内容上似乎亦无大谬误,但在文字方面,由于刻写人的水平所限,名词和虚词方面有不少错别字。这次编辑时,把原文中的缩写字正确拆写,而且校正了所有错别字。校正时原文未动,在两个以上的错别字底下划一横线,单个的错别字未划线,修正的字用〈〉括在其错别字后面;原文缺字而补加的字括在[]内。由于我们水平所限,在编辑方面必有不足之处,敬请广大读者给予指正。

恰白·次旦平措

1989年2月

四教诲传承诸师传略

总摄诸佛智悲功德意，开示大乘深密大海语，

三学魁星神圣殊胜身，三皈[1]尽集上师我顶礼。

智慧超凡相好皆圆满，霞光灿烂法行三轮高[2]，

赐示八万四千利乐道[3]，能仁王之语狮[4]我顶礼。

不变殊胜自性之大乐，常为智慧明妃妙拥抱，

---

①三皈：即三皈依：皈依佛、皈依法、皈依僧。关于学修佛法，必须先参拜依止善知识，这是佛教显密各宗共许的。如《华严经》云："一切佛法，如是皆由善知识而得圆满，以善知识而为根本。"但显教不重皈依上师，而显密兼备之藏传佛教各派都认为皈依上师应先于皈依三宝，因为三宝总摄于上师一身。达布拉杰《论解脱之道》云："我等要证佛果。就要积福德和智慧二资粮，要断灭烦恼和知识二障。而积资和断障的方法唯从善知识得。"不仅如此，在修持密法时的一切加持都从上师获得。

②法行三轮：念，闻思轮；断灭，禅定轮；所行，业报轮。一切法行均包括于此三轮中。参见注释"十法行"条。

③佛为调伏对治一切烦恼所说八万四千法门。

④语狮：系文殊菩萨之异名。

常享双运美味戏神舞，和合七支具者[①]我顶礼。

显现各类行相之神变，灭除生死涅槃诸束缚，

开示前无先例大手印，宣讲其义佛子圣智贤[②]。

无量明处大宝源无边，宛如滴水融会意宝瓶，

方便大乐自我燃滴道[③]现证四喜道理[④]那若巴。

---

①和合七支具者：原文为七支具者。七支为修学佛法时的加行七法。有积资七支，忏悔七支，密乘七支等。但从上下文看，这一节四句是金刚持的颂文，金刚持异名不是七支具者，而是和合七支具者（见《词藻经·贤者喜闻》第3页）。和合七支为如来报身自性所具七支：受用圆满支、和合支、大乐支、无自性支、大悲遍满支、利生无间支和永住无灭支。

②智贤为底洛巴的本名，因他曾为榨油工，故人称底洛巴（榨油者）。

③燃滴道：即指拙火定（脐轮火）修法。是那若六法之一。《大乘要道密集》云："修习之人入拙火定，则发大暖气，生四种喜，所见所闻皆觉大乐，起无分别智，于现身上获得大手印成就。"宗喀巴大师《密宗道次第广论》卷二十二云："猛利火烧熊溶菩提心（即明点），系缚不堕，依此引生上降下固四喜证德。"因其修持时观想从脐轮处炽燃猛利灭，渐达顶轮，变成菩提月液降滴原处。故言燃滴道，即上燃下滴之意。具体修法参见胡之真著《藏密法要》第111～143页。参见译注"拙火定"和"六法"条。

④四喜：即脐轮火修所生证境之一。菩提月液从顶轮降滴至脐轮之间所生四种喜乐：大喜乐、超喜乐、奇喜乐，此三均属有漏之世间成就，最后为俱生喜乐，为无漏之出世间成就。

金刚密乘四续[1]诸要诀，弘传于那广阔雪域地，
点燃佛法明灯驱黑暗，自在译师尊者玛尔巴。
用那光明火焰燃烧尽，净与不净二现[2]诸幻像，
亲见元始俱生大自性，米拉协巴多吉大尊者[3]
燃灯智[4]的菩提心传承，亲口秘传诸善知识法。
善融于您吉祥结[5]心中，人称举世无双岗布巴。
一口吸进显密浩瀚义，成为学修兼备大法主，
美名如雷誉满三界土，正法导师吉祥帕珠巴。
蕴身注满众贤加持力，佛陀及其化身离遮毗，
龙树等圣化身为一体，直贡世间怙主我顶礼[6]。
您的政教合一宝座上，噶当法流与那大手印。
公正不偏如水汇一地，善知所传诸师我顶礼。

---

①金刚密乘四续：金刚乘另有持明藏、果乘、陀罗尼藏、方便乘、论师藏、续部等名称，一般又称为密宗、密教。其经典亦被称为"续"梵音"怛特罗"即为相续不断之意。完整的密续有根续、道续、果续三大环节，而此三者在学修密续过程中始终为相续互连、不可分割。因此，称密典为"续"。值得注意的是，"续——怛特罗"这个名词并非佛教所专有，印度其他宗教亦用此名，宗教以外的其他学科也用这个名词，如藏医《四部医典》的本名为"四续"。密续根据其修行重点的不同而划分为事、行、瑜伽与无上瑜伽四种。相对于无上瑜伽部而言。前三者亦被称为下三部，但亦有本尊修法，下三部修本尊重在"有相""无相"，无上瑜伽修本尊重在"生起""圆满"二次第。

②二现：承认内心和外境分别存在的感觉。

③协巴多吉：喜金刚之意，是米拉日巴的秘密名。

④燃灯智：指阿底峡尊者，其历史详见于西北民族学院研究所出版的《阿底峡尊者传》，段克兴译本。参见译注"阿底峡"条。

⑤吉祥结：八种瑞相之一。此处系修饰语。

⑥指直贡觉巴·仁钦白。因他是龙树之化身，而龙树又是佛陀释迦牟尼之化身。因此，认为他亦是释迦牟尼化身。

一切部主大王金刚持，为伏怖畏时相等恶魔①，
身成坛城主尊胜乐轮，祈请赐予二利之成就。
又红又圆可怖忿怒眼，彻底摧垮五箭主②无余，
吉祥四臂黑天大护法，祈请专心护佑法和僧。
金刚空行羯磨之七母，示现无穷变化空行母，
曲卓③为首空行众护法，祈请护卫真法勿懈怠。
誉为佛门第二大导师，指引世与出世间众生，
趋向解脱顶峰无间断，就是佛陀化身仁钦白。
常常所赞则是此怙主，常常阐述所传之佛法，
多多教诲圣法之源流，多多讲述师承之历史。
愿此甘霖普降化机缘，浇灌信仰之树常茂盛，
结出累累无上成熟果，利乐功德不衰永世存。

如此，以赞颂词为引导，简略讲述成为释迦牟尼教法之心要的直贡噶举教法源流。直贡派创建者无与伦比的怙主觉巴仁钦白大师在许多佛教显密经典中都有授记：我们的佛主无比圣神的释迦王化身为离遮毗无垢，威慑众大声闻，连童子文殊④都显出畏惧。佛陀寂灭后四百年时，他又转世为龙树，开示远离有无二边

---

①从胜乐金刚身像看，其左脚压俯卧的怖畏（又译黑罗刹）男体，右脚压仰躺的时相女。亦有与之相反者。

②五箭主：是欲天之异名。因他具有能醉、能爱、能愚、能瘦、能缚等五箭，故名五箭主。

③曲卓：指直贡祖母护法神曲吉卓玛。

④童子文殊：为文殊菩萨的称号。因文殊菩萨断尽一切粗恶过失，成就至上美妙功德，随于一切时地均能永葆16岁青春年华，故有此称号。

之甚深中观道[1]，金刚乘佛教的大多密法亦传承于此师，为印藏所有贤哲一致公认他是佛陀的化身，无有争议。为了澄清雪域藏区见浊[2]诸谬误，引众生入正见，又化身为无与伦比直贡仁钦白。正如清净圆满佛的真实弟子锡兰大阿罗汉曾给迦湿弥罗班智达释迦室利之弟五朵白莲花，并授记说："你的兄长班智达将赴藏土，将一朵白莲花请他献给在续地区龙声河畔修行的比丘仁钦白。"如此授记的历史，因恐繁复，故不详述。

这位具有难以想象的三十七种稀有功业的至尊仁钦白法座之历代住持大士以及噶举派历代诸先师皆传承于无比之达布噶举[3]。其见系清净中观之传承，其行系清净的般若波罗蜜多之传承，其修系清净的真言金刚乘之传承。因此，其见行修以及金刚

---

①甚深中观：龙树所开启中观宗，因其见地高深于小乘之经部和有部、大乘之唯识等各宗，故在藏文中称中观宗为甚深中观宗，以别于其他宗。中观立缘起理，承认在名言中万法皆有，不堕"毕竟无"的断边；又立性空义，认为万法虽有但无自性。不堕"自性有"的常边。认为"缘起有"和"自性无"是与事实相符合的，是正确的；认为"自性有"和"毕竟无"是与事实不相符的，是错误的。所谓远离有无二边，就是指远离自性有与毕竟无。宗喀巴大师在《缘起赞》中对缘起性空大加赞颂："如是于依怙。希有称赞门；除说缘起外，谁能得余者。由彼彼依缘，说彼彼性空，离此更何有，希有善教诲。"并指出"缘起"与"性空"相辅相成，不一不异的关系，"此皆自性空，缘此此果起，二决定更互，无障为助伴。"这种空有两方双融双成，才是"不生不灭，不常不断，不来不去。不一不异"之中观见。

②见浊：五浊（命浊、劫浊、烦恼浊、众生浊、见浊）之一。即执常断边或有无边，败坏中观等正见。

③噶举派有达布噶举和香巴噶举两大派。达布噶举传承于印度的底洛巴和那若巴以及西藏的玛尔巴和米拉日巴，形成于达布拉杰。传统所说噶举派四大八小皆由达布噶举传出，而香巴噶举又未有大影响，因此，史书所说噶举派即指达布噶举。

乘四教诲的传承上师，虽多得不可思议，但下面只简述其中主要的证悟和加持传承诸上师之历史。

一切部共主、众曼荼罗主尊之金刚持大王，犹如天空的一轮月亮在水中显出无数月亮一样，一性变化出无量身，显现为密乘众曼荼罗之主尊及无量天神主仆，以应机行化，教化众生。其历史简述如下：其母美丽无瑕，又具有空性韶华诸祥瑞，其父富有不变之大乐，本是诸佛共主，名为无二戏吉祥。这位怙主金刚持诞生后，时常游戏于自类美妙功德及和合七支之大乐中。其空性和慈悲之妙音无滞无碍，响遍三界无余，并以此无畏妙音向众具缘开示解脱之道，赐予殊胜功德。如此事业，显而易见他是元始怙主噶王初佛之化身；而从其发菩提心、善达二资粮大海彼岸等宏化来看，他亦是开示十二因缘等教法的仁王之化身，为度一切有情众生转动八万四千无垢法轮，以调伏教化众愚智化机。又在密严刹土①证得五现证②而成佛，化度净土众化机，以轮相色身向诸根器上乘而又敬信深义者宣讲续部诸法或示现幻化，成为遍照轮回涅槃之毗卢佛、满足善愿之宝生佛，以及无垢无量光佛和不空成就佛等诸佛之共主，并化身为金刚萨埵等众多部轮相。故此，这位胜王成为众部之共主，成为高于众佛和菩萨的曼荼罗之主尊。其身为蔚蓝色，犹如无垢吠琉璃，并具相好瑞德；其面自如月色，双手持握金刚铃杵，交叉于胸前；其足结金刚跏趺，以示虽享用入世出世福德，但不住生死涅槃；其发髻垂悬着骨饰宝，左右摇晃，以其威力解除众生之烦恼苦痛；其语如大海上密云，化作无与

①密严刹土：金刚持住地。

②五现证：密乘五现证。佛教密乘无上瑜伽生起次第修证本尊五法：月轮现证、日轮现证、种子现证、手帜现证和全身现证。

伦比的具有五决定[1]的了义甘霖，普降轮回世界。以其殊胜身语意，在刹那间正确赐示佛法。在注满吉祥解脱法性福德的大海边，生长着受用身和变化身的繁茂树木，茁壮成长，被相好水晶之细枝嫩芽所盘绕，盛开着五颜六色的功德花朵。在如此美丽的林园内，诸菩萨好似蜜蜂群飞翔盘旋，敏捷地歌舞着。为了使妙乘佛法甘露受用奇异无比的尊主金刚持永远住于众生心中并使众生能见其尊容，并以无垢宝鬘传记，澄清众生心中混浊渣滓，简述其传，把这怙主原本介绍给众生。但愿众生远离懈怠，暂且来同怙主受用春光明媚的福德圆满。善业犹如阳光照射在长满君陀花、覆盖着皑皑白雪的山顶，愿以此善业，显示证悟本性的自在因果，愿众生获得金刚持果位，永远享受和合七支。附大金刚持之简史完。

---

①五决定：报身所具五种特法，亦是金刚持五特法。处决定，永住色究竟大密严刹土；身决定，相好庄严圆满报身；眷属决定，唯有圣者菩萨围绕；法决定，只说大乘教法；时决定，住世乃至轮回未空。

“四教诲”传承师传略

遍主金刚持向至尊底洛巴亲自传授续部诸密法并把他收为徒弟。但是，为了让底洛巴摄收愚笨迟钝者，就现示底洛巴有以下人师。正如底洛巴所云：“龙树、咱热耶巴、罗瓦巴和善缘母，都是我的四教诲的上师”。其“四教诲”具体传承是：一由金刚持依次传授因陀罗、龙变瑜伽母、毗苏迦巴、萨乐和、龙树、玛当吉、而至底洛巴。其法有父续密集①及其圆满次第②五道③直教、四座④之教诫和夺舍⑤等。此为第一教诲。一由金刚持依次传授智慧空行母、咱热耶巴、而至底洛巴，其法有大幻化之圆满次第三幻化等幻身方面的教法。此为第二教诲。一由金刚持依次传授金刚手、

①密集：汇集无上瑜伽父续道果全部秘密要义之法，亦是密乘无上瑜伽一本尊名。

②圆满次第：于金刚身严守要窍，凭借有堪能性风、脉、明点，以四空现证光明，以四喜现证俱生慧的殊胜智。

③五道：五次第。1. 口无虚词；2. 心不乱思；3. 幻身；4. 光明身；5. 双运身。系密集五次第。

④四座：密宗经典名。为自座、他座、行座、密座。

⑤夺舍：按密宗无上续部说法，修习密宗无上瑜伽道达到一定程度，自己的气脉和心识获得自由，此时可把自己的灵识转移到他体而获得复活的一种密法。

卓毗巴、毗那萨班杂、罗瓦巴、而至底洛巴。其法有一切续部之心要,以光明为主的圆满次第和合。此为第三教诲。一由金刚持依次传授金刚手、阿阇黎无支金刚、莲花金刚、善缘空行母,后至底洛巴。其法有吉祥喜金刚本注续,以脐火为主的六法①。此为四教诲传承次第。兹将上述诸师的历史简述如下:

菩萨王因陀罗的历史:在邬坚国②的一个舒适安静的城市中,有一座富足、优雅的宫殿。因陀罗就在此宫殿内沉浸于享受五欲③之欢乐中。一次他在宫殿屋顶散闷时,目睹了佛陀师徒像鹅王展翅飞翔一样在空中莅临,就向左右询问佛陀的历史。众大臣详细回答了他,于是他对佛陀心生敬信,他邀请佛陀师徒并给予侍奉。为了听授佛法,他向佛陀顶礼膜拜,获得了世尊佛断离贪欲之教法。于是此国王道:"蓝毗尼林虽是个欢愉处,狐狸也能变成狮子,但是断离妙欲的解脱,瞿昙仙永远不了知。"佛陀见此国王已被金刚乘所教化,就在吉祥密集曼荼罗④中与众金刚母神变

---

①六法:指那若六法。为脐火、幻身、光明、往生、夺舍、中有(有说双运)。在胡之真著《藏密法要》中为灵热、幻观、梦幻、净光、中阴、转识。噶举派祖师对六法的解释是:修脐火安暖自燃;修幻身爱憎自释;修梦幻大谬自涤;修光明愚昧自消;修往生不祥大觉;修中有成佛报身。参见工珠·元丹嘉措著《知识总汇》下册第321～375页。

②邬坚国:古印度因陀罗菩提王国名。即今之阿富汗,亦译邬仗那,邬仗耶那等。

③五欲:色、声、香、味、触。指美妙的五种对象:色美、声悦、食香、味甜、触柔。

④曼荼罗:系梵音,意译坛城,道场。具有圆轮、发生、聚集等义。即圆各众德,发生诸佛,聚集十方三世诸圣于一处。密宗有大曼荼罗、三昧曼荼罗、法曼荼罗和羯磨曼荼罗四种。

同修并给此国王传授灌顶①。在接受灌顶时，此国王与其他徒弟一齐获得悉地②。于是，此菩萨王演说自己获得的证验，并使臣民等众人也不舍肉身而到达大梵世界，邬坚地方一时变成一个龙王众多的大海。龙变瑜伽母就来自此大海，她的历史简述如下：某时，金刚手③给众龙示法，众龙逐渐变成人，而海滩也变成大城市。龙所变的众人修持金刚乘教法。成为勇士男和瑜伽母，其中最殊胜的就是龙变瑜伽母。某时，此海干涸，其墟上自成一座佛殿，众勇士及瑜伽母住此佛殿，金刚手向他们传授无垢部续等教法后隐化。此时，印度南方欧底夏国王毗苏迦巴，抛却国政尊位，剃度出家，成为圆满班智达。他在心中思忖：此波罗蜜多乘。让初业人④都要先入断绝烦恼之道，而迦叶经云："犹如城市中的脏粪，对种植甘蔗的土地有益，菩提萨埵的烦恼，对产生如来及其法有益。"得知有如此不断烦恼而入道的殊胜密乘，并为能遇见如此圣乘法而祈祷。于是，获得空行母的授记⑤。他按授记来到邬坚王国的自成胜乐金刚佛殿，进行叩拜巡礼，并奉献曼札⑥启请赐法。龙变大瑜伽母给他传授灌顶并赐示教授及随教等。他依此教法进行

①灌顶：授权。于佛教密宗坛中授予灌顶，即有权听闻、讲说、修习密乘。

②悉地：梵文，意即成就。密宗所说修习诀窍所得的如意妙果，有共同悉地和殊胜悉地之分。

③金刚手：金刚手大势至。总集一切佛意，大势为性。手持金刚杵，随侍如来的八大菩萨之一。

④初业人：开始进入正道之凡夫。

⑤授记：预言。又译记别、悬记，事前推测未来的论断。

⑥曼札：系梵音，佛教供品之一。

修炼，获得大手印[1]悉地。

萨乐和的历史：在乐达那地方，有通彻吠陀[2]及与吠陀有联系之经典的四兄弟。其中萨乐和圣者是种姓觉醒[3]的大勇士，对佛法产生真实的信仰。他在亲教师罗睺罗贤[4]尊者座前剃度出家，取了与亲教师相同的名字。此后他精通诸藏，在比扎马拉希拉寺（戒香寺）任亲教师，当时，受空行母的感召，向阿阇黎毗苏迦巴顶礼乞求，获得灌顶及教诫，并得到少许信念。为了获得究竟而舍弃僧侣装束，携一美丽的女仆为手印母来到林中修习。手印母煮了萝卜去请萨乐和时，他已入定。直到十二年后方出定。此时女仆请萨乐和用餐，他问："煮的萝卜呢?"女仆详细禀报原由。他说："现在要到寂静处去修炼。"女仆说："虽然身处清静，但心中贪恋未断，就无法真寂，虽然你入定十二年，但对熟萝卜的贪恋未断。如此入定真稀有!"萨乐和认为此话有理。此后他又携一箭工女为第二明妃，为修密宗之行而去，以箭弄直了可以随处放射

---

①大手印：有二义。1.密宗所说究竟果位或殊胜成就。极无变异之乐，与第一刹那所得印证此乐之一切种色，无亏无盈，体性如初，乃至虚空未尽，常住常静，斯之为印；断、证、心德三大具备，斯之为大。故名大手印。2.系噶举派的一个重要教法。《土观宗派源流》云："噶举从上诸祖的《大印》，承认有显密二种分别。显教的大手印，是就心体之上，专一而位，修无分别，今成住分。……关于密教大手印，是指风息入住融于中脉后所生的大乐光明……"。密宗大手印又根据修习者的根器利钝，分为顿悟与渐悟。（参见刘立千先生译注《土观宗派源流》第79页，西藏人民出版社出版）。大手印悉地是指第一种。

②吠陀：梵音。经籍，特指印度古典宗教文化书籍。

③种姓觉醒：大小乘诸习气获得恢复者。

④罗睺罗贤：古印度龙树论师在那烂陀寺出家时的剃度师。

为例子，证得原始俱生智慧[1]。遂唱歌云："昨日以前非比丘，今日以后是比丘，真实比丘是大比丘，胜乐金刚是圣比丘。"成为众人所讥讽耻笑的对象，因此以神变，使无信念之众人回心转意，并唱三歌[2]等演说解悟的道歌。后驻锡在吉祥山，教化具信徒众，最后前往上品空行处[3]。

萨乐和的最优秀弟子大圣龙树的历史：有关龙树大师，在二十部显密经典中有清楚的授记，而且对此尊者的德行众人坚信不疑，在此故不赘述。现述正史如下：在南方布达苇国一个像白芸香树一样富足繁荣的婆罗门族人家，因无子嗣而使此家主人痛苦万分。某夜，此婆罗门在梦中见到天神对他授记说："你若迎请一百名婆罗门，并给他们设宴就能得到子嗣。"于是该家按授记行事，以法宴招待了婆罗门百人。果然，过了七个月后，降生一位身体健康，长相俊美的男孩。请相师看相时相师说："公子美貌虽然合乎上等人的标准，但只有七天的寿命。如果你能侍奉一百个婆罗门就能活七个月。如果你能侍奉一百个比丘，则能活七年。除此之外别无他法。"于是此婆罗门按相师所说办了。当公子快到七岁时，父母因不忍目睹儿子死去，就让他同仆人出外游历。公

---

①俱生智慧：密宗经典中说，修习密宗教法达到一定程度，得到第一级圆满次第时，风入住融于身之脉中后获得喜乐，此喜乐能证空性，故称之为俱生智慧。

②三歌一般认为是龙树的师父、大乘密宗大师萨乐和著的国王、大臣和庶民等三种道情歌词。布顿大师认为是道情歌集和国王、后妃歌集，前者为萨乐和著，后二者为尼泊尔阿萨所著。

③上品空行：即具备极微尘性，身转飏性，遍三界性，能证佛功德，显明智慧现分，智慧坚定，众生归极，随欲转化等八种功德之空行刹土。

子逐次周游各地，当来到那烂陀寺①门前便朗诵娑婆吠陀②。主尊萨乐和听到朗诵声就叫人把孩子带到他跟前。仆人向萨乐和详细讲述了孩子出外游历的原因。阿阇黎萨乐和说："如能出家，就有摆脱死魔的方法。"公子欣然同意出家。于是公子在无量寿摧伏死主的曼荼罗中接受灌顶。当他满七岁时，萨乐和让他持诵明咒，结果终于从死神手中逃脱。他从这位亲教师出家，学习一切知识，成为大学者。在亲教师和僧众中，学习佛法圆满，取名具德比丘，远近闻名。此后在亲教师尊前认真研习密集之灌顶教诫等四续部经义，获得圆满。亲教师预知此地将有长达十二年之久的饥馑灾害，为了免除僧众遭此灾害，于是立具德比丘为执事僧，自己前往吉祥山。此后，此阿阇黎(指龙树)来到一位由金刚瑜伽母化身的卖酒女人家，看到此女家用的搅棍是黄金的，方知她有点金秘诀。于是阿阇黎向她求得点金术，并用点金术获得的黄金供奉僧众达十二年。事后他向人说明灾荒十二年期间如何维持僧众膳食的原因。众僧说："你未求得僧众允许就用点金术，使僧众过上邪命生活③，为了忏悔你的罪过，命令你修造千万佛塔(小泥塔)并离开此地。"此时有声闻比丘商羯罗造明智庄严论④十二亿颂，来驳斥大乘众学者。阿阇黎龙树把诸经典的意义引进智慧

①那烂陀寺：译言施无厌，古印度著名寺院。建于5世纪～6世纪初，有八大寺院，僧徒主客常至万人，学习大乘、小乘、吠陀、因明、声明、医方明等，为印度佛教最高学府。12世纪后被毁。

②娑婆吠陀：即歌咏明论。明论有四：耶柔吠陀，即祭祀明论；黎俱吠陀，即禳灾明论；阿达婆吠陀，即赞颂明论；娑婆吠陀，即歌咏明论。为古印度婆罗门所传四种经典和文艺作品汇编。

③邪命生活：比丘如法自活，作违法事而生活，谓之邪命生活。即指以不正当手段以求利养而生活者。

④明智庄严论：书名。古印度佛教声闻部比丘商羯罗撰著此书破大乘，当时龙树阿阇黎曾三斥其说。

之道，调伏击败了持有无见地①的诸派。在这个法会上，安止龙王的两个儿子化身为童子形象前来听法，身上敷涂着果谢喀檀香之汁液。阿阇黎龙树闻此香气，想为塑造救度佛母身像取其檀香树。二位龙子把法会上的情况详禀龙王，于是龙王迎请阿阇黎龙树至龙宫。阿阇黎龙树在龙宫讲法六年后，携带果谢喀檀香树和大般若经及其他少许经文，返回人间。众龙王又商议后取龙宫的夜叉泥修造了千万佛塔。此时，此阿阇黎得名龙树（修龙法得成就之意，——译者）。后来，龙树用果谢喀檀香木修造了救度母像。散发出檀木香气的树林旁，有一个形如铃铛的岩石，龙树想把它点化为黄金来利济有情众生。此时出现救度佛母五姐妹并向他授记："去吉祥山修炼。"后修度母法，以神变前往北俱卢洲取甘露，途中给一个名叫枳达嘎的孩童看手纹相，并授记他将作国王。来到北俱卢洲他将衣服挂在树梢上，到水中沐浴时，衣服被人取走。他嚷道："衣服是我的。"于是人们叫他"有我主"并显出惊奇。在阿阇黎取过甘露返回吉祥山途中，遇见了以前授记过的那个童子，果然已作国王了。此国王请求阿阇黎长住王舍。因为他们性情相投，他在此住了三年。国王有一位年轻美丽，具有勾魂夺魄之魅力的妃子。因她爱恋阿阇黎，故以女人惯用的种种伎俩把欲望之箭频频射向阿阇黎，但毫无结果。妃子因恼羞成怒，故意诬陷说阿阇黎奸污了她。此时，她生了一个与阿阇黎很像的王子，于是，众人也诽谤阿阇黎。为此阿阇黎神变出一尊圣犬阿耶提婆为纸筋泥而作的白亮美丽的水牛像，并把它摆放在聚集水牛之处。母水牛爱恋这个水牛像，于是生了一头白亮的小水牛。这样，众人对阿阇黎的诽谤诬陷也得到了澄清。此后，阿阇黎来

①有无见地：非中观之见地。龙树《中论》云："无得亦无至，不断亦不常，不生亦不灭，是论名涅槃。"执有则是常见，执无则是断见，离开有无等极端即是中道。

到吉祥山，把一宝瓶甘露献给大婆罗门，大婆罗门也以神变把大海变成甘露而且赐示秘诀，减弱了阿阇黎的傲慢心。师徒二人在吉祥山上修炼达十二年。阿阇黎龙树制伏了外道众论敌，将阿阇黎圣天[①]和龙觉[②]等大弟子授为法太子；为注释初转法轮[③]而作有《宝鬘论》等论著，为注释中转法轮[④]而作有《中论》等正明类著作；为注释中观见而作有《宝性论颂》等赞颂类，以及作有释论密集及其五次第等续部论著无量。在吉祥山时，前面所说的那个像阿阇黎的王子，为了获得王位而前来取龙树的头颅，阿阇黎龙树用吉祥草割下头颅赐给王子。于是从血管中说出："我去极乐世界，将来再入此身中"使肉身加持成岩身，据说至今仍在。

龙树的弟子阿阇黎玛当吉的历史：龙树把一切教授传给玛当吉。因他在茅屋里修炼，故名玛当吉。此阿阇黎摄持至尊底洛巴后前往空行刹土。

阿阇黎古古热巴的历史[⑤]：当他以瑜伽之行云游各地时，路遇一条濒临断气的狗崽，心生慈悲，救活了它。在附近的一个天然

---

①圣天：亦作圣提婆。古印度龙树论师有名弟子。著《中观四百论》等书，阐扬龙树意旨。

②龙觉：又作龙菩提。龙树论师弟子，龙树所传密法的继承人，证得大手印成就者之一。

③初转法轮：即世尊释迦牟尼最初讲四谛之法。

④中转法轮：即中转无相法轮。

⑤古古热巴：印度佛学大师，八十四大成就者之一。在《直贡法嗣》中所列的"四教诲"传承师名中没有列其名，但在叙述诸师历史时却有古古热巴。从次序看来，古古热巴属于第二教诲之传承师，亦符合《土观宗派源流》之说。

山洞中修炼十二年，获得五神通等共同悉地[①]。后被三十三天[②]邀请，众天请求再三让他住下，但因只剩下狗崽在洞中，心生怜悯慈悲，没有答应，仍返回以前的山洞内。回到洞中，看见狗崽用爪子挖过的地痕上出现一眼泉水，正疑惑不解时，狗崽变成一位智慧空行母，对他说："善男子，你没有被众天所感慑，我现在赐予你比以前的悉地更为殊胜的悉地。"经过与此空行母同修，获得殊胜悉[③]。

阿阇黎咱热耶巴的历史：此阿阇黎生长在东方跋嘎拉的分支，郛如毗夏城中的一个贵族家庭。后剃度出家，善通诸藏大意。在阿阇黎杂林达惹巴和古古热巴座前获得传授灌顶和怛特罗部教授秘诀等一切法。修炼后获得少许暖位功德，于是约定时间要向徒众示演。此事有人向阿阇黎杂林达惹巴禀报。阿阇黎问他："你获得了怎样的功德？"他便依次示演冻僵老虎、制死水牛、扳扭果树等本领。阿阇黎叫他让死的老虎和水牛复活，让断树枝重接复原。他说他没有这个能力。阿阇黎自己用法力把死老虎和水牛复活，让断树枝重接复原，而后对他说："行需要识和慧相等，要有让动物死后再救活的本领。你现在还没有这个本领，你就不要

---

①共同悉地：依托药物、咒语之功，内外道皆能证得的成就。

②三十三天：佛书说在须弥山顶有天界，是八大财神、十位猛利神、十二位阳神、娄宿二子及帝释天王，共33位天神游戏安住之处。

③殊胜悉地：不共成就。至高无上的成就，即佛位或佛界。

去示演了①。"他不听，仍要去。于是阿阇黎从宝盒中取出六庄严②和皺鼓③交给他，并告劝他说："你一定要去也可以，但千万不要去底魏郭扎。"以后，他与三千眷众一道飞游太空，以双脚离地一肘，打着毫无依靠处的七个华盖，在空中自行的神变而飞行。行至恒河④畔，有一头母犏牛苦叫着，要求带它渡河。他心想带着这母犏牛渡河会坏失诸庄严并会染上邪气。于是没有理会犏牛，毫无犹豫地行至河中央，心想连上师都没有如此神变，刚这么一想就觉得身体往下沉，后因心生敬信才达彼岸。此时，母犏牛被沙弥参布巴带着过河，来到河中央时，母犏牛变成金刚亥母，沙弥变成胜乐金刚，并对他作了"你的行为不适当，如果你非去不可，那千万不要到底魏郭扎去"等授记后隐去。在行途中遇见一个犁地的农民，他取出那犁地人埋在地下的酒。犁地者不愿赐他酒，指着石头上滴下来的点滴水说："喝吧"。他不同意。犁地人又说："你喝个够吧。"他喝了，但水无穷无尽，喝也喝不完。他又用期克印⑤杀死两头耕地的黄牛，但不能使之复活。于是犁地人嘴

---

①这里所说的本领，是指观思八神通。佛教密宗经典上说，僧徒修行到一定程度，除可达到共同八神通(金丹、眼药、土行、宝剑、空行、隐身、不死和除病等)外，还可达到眼观或心思即可出现八种神通：1.眼观未熟果实即可蒂落；2.眼观挺拔树木即可弯曲顶垂；3.眼观远处香花、果品即可招向近前；4.眼观猛兽可驯服听命；5.原眼观蒂落之果，再眼观后能复长原处；6.原眼观弯曲下垂之树木，再眼观之后仍可复原；7.原眼观招来之花果，再眼观后仍可归原处；8.原眼观致死之猛兽，再眼观后仍可复活。

②六庄严：佛教密宗修法之六庄严：锋轮、耳饰、喉饰、手足钏环、梵线、人骨涂灰。分别代表精进、忍、戒、施、定慧六度。

③皺鼓：可以左右两面摇击的一种小鼓。密宗修行者所用法器之一。

④恒河：亚洲大河名。其上游为我国西藏象泉河，流经印度及孟加拉国入海。

⑤期克印：一种手印。

中喃喃说着话把黄牛救活了。他继续往前走，遇见一个看护果树的女子。他向女子要果子吃，她说："你是瑜伽士，自己动手摘吧。"他用观想法把果子摘下来，但果子又被那个女子弄回到树上，他再也摘不下来。后来又遇见一位诵经者，他问诵经者读的什么经，诵经人说："你一定会念。"他看着经文想诵读出来，但读不出来。他渐次来到跋嘎拉王国，并受到了该国王饮月及众臣的侍奉。而后他把王臣百姓都引入佛道，宏扬佛法，著六部论典。最后来到底魏郭扎，由于违背师嘱，罪孽深重，遭遇空行母的阻碍，只得舍弃肉身，在中有[①]获得殊胜悉地。

第三教诲的传承师阿阇黎卓毗巴的历史：此阿阇黎系玛嘎达国的国王。他最初从阿阇黎黑行者处获得灌顶，修习依止喜金刚的生圆次第[②]瑜伽，如法治国。后携带一个唱歌家族的美女为手印母，抛弃国政，在林中修习达十二年，得到金刚持的亲自加持，获得殊胜悉地。此时，因王子年幼尚未能执政，就派使者寻找父王。使者看见那唱歌家族的女子从十五庹[③]深处汲水奉献给阿阇黎而不沉入水中，深感稀奇。使者邀请国王回国。国王和明妃俩骑在有乳奶的母老虎上，以毒蛇当鞭子，来到王宫，启请执受国政。国人说："你与劣族女人同修行，现在要用火来烧净你的罪孽。"这样，在檀香木和芝麻的火海中烧了七天七夜，没有烧死，而变成端坐在莲花蕊中的胜乐金刚父母双尊。于是，国人的心中都

---

①中有：即于生有和死有之间的中有。按佛教密宗经典的说法，自身的脉、风、明点等经过修炼后风和心二者获得自由，自身血肉之躯不必抛弃即能成佛。如果因种种因缘，不能连肉体转生净土，那么还可指望在死后四十九天内即中有时成佛。

②生圆次第：密宗中修习本尊三身为生起次第，修习风、脉、明点为圆满次第。

③庹：向左右平伸两臂后，两掌或两中指尖间的长度。

产生无比信仰，尔其为卓雌黑如嘎。此阿阇黎在人间活了七百年，使无量化机得到成熟解脱，最后连同肉体飞往空行刹土。

大阿阇黎毗那萨的历史：他是嘎武拉国王的独子，为了散闷常偕乐队同欢，久而久之，依靠琵琶声得到使心专注一境的禅定。某时，此国王心生凄苦。阿阇黎宝马见知此国王到了该教化的时机，便问国王：”你不修法吗？”国王说：“与琵琶声一道修法可以。”并请求赐法。阿阇黎宝马给他传授灌顶和教授等一切，就让他寻恩证悟琵琶声，结果获得了大手印殊胜悉地。他作了嘎武拉地方众生事业后连同肉体去往空行刹土。

大阿阇黎罗瓦巴的历史：在离邬坚不远处，有一个称为白布拉的城市，阿阇黎罗瓦巴就是统辖三十万城市的国王。瑜伽自在毗那萨给罗瓦巴传授了灌顶及教授，他也舍弃权势地位，并在寒林①中身着褐衣，以果子为食进行修炼。某时，他来到菩萨王因陀罗门前，在宽大的巷道石板上整整睡了十二年，获得大手印悉地。在幽暗寒林和啾啾寒林中修炼密法时，遭到外道空行母的阻挠，其不仅未受影响，反而制伏了那些平日变化成王妃的外道空行母，给她们头上戴上阿阇黎的鞋，鼻孔穿洞挂上装饰品。据说当地女人到现在还有这类装饰品。此阿阇黎偕七百名徒众去往空行刹土。

无二喜阿阇黎无支金刚的历史：此阿阇黎生在甘孜地方，父亲是统辖八百四十万城市的因陀罗王。因陀罗王因无子嗣而祈

①寒林：尸林、天葬场、火葬场、弃尸处。古印度金刚座四周有八大寒林：1.东方有大猛寒林；2.北方有稠丛寒林；3.西方有金刚焰寒林；4.南方有枯骨寒林；5.东北方有猛笑寒林；6.东南方有吉祥寒林；7.西南方有幽暗寒林；8.西北方有啾啾寒林。这些寒林是密宗行者修炼密法的主要地点之一。

祷三宝。后来王妃受孕并梦见自己登须弥山①，喝大海水，吞日月，脚踏三界②无空处。王妃把梦境详告国王。王子降世时，出现了各地冒出许多宝藏等种种奇异现象。王子逐渐茁壮成长，后抛弃国政剃度出家，成为圆满班智达，作父王的法主并讲经说法。说法时，有一个相貌丑陋不堪的女子时而大笑不止，时而恸哭不已，显示出种种怪异表情。班智达为此疑惑不解，私下悄悄地问此女子。她说："因你懂得词语故我高兴而笑，因你不懂意义，故我羞愧而哭。"班智达问："那么谁懂意义？"她授记道："在邬坚有一个叫猪梵志的劣族瑜伽，他是我兄长的弟子。你去追随他，敬礼他吧！"他来到邬坚，正如授记所言，猪倌双老与一个美貌女子一起在村旁放猪。他向他们求法，没有得到。他们食用着那个女子从犁沟中捡来的虫，并请他吃，他不吃。老夫说："你为自己的种姓高贵而矜夸，为自己的学问深厚而骄傲，因此，无缘闻到法。"他献上曼札并恳请赐法。于是，在神变的曼荼罗中给他灌顶并传授了怛特罗和秘诀等。此后，他在吉祥山同猪倌的女儿一起修炼，获得悉地。当家乡受灾荒时，他威逼龙王下谷雨。回到家乡后，国王说："你与劣姓女子同行，现在要用檀香木烧死。"烧了七天七夜，熊熊烈火未熄，袅袅浓烟未断，他却在火丛中全身露珠晶莹闪烁。国王和臣民都被悔恨的火焰所煎熬，重生信仰，给他取

---

①须弥山：亦作妙光山，或善积山。佛家宇宙学所说器世间基础金刚轮上形成的高山。

②三界：此处指欲界、色界、无色界。凡夫生死往来世界共分为三界。欲界，有淫欲与食欲，此界为有情之住所。上自六欲天，中自人界之四大洲，下至无间地狱谓之欲界。色界，色为有形之物，有质碍之意。此界在欲界之上，为无淫食二欲之有情住所。此界由禅定之深浅粗妙分四级谓四禅天。无色界，谓在色界之上，有四天，名四无色，又名四空处。所谓无色，此界无一色，无一物质，无身体，亦无宫殿、国土，唯心识位于深妙之禅定。

名为谷如海生金刚。他摄持王臣百姓后飞往空行刹土。

阿阇黎无支金刚的弟子善缘母的历史：她有苏玛底善智慧母、吉祥智慧母、王妃列民嘎惹等别名。因陀罗国王的王妃列民嘎惹，不仅美丽俊秀，而且笃信佛法。她因患麻风病，向圣观世音自在祈涛，得到痊愈。向大成就海生金刚顶礼信奉，亲眼看到了金刚持等众多佛和菩萨的面，并获得佛法，得到悉地。后来到拉嘎布日国王的门前，以疯人的举止行走。别人看见她时有种种不同印象：或见她光环满身；或见她是天神之女；或见她是个疯女。她向国王的一个扫地人示法。在街上把自己的头颅砍断后放入额腔内，而后与扫地人相抱去空行刹土[①]。

四教海的传承师历史叙述毕。

---

①空行刹土：又称空行净土。密宗经籍所说有一名空行净土的佛陀居处。依密宗道修习今生成佛之众生不舍肉身即可转生该处。

底洛巴传

金刚乘的一切妙道河，
智慧之口同时饮用尽，
又赐众生之师底洛巴，
求示大手印的真实意。

至尊底洛巴的历史简述如下：这位大成就者诞生在东方萨霍尔国的杂亚郭地方。父亲为婆罗门明，母亲为婆罗门具明女。他们最初没有子嗣，由于祭祀、祈祷内外道的天神及诸圣迹，不久，妻子怀孕，足月后降生了一个英俊公子。当日夜晚，光满杂亚郭地方。父母请相师为儿子看相，相师说："令郎究竟是天神、龙王或是药叉、佛陀，尚不得而知，但不管怎样，请将他好生扶养。"并赐名为明光。在父母亲的扶养下，他逐渐长大。一次，有一个丑陋不堪的女子出现在空中，对其父母说："无论你们如何爱护扶养儿子也难保他不死，倒不如让他出家学法。"于是，他出家学法，并且成为一名精通诸明的班智达，取法名为慧贤。后又得到那位女子的授记及加持，在索玛布日寺庙内，用锁链系脚，修炼了十二年，获得共同悉地。而后向母亲和亲教师示现出使鱼的灵识升上天空等神变，并请求让他去寻找龙树大师。他来到南方作怖金刚喜寒林，遇见了在茅屋修炼着的阿阇黎受用金刚玛当吉。玛当吉对底洛巴说："阿阇黎龙树前往乾达婆城，他派我来摄持你。你献上曼札来吧。”底洛巴视玛当吉为上师。玛当吉给他传授灌顶及一切教诫。向他介绍了心的真实性，并向他授记道：“在萨霍尔国的哈里嘎城中有一位被变化王卫麻吉巴所加持过的自性成就者。她在附近集市当妓女，叫达日，你去作她的仆人，并修证悟。”按授记，底洛巴来到妓女处并答应作她的仆人。妓女让他去打芝麻榨油，他一边榨油一边修道。想到虽然芝麻含油，但若不榨就不会出油，同样虽然我的心在佛法中，但若不修习就不会得到证验。于是加紧修炼，终于证悟到了真实性，金刚持亲自给予传授灌顶，并赐示怛特罗教授。此时，城中人看底洛巴时，有种种不同的印象：或见一堆篝火由十四支酥油灯围着；或见在火光中有一比丘在禅坐；或见一位带有寒林装饰的瑜伽士，被许多美女包围着。于是城里人把这些情况告诉了妓女达日。她急忙去观看，只见底洛巴在虚空光环中以神变力端坐着，木杵钵灶扔在一边，芝麻洒在四处。达日见此情景悔恨交加，向底洛巴巡礼并献上曼札，以四力[①]进行忏悔。至尊底洛巴以慈悲的目光看着她，并对她说：“我传承的续部所生的证悟，是原始俱生智慧。此慧会在你心中正住。”说罢就把花放在达日头上，达日及其眷属立刻得以解脱。国王听说妓女达日及其眷属被一名瑜伽士解度，于是，骑上大象，偕数十万人，前往哈里嘎。达日把七棵多罗树抛向空中，以芝麻油为比喻讲说甚深佛法，王臣百姓皆生信仰并依密法加以修炼，结果王臣百姓都即身飞往空行刹土。刹时，萨霍尔王国完全空虚。当时，南方有一个非常孝敬母亲的国王，叫旃陀底巴。为了母亲，此国王派遣使者召集所有内外道学者和成就者，请他们来

①四力：忏悔四力。所依力、弃舍力、离恶力、对治力。所依力，指皈依和发心二种念头；弃舍力，指对以前恶业所生之悔改决心；离恶力，指以后再不作恶的誓言；对治力，指为对治恶业而行善事的实际行动。

参加会供曼荼罗。因为众学者以智者为上，而众善士以成就者为上，两方不和。这个时候，一个丑陋的女子问："你们中间谁是会主？"一名瑜伽士回答道："现在我是无可匹敌的。"她又说："你不能当会主，去迎请我的兄长吧！"那个瑜伽士详问其原由，女子回答说："在杂兰达拉那地方，有个人，他坐在沉香木的枝头上，用一根马尾毛拴住两具尸体的小趾头，用两个小指轮流吊着，在虚空中跳着舞。你去请他来吧！"国王说："这些话难以置信，你去看看是否真实，如果真的如此，就迎请他来吧。"于是底洛巴被迎请来，并赐御座，与国王同坐。最初辩论声明和因明，结果底洛巴获胜。然后比试在空中画曼荼罗，骑狮子在空中飞行，从尸林招引尸体并使之变为甘露等神变。那个瑜伽士怎样神变，都被至尊底洛巴一一破除，而至尊所神变的，那个瑜伽士都无法破除。至尊又示现出使日月落在地上，自己坐在日月上；使身体透明，从每个汗毛孔中示现无数曼荼罗，每一个曼荼罗中又派生出无数曼荼罗等神变。在此聚会的所有人对至尊实生信仰，都向至尊频频行顶足礼。至尊唱道歌："我去过数百之佛土，现过千万个变化身，我与龙树和圣天，以及世尊辩论过，我在修持证悟上，胜过大德萨乐和。"说完以威慑力制伏了外道论敌，把东方萨霍尔地方的芸芸众生引向空行刹土。引了三次就把该地区弄得一片空虚，而后至尊自己即身飞往空行刹土。

另外还有一种说法，至尊的诞生地点及父母、血统、种种吉祥之兆等都与以上所述相同。所不同的是，说至尊底洛巴在林中饲养水牛时得到空行母的授记。底洛巴按授记来到西方邬坚地方，携带三种法器，摇响三次，以观想法威伏世间业和智慧的罗刹空行母，亲眼见到了主尊金刚瑜伽母。取来了胜乐轮的根本续五十一节、注释续六类、三珍宝秘诀，以及九空行密法[①]等。众空行母极力挽留他，但他谢绝了，并说："我能像鸟一样在空中飞行而无阻碍，为了那若等众弟子，我这瑜伽士要去顶宝寺。"这等事迹应看作是示现事业变化无量的证据，而不能视为与正史相违悖者。一切都是为了描述无量传记。

①九空行密法：底洛巴得智慧空行母空中隐身授记的九密法：1.灌顶、讲经、心篆花结；2.行为利剑砍水；3.誓言自心明镜；4.法物悟日；5.总平等境；6.大乐语宝；7.气运网轮；8.自解行大手印；9.智慧明灯。此法以后成为噶举派的耳传密法之一。据记载，此九密法中玛尔巴只求得五法，剩下四法由米拉日巴弟子热穷巴从印度迎取。

那若巴传

本是清净百瓶所生身，
再用十二苦行[①]三观察[②]，
修习大圣加纳苏札[③]道，
广作密道幻化之空乐。

至尊底洛巴的优秀弟子吉祥那若巴，诞生在克什米尔，系婆罗门血统。父名静甲，母名吉祥慧母。当他降世时就具有诸多与众不同的优点，取名为普贤。在家时学习声明和因明等大明，因心生悲哀就从亲教师佛护[④]剃度出家，取名为誉贤。研习三藏及四续义理，成为圆满班智达，任那烂陀寺北门守护者。当他每次作教诲和听闻佛法事业时，心里总是在想我虽然成为圆满班智

---

①十二苦行：那若巴遵师之命所修十二种生死攸关的大苦行。见译文。

②三观察：三量洞察，三种考验。佛书所说根据经教、正理和正因进行的观察或考验。

③加纳苏札：译言慧经。为曾来西藏弘传大圆满心藏法的古印度轨范师名。

④佛护：古印度佛教中观派一阿阇黎名。著《佛护论》，系龙树所著《中观论》的注疏，对《中观论》所述，正理诸义，多以应成之因加以解释，故有人称他为中观应成派的开派祖师。

达，但我的心还不如一个挤牛奶的人，也不知何去何从，现在必须要寻找一位能使心获得自在力的上师。于是，他就把总摄轮之七字近心咒念了七十万遍，即刻大地震动，并授记道："你是东方底洛巴的传承弟子"。于是，那若巴立刻停止讲授与听闻佛法的事，径直往东方去寻找上师。他逢人就问底洛巴在何处？有的人说底洛巴穿着出家人的衣服，有的人说底洛巴身着行者装束，但谁都说不清底洛巴是谁？究竟身居何处？在一个茂密的森林里，那若巴问一位猎人，猎人说："请帮我追捕野兽，我就告诉你。"那若巴说："我不敢。"猎人忽儿隐身不见了。那若巴在林中迷失了路，便信步乱走。不久看见有一个人把另外一个人摁在地上，从他的肚子里掏出肠子。那若巴问他是否看见底洛巴。那人说："你帮我掏肠子，我就告诉你。"那若巴说："我不敢。"那人立刻隐身不见了。那若巴来到一个无边无际的荒漠上，不知如何是好。因为他不识上师的化身，所以不管怎样千辛万苦地寻觅，也没有找到上师。

某时，在患有传染病者住的寺庙内，众比丘在吃午斋，外面有一堆篝火，有个人坐在火旁，手里拿着一条湿淋淋的鱼在烤。他的身子发青而且瘦弱不堪，被风吹日晒，折磨得很凄惨。他身上只有一块掩阴布。那若巴说："你不能这样。"那人吹了一口气，把鱼吹到水里，鱼复活了。那若巴心里正在揣摩着，这个人有如此本领，可能他就是底洛巴。那人说："你就是那若巴。"那若巴又对那人的威仪行止产生怀疑。那人马上说："那若巴，不能这样想。"那若巴方知此人具有他心通的神通，就把头顶在他的足上，祈求说："请收我做你的弟子吧！"那人不言语，用脚板往那若巴胸口踢了一脚就走了。那若巴这才恍然大悟，跟随他来到一个高耸入云的寺庙楼顶上。底洛巴说："弟子如果有勇气，就从这里跳下去吧。"那若巴毫不犹豫地跳了下去，身体碎成千百块，疼痛难忍。即将死去时，底洛巴问："你疼吗？"回答说："疼。"底洛巴说："我执躯体之陶器，破碎有何惋惜之？”说毕，那若巴顷刻间从痛苦中得以解脱。继后在有水蛭的河中，那若巴以身体作桥让上师从上面过。当他渐渐沉入水中，快要断气时，又像前次一样被底洛巴解救。后又在比丘厨房内，按照底洛巴的命令，那若巴果断地跳进熊熊烈火中，当他的灵魂即将离开肉体时，又被上师的恩惠所拯救。又有一次，那若巴用铁签戳入生殖器的孔道内，长时间疼痛煎熬，又像以往一样被底洛巴所解救。继后某时，该地举办众人大喜宴，那若巴献上圆元根作下酒菜，人们发出咂腭声，似乎很是欢喜。那若巴不断上圆根，最后从外面偷了盛满谷粒的铜缸逃走。众人追上他，把他关进铁作的小屋，用白炭烧他。当他受尽折磨时，又像以往一样被底洛巴的加持力所解救。又有一次，那若巴作底洛巴的随行人时，底洛巴遣使他到国王及其眷属中，让他用指头掐王后，用手揉王后的乳房，结果被官宦们砍掉了他的四肢。当他无限痛苦时，又被底洛巴拯救。又有一次，有一个大臣娶了美丽的妻子，底洛巴说："如果弟子有勇气，去吻大臣的妻子"。那若巴按命令去亲吻大臣的妻子，结果使众使者大怒，把那若巴打得半死，此时又被底洛巴解救。继后，又遇见王妃坐在车上，她丰华正茂、楚楚动人。底洛巴说："弟子如果有勇气，把王妃从车上拉下来。"那若巴按命令，毫不犹豫地把王妃从车上拉下来。结果，王妃的侍从像压榨芝麻一样揍他，又与往常一样被上师的恩惠所解救。继后，上师底洛巴神变出一个与上师本人差不多的阳焰人，对那若巴说："你去追赶那个男子，不能歇下来。"那若巴拼命地追赶，最后因疲劳过度晕倒了。醒过来后又往没有断岸，没有悬崖的地方追赶，结果却坠落到一个可怕的深谷中，当他疼痛难忍时，又被底洛巴解救。又有一次，遇到了一位女子，她相貌俊俏，正当青春年华，不管谁见她都会萌动春心，哪怕那些能仁者见了她也会连指甲都颤抖。底洛巴对她说："你作那若巴的手印母吧。"女子同意了，但她的丈夫及其侍从抓住那若巴，口里说道:“都怪这个人,都是他的错。”随后,把那若巴塞进金刚杵臼,用舂米杵捣他。当他被捣得疼痛难忍时,又被底洛巴的加持力所拯救。继后有一次,底洛巴对那若巴说:“如果你想获得教授,你勾引那位圣贤的王后并把她献给我作手印母。”那若巴大喜,正准备勾引王妃之时,被国王抓住,放进火炮膛里放射出去,弄得粉身碎骨,好在阿赖耶识①尚未迁离肉体前,又被底洛巴加持力所救。继后,至尊底洛巴往可怖的大荒野走去,他对那若巴说:“如果想获得教授,随我来吧!”那若巴极力追赶也跟不上,结果累得上气不接下气,最后昏倒了。当他苏醒过来时,底洛巴已在跟前。他绕上师转并顶礼祈求,但底洛巴仍默不作声。那若巴废寝忘食,一心向上师祈求。有曰:在此期间那若巴已经过十二大苦行,阻断了十二因缘②,证得十二类胜义③。继后那若巴一心一意祈祷、敬礼,底洛巴对他说;“弟子你不畏冷热的痛苦,长期苦行,现在说出你最需要得到什么,并献上曼札。”那若巴去找水,但没有找到,于是,刺透大脉管,以血当扫地前的压尘水,将割下的耳朵结成束当作曼札献上,祈求赐示正道教授。底洛巴用夹板夹住那若巴的

---

①阿赖耶识:系梵音,意译无没识、藏识。别称阿陀那识,种子识,异熟识。瑜伽行派和法相宗所立心法“八识”之第八识,“三能变”之第一能变,是被着重阐发的一种识体。八识身之中,无覆无记的心王,是留藏习气,一切异熟及种子依存之处,功能了别对境自体。

②十二因缘:无明、行、识、名色、六处、触、受、爱、取、有、生、老死。十二因缘为辟支佛之观门,说众生涉三世而轮回六道之次第缘起。

③十二类胜义:指十二转说,亦即释迦牟尼对初度五比丘转四谛法轮时三十二诵文。即1.此苦圣谛;2.此集圣谛;3.此灭圣谛;4.此道圣谛,以上乃念诵四谛本质;5.苦应知;6.集应断;7.灭应观;8.道应修,以上乃念诵四谛见之于行;9.应知苦而苦未知;10.应断集而集未断;11.应观灭而灭未观;12.应修道而道未修;以上乃四念诵四谛之果。

脸，那若巴即刻晕倒。当地苏醒过来时，那若巴认证到了俱生智慧。继后在南方室利拔巴达阿康惹地方的鸡足山上，至尊底洛巴在吉祥密集曼荼罗中为那若巴等一些有缘弟子传授灌顶，赐示一切教授。最后唱道歌曰："呜呼！这是自证智慧，超过语业道，也不是意境。我底洛巴也没有什么可以开示的，只有以自证来了知。"唱完道歌对那若巴传誓言道："你不要去占有班智达的学位，要以修习为主，只有这样，才能即生获得殊胜悉地。"传完密戒就隐身不见了。

继后，那若巴在离夺花色寺庙较近的一座城中，托一个老媪为他当施主，自己在她家中进行修炼。此时，外道裸形派①的众师来同诸班智达辩论，结果裸形派获胜，佛法面临毁灭。国王又向众班智达献花，请他们来辩论，但无人敢接花。于是国王宣布道："你们自己商量吧，如果不敢辩论，就把寺院献给裸形派。"众班智达悲痛不已，但又无可奈何。这个时候，那位作那若巴施主的老妇人说："在我家住有那若巴。如果众班智达辩论输了，就该请他来。"众班智达心生欢喜，来到老妇人家，异口同声地祈求道："能仁圣法将毁灭，如果你这位获得语自在的大师都不能扭转局面，那我们又求救于谁呢？"那若巴忘了以前底洛巴上师赐示的命令，答应参加辩论。于是，三位中证人设座，双方进行辩论。那若巴显得稍逊一筹：那若巴静静思虑，方想起自己的行为违背了上师的嘱咐。于是他认真忏悔并诚心祈祷，看见了瑜伽自在底洛巴手持刚割下来的血淋淋的人头灵盖，在空中驾到。那若巴虔诚地顶

---

①裸形派：又称离系子，是古印度一教派名。创始人离系子不断裸体，因名无惭派；以灰涂身，因名涂灰派；流浪远方，因名周游派。此派所承许之九句义为命、漏、律仪、老缚、业、罪、福和解脱。《土观宗派源流》中说："离系外道派，即随耆那胜者圣人之说者，又称为耆那教。将一切所知境统摄为九句义，倡言树木等有心，提出一切导师佛并非全知等说法。"

礼膜拜。此时,裸形派众师说:"形同昆虫的佛教徒失败了。"底洛巴在空中说:"败,败。"手结期克印,裸形派的寺院倒塌了,裸形派众师惊恐万分,都向阿阇黎底若巴频频行礼。于是,裸形派众人都归入佛教。最后底洛巴对那若巴说:"那若巴,因为你即生不能获得殊胜悉地,所以你就多作一些有益于讲修佛法方面的事。你的徒孙比你的徒弟更强①,他对众生能作大饶益。你在中有时能获得悉地。"授记完之后隐身不见了。

此后,那若巴按照上师的教诲,对佛法作了许多有益事。后来现起证悟,在一个不熟悉的地方,那若巴手里拿着颅碗,对一个放牛娃说:"毗都、毗都②",放牛娃拿出匕首交给那若巴说:"如果你能消化就吃这个吧。"那若巴把匕首放进嘴里,熔化后咽下肚。放牛娃见此情景,惊奇不已,便把此事告诉了国王。国王认为这是骗人的,便派人来杀那若巴。那若巴用观想法把国王的军队冻僵,把国王及其随从、眷属等摄收为弟子。又有一次,在克什米尔,那若巴用夺舍法,把自己的灵识迁入一只大象身上,使大象跑到闻距③之远,致使村民追大象追得气喘吁吁。继后,在举办会供曼荼罗时,示现招弯果树,在火供灶上看本尊佛面容等神通。如此具备五神通,获得即生悉地。为佛法和有情众生做了广大事业,而后飞往空行刹土。又过了些时候,尊者玛尔巴第二次去印度时,那若巴又在世上住了数月给众弟子讲经说法,其身体众人都能看到。此后又往空行刹土。

至此,为噶举派大有恩典的印度成就者们的历史讲述完毕。

---

①这里所说的徒弟指玛尔巴,徒孙指米拉日巴。

②毗都:系梵音,从上下文看来似乎有"化斋"之义。

③闻距:梵音译作俱卢舍、拘卢舍。古印度长度单位名。古印度以人寿百岁时代所用弓之长度为一弓,一俱卢舍约500弓,相当于250市尺。

玛尔巴译师传

圣境众生除阇之正法，
由您菩提之心所引请，
消除北方①黑暗之密续，
化作细雨滋润雪域地。

噶举巴的佛法如何传入和流行雪域的情况如下。

班钦那若巴在圣境印度等地有众多弟子，其中最优秀，尤其是对西藏有巨大贡献的弟子就是仲毗巴黑如嘎②的变化身玛尔巴·曲吉洛追(1012年)。玛尔巴诞生在洛扎③秋切的卓窝垅村，父名玛尔巴·旺久维色，母名佳萨母朵德，家境富裕，取名曲吉洛追(法慧)。十三岁前在家度过，因为其性情暴烈，又极好饮酒争辩，其父说："你不如到外地去学习"。并备好干粮等需用物品，让玛

---

①圣境指印度，北方黑暗地指西藏。

②据多罗那他《印度佛教史》说他是毗卢巴的弟子，约七八世纪时人，系印度的大成就者，为《喜金刚续》传承的祖师之一，他写了《无我母修法》和《俱生成就》等多种论述，并给众多弟子灌顶。在《玛尔巴译师传》等说仲毗巴系普贤菩萨之化身，又后化身为玛尔巴。

③洛扎：县名。元代译作多洼、多宗、多洼宗。在西藏自治区南部羊卓雍湖之南。

尔巴出远门求学。玛尔巴来到拉堆①芒咔木古龙寺，在大师卓弥②尊前学习翻译，求习佛法。因为大师每次传法都需要一头牦牛的供养，玛尔巴认为学费太贵，不如直接赴印度学佛法。于是，把那匹父亲给他的马及紫檀木鞍子在拉堆绛③达孜交易集市上兑换成黄金。回家途中，与洛甲顿巴④上师相遇，他是被一位弟子迎请到达德米芒讲经，现带着丰厚的供品返回家中。他们一路同行，临别时，洛甲顿巴送给玛尔巴黄金等物以作资助。

玛尔巴回到家乡后向家人陈述要赴印度学法的原由。虽然父母以家人百般劝阻，但都无济于事，他把属于自己的东西都兑换成黄金。在前往印度途中，遇到了去印度学法的虐译师，于是他俩结伴而行。在尼泊尔从旁町巴俩兄弟（即基特巴和本达巴，均为那若巴的弟子。——译者）处听法。虐译师说："从一位尼泊尔老人处听法，不如直接去印度学法"。玛尔巴不听，虐译师大怒，自己一人独往印度。玛尔巴逐渐适应炎热的气候，在学习声明⑤的同时，从基特巴处谛听四座续和往生教授、瞆萎天女法，又从本达巴处求得密集等。这样在尼泊尔过了三年后前赴印度，谒见了智慧成就无与伦比的那若巴，谛听了喜金刚⑥等教授。另外，

①拉堆：在日喀则地区定日县境内。

②卓弥：即卓弥译师释迦循怒。由吐蕃朗达玛的三世孙阿里王扎西则派往印度和尼泊尔等地学习佛法，回藏后以弘扬讲修母续为主，译著新密甚多。在《藏汉大辞典》（张怡荪主编）云：卒于1064宋英宗治平元年前后。在才旦夏茸先生所著《藏族历史年鉴》载，生于993（水蛇）年，卒于1074（木虎）年，与东嘎先生的《红史》校注相同。

③拉堆绛：萨迦县古地名。13世纪八思巴建立十三万户之一。

④洛甲顿巴：《青史》和《玛尔巴译师传》等中称洛甲觉色。

⑤声明：即语言学。为五大明处之一。纠正和扫除语言中所犯毛病以使语言规范化的学科。又派生出五小明。

⑥喜金刚：无上密乘一法要及其本尊名。

还遇见了班智达益希宁波[①]、阿达麦哲巴[②]等许多上师。去朝礼吉祥金刚座那烂陀等寺院时，常与虐译师相遇。由于他们常在教法方面发生争辩，激发了玛尔巴学法的愿望，因此，玛尔巴从那若巴大师等上师处听习了佛和合加行，呼金刚[③]，胜乐[④]和密集等父续、母续和事部等四续部的所有教授。尤其是为了求得摩诃麻耶[⑤]教法，不辞辛苦前往毒河洲，拜谒大成就者古古热巴。

如此，经过千辛万苦求得佛法后，返回西藏。行至恒河畔，又遇虐译师。在船上，虐译师因生嫉妒之念，使奸计把玛尔巴的所有学法手册扔到河里。玛尔巴唱道歌数落了虐译师行为，心想回藏后置办黄金再度赴印度。后途经尼泊尔返藏，在后藏吉浦又遇到了以前结伴而行的洛甲顿巴。洛甲顿巴殷勤地供养玛尔巴，并向玛尔巴求法。继后，玛尔巴回到洛扎。俄·曲吉多吉[⑥]迎请并追随玛尔巴，成为玛尔巴的弟子。应玛尔巴·郭亚迎请，玛尔巴途经澎域前往当雄，恰值那热地区金矿甚旺，得到了许多黄金供养。另外，把其他供品和衣物等变卖成黄金，再次途经芒域和尼泊尔前往印度。见到那若巴时那若巴对他说："要去求得未曾获得的法，曾获得的法也要给予校正并要坚信它。"在此，从那若巴

---

①益希宁波：智藏论师。在《藏汉大辞典》中云：约在公元七八世纪时古印度一佛学家名。著有中观二谛论，持自续派中观见。玛尔巴生活在11世纪，时间上相距甚远。

②阿达麦哲巴：精通内外道各教派的一位大学者。他的教法经玛尔巴传扬于西藏，噶举派的大手印教法即来源于他。

③呼金刚：即喜金刚。

④胜乐：又译上乐，梵音黑如嘎或泗鲁迦。无上母续及其本尊名。有陆希巴的胜乐六十二尊传承，黑行者的胜乐六十二尊传承，铃尊者的胜乐中身与五尊传承以及昂宗的胜乐耳传传承。

⑤摩诃麻耶：义译大幻经。汉译名：《佛昇忉利天为母说法经》二卷。

⑥俄·曲古多吉：即玛尔巴四柱弟子之一雄·俄敦曲多。

和麦哲巴座前求得许多教法，精习密续众义，并发誓将再度赴印度，朝礼了空行神庙等圣地后返回西藏。途经藏荣地方时，藏荣·梅敦村布追随玛尔巴，成为玛尔巴的弟子。

此后，定居在洛扎卓窝垅寺庙，摄受不可思量的弟子，密续诸法像日月一样宏扬阐发，作了无量广大事业。为了摄受尊者米拉日巴，让他修筑色喀古托寺①以净除其业障，最后给米拉日巴传授灌顶及教授。当米拉日巴遵照玛尔巴传的教授进行修持时，得到空行母的授记，就向玛尔巴恳请赐授往生和夺舍法的教授。玛尔巴在其手册寻找此二法，但是没有找到有关夺舍方面的教授。此事恰与他再次赴印度的誓愿相合。于是，他把所得供物都兑换成黄金，不听众弟子的劝阻挽留，一个人毅然独往圣境印度。在尼泊尔听本达巴讲，那若巴大师已飞往空行净土，众人难以见到。听罢，玛尔巴心中生起难以忍受的悲痛，问本达巴："还有没有见上师的机缘？"本达巴回答说："你是个信誓坚贞的人，如果好好祈祷，兴许能见到。"继后，玛尔巴前往布拉哈日山，遇见沙弥·西绕迥乃②。沙弥说："弟子你来了，可是上师已经前往空行净土。这些是上师托我交给你的。"说着把一幅喜金刚画像和颇器、金刚铃杵等交给玛尔巴。玛尔巴问："将来还有没有见到至尊的机缘？"沙弥说："清净的弟子在三昧耶清净的曼荼罗中进行祈祷，能见到上师，除此之外，没有别的机缘。"于是，玛尔巴在那若巴的每一位弟子尊前设会供曼荼罗③，进行祈祷，都显示出能见师面的相同

---

①色喀古托寺：西藏自治区洛扎县境内一古寺名。为噶举派著名佛学家米拉日巴所倡建，寺中藏有珍贵的经卷和壁画。

②西绕迥乃：《玛尔巴译师传》中作西绕僧格。

③会供曼荼罗：佛教行者，观想凭借神力加持五欲及饮食品成为无漏智慧甘露以供上师、本尊、空行三尊及自身蕴、处、支分三位坛城，积聚殊胜资粮的仪轨。

授记。

此后，在比扎马拉希拉寺[①]修观照证悟时，因思念那若巴之情急切，心中像射中毒箭一样难以忍受。为了寻求上师，玛尔巴走入紫檀木森林中，到处寻找，但仍不见上师的身影。因迷失方向而误入贱种[②]村庄，被傲慢的国王抓捕并囚禁监牢，结果被上师的加持力所解救。又花费半个多月时间，信步在森林和寒林等地寻找上师，但仍毫无收获。此后出现了以下稀奇美妙的征兆：在黑山的树林旁的一个水晶磐石上有那若巴的足迹；在一棵檀香树上有喜金刚九尊曼荼罗，形如彩虹帐幔，并从俱生母的心胸中清楚地显现出不被皮肉所障蔽的真言轮。玛尔巴在那若巴的足迹旁怀着强烈的愿望，极其悲痛地祈祷了三昼夜，终于出现了光彩环绕全身的那若巴。玛尔巴心中像生起见道[③]一样，产生了难以言表的欢喜。于是，他急忙献上了稀有珍贵的金粉。上师说："我不贪图黄金。"玛尔巴再次祈求上师收下金粉，那若巴把金粉洒向林中说："那就供奉上师宝吧！"玛尔巴顿觉惋惜。上师说："如果你想要，黄金有的是"。说罢，合着的手掌一分开，玛尔巴献的黄金完整无损地在手中。随后再用脚趾轻轻一碰，石头和砾子都变成金子。上师说："这一切都是金子。"那若巴向天空作观想，得到了一条非常可爱的鱼尸，把鱼肚一剖开，显出具有百味之美馔佳肴的会供曼荼罗。此后，玛尔巴把那若巴迎请到布拉哈日山，所有

---

①比扎马拉希拉寺：即戒香寺。古印度恒河岸边一小寺名。阿底峡等许多印度佛学家曾居于此。

②贱种：旃荼罗。古印度轻侮屠夫和铁匠等，称为贱种。

③见道：五道（资粮道、加行道、见道、修道、无学道）之一。往趣解脱历程之中，新见前所未见本性，登圣者地，现观诸法无我如所有性，应了知一切有法尽所有性，修七觉支以根本断除一切见所断惑，离五怖畏，证得十二个一百功德之道。与一般所说开悟相同。

人都能亲眼见到上师。玛尔巴从上师求得胜乐六十四尊修法，尤其是求得了圆满次第的全部秘诀。当向上师请求赐示往生夺舍法时，上师问：“是你自己想祈求这个法呢，还是得到了授记？”玛尔巴说：“我有一个叫闻喜的弟子（即指米拉日巴），他得到了授记。”那若巴说：“在北方黑暗之地，有这样的弟子，正如红日照雪山。”用韵文大加赞赏，并向北方点头致意。于是，印度的山岗和树木都向北方西藏点头。此后，上师向玛尔巴示现喜金刚曼荼罗并作解释，玛尔巴向上师行礼前先向本尊敬礼，上师作授记说：“子嗣如虚空花消逝，法嗣像大河水长流。”如此这般，给予了许多授记和教诲。

继后，玛尔巴返藏，众弟子和施主都说：“上师虽年事已高，但能平安回藏，真稀奇”。他们怀着无比喜悦之情迎接和侍奉玛尔巴。从此玛尔巴定居在卓窝垅，在外遵循隐修瑜伽士的戒行，过着世俗生活；在内修习生圆二次第甚深瑜伽。这样修行着，亲见诸曼荼罗轮，而且在死鸽子和羊羔等身上行和验证夺舍法。正如那若巴大师所授记，尊者的儿子达玛朵德横遭意外灾难，从马背上摔下来死了。尊者以夺舍法把儿子的灵识投入到一只死鸽子身上，后又转世为印度称为密咒大树的底普巴①。如此无比稀有事迹，在尊者的传记《见而有益》②中有详细地记载，在此不赘述。

这样调教化度完所有化机徒众后，到86岁（时1097年），想隐化法界，对众人说：“班钦那若巴来迎接我了，快摆设供品”。会供布置好后对妻子达美玛说：“该隐化的时候到了。”说着把达美玛不舍肉体就收入心间，而后仰望天空，手结合什，稍坐片刻后施

①底普巴：底普巴密咒主。古印度的一位大成就者。

②《见而有益》：指《玛尔巴译师传》。《玛尔巴译师传》的全名为《玛尔巴译师传·见而有益》。

行往生法。从头顶凸出大如拇指的头盖骨,灵骨自成为喜金刚五佛身,从头顶出壳而去;从头部放射出大如瓦器的白光,逐渐上升,最后化隐于虚空中。于是天降花雨,现彩虹,出现了不可思议的异兆。俄敦·曲多向众弟子献上无法比量的供礼,把师父的遗体请到雄地方的琼顶山给予火化。从尊者的灵骨显现出连能工巧匠都难以铸造的喜金刚化身九尊。此尊者有无法记数的弟子,最主要的有雄·俄敦曲多、堆·促敦旺额、藏荣·梅敦村布、贡塘·米拉日巴、当宁中·玛尔巴郭亚等五个。

至尊米拉日巴传

本性离垢晶石大灵塔，
现似被那邪见所染污，
成熟解脱甘露净洗的，
米拉验证之光永闪烁。

雪域成就自在无与伦比的至尊米拉日巴诞生在拉堆贡塘的甲俄杂，父名米拉·西绕坚参，母名杨杂嘎坚，于阳水龙年（1052年）诞生①，取名推巴嘎（闻喜）。后又生一个妹妹，名叫布达衮吉。米拉家族在本地比其他家族更富裕，更有声望。当米拉父亲临终时，把里外的所有财产交托给米拉的姑母和叔父，立下儿子继承父业的遗嘱。米拉尊者逐渐长大成人。

某时，米拉母亲召集姑母、叔父以及亲戚乡邻，给他们读丈夫的遗嘱，要求所托财产退还原主，并希望娶泽塞为儿媳，让米拉成家立业。但是，姑母和叔父不答应，他们把米拉家族的所有财产

---

①关于米拉日巴的生卒年代有几种不同说法。在才旦夏茸先生所著《藏族历史年鉴》和《白琉璃》历书都说活了84四岁，但具体生卒年代为1040～1123，与《米拉日巴传》和《直贡法嗣》中所记生卒年1052～1135，刚好早一轮年。

占为己有。为此，米拉尊者自小领悟到了苦谛[1]。母亲靠为乡邻作纺织羊毛的活所得的报酬来养育米拉兄妹俩。后来米拉跟随一位宁玛派的上师学藏文。有一次他唱着歌回家来，在巷口遇上母亲，母亲说："没有谁像你母亲那样辛苦，你却想起唱歌。"说着就大哭起来。米拉尊者也伤心地落着泪问母亲："那我该怎么办？"母亲说："你能否学点咒术？"米拉尊者答应学咒术。母亲用所有家当换了一匹马和两包染料交给米拉，把他和从其他地方来的几个伙伴送到贡塘下部，母子分手时母亲说："孩子，你不要急着回来，你要让所有的怨家对头都遭到灾难。"母子相互说了一些安慰的话就分手了。

到了卫藏，米拉尊者逢人便打听谁的咒术最厉害，结果都说雅隆的雍顿濯杰的法术最厉害。于是，米拉尊者来到雅隆雍顿濯杰大师尊前，献上供养礼物，并诉说了自家的历史。师父说："我要查一下你所说的是否真实。"后来雍顿大师说："到我这里来学咒术的人很多，但从来没有像你这样可怜的，一定要学会咒术。"随后，他让米拉尊者带上礼品和介绍信前往达纳地方的鲁穷大师处学咒术。米拉尊者来到鲁穷大师尊前，献上礼品并诉说了自己的历史。后来修建了一间静室，米拉尊者在此静室内修炼大师所传的红面黑面凶曜的诛敌神咒。十四天后修炼成功，亲眼见到了守誓护法提着血淋淋的三十五颗心脏，堆放在坛城周围。当时，远在家乡的姑母、叔父及其亲戚们正在设宴办喜事，米拉尊者从这里作法，以其咒力，使房子倒塌，让三十五个人去见阎王爷。为此，家乡的村民们商议，要派人来杀死他。米拉尊者的母亲托一个瑜伽行者给儿子带去金子和信，告诉儿子说："生儿真有用，咒

[1]苦谛：佛教四圣谛之一。自因业及烦恼（集谛，苦之因）所生取蕴，有漏情器世间为其后果之一切事物，为众苦之蕴，当知如病，此于圣者，始能如实现见，故名苦圣谛。

术有效应，再降一次冰雹。”米拉尊者又来到雍顿大师尊前，学修降冰雹术。学成后回家乡降了三层墙板厚的冰雹，并给乡民捎口信说，还要在村头村尾施放咒术，毁灭整个村子。乡人都惧怕，谁也不敢再欺侮米拉尊者的母亲。

此后，米拉尊者又回到卫藏，在雍顿大师尊前侍候师父，当时，常为以前所作的恶业深感悔恨，开始想往着学佛法。此时，恰巧师父也因一些事情而心生悲哀，因此也鼓励米拉尊者去学习清净正法。于是，米拉尊者带着干粮来到藏荣地区的荣敦拉迦尊前，在此求得了佛法并开始加以实修。由于师父把大圆满法[1]过于夸大，米拉尊者心生惰情，不肯观修，使得正法与人完全分开。此时上师说：“如果你确实想求正法，就到洛扎卓窝垅寺去，那儿有一位印度大德那若巴的亲炙弟子，人称译经王或玛尔巴大圣。他是一位无以匹敌的上人。”一听到玛尔巴的名字，米拉尊者的心中就油然产生一种难以克制的敬仰之心。于是，米拉尊者一心一意地前往洛扎，到洛扎山口就开始边询问边往前走。在曲拉岗拜谒寺庙并向孩子们打听玛尔巴译师的住处，有些孩子说不知道，其中一个孩子说：“可能是找我们的洛追大叔。他就住在这个村子。”米拉尊者来到村头，看见一个身体魁伟健壮的瑜伽师在翻垦土地，米拉尊者问：“请问玛尔巴尊者住在什么地方？”对方反问：“你找他有什么事？”米拉尊者回答说：“求正法。”并把自己的来意详细地告诉了瑜伽师。瑜伽师说：“译师就在附近，不是我，我也不懂法。”米拉尊者请求瑜伽师作伴去找译师。瑜伽师在地上划上线说：“你把这块地垦完，我就陪你去找译师。”于是米拉尊者迅速地把地垦完。瑜伽师说：“徒儿能成事”，并给米拉尊者喝酒。此后，这位密宗师回家了，不久就有人来叫米拉尊者进屋。米拉

---

[1] 大圆满法：藏传佛教宁玛派密法。

尊者一到房内就见到了刚才那位瑜伽师，使米拉惊呆半晌。大师说："你所寻找的上师就是我。"米拉尊者便向上师顶礼膜拜，并把身口意三业奉供于上师。

后来，米拉尊者走遍洛扎的上上下下去募化，用募化来的青稞换来一口四耳赤铜锅，把它供养给上师。上师用棍子敲响铜锅，然后里面装满点供灯用的酥油，并为米拉尊者的未来作授记。当米拉尊者向上师求法时，上师说："拉亚地方的一些坏人经常打劫来找我学法的弟子，你给那个地方施放冰雹并念咒。"于是米拉尊者念咒语，降冰雹。再向上师请求赐示教授时，上师说："你只降了两三个雪弹(即冰雹)，怎么能得到我饱受艰辛从印度学来的正法?"不给米拉尊者传法。此后至尊玛尔巴想让米拉修建碉房以净除米拉尊者的业障。米拉尊者遵从师命，在东西南北各山头修了圆形或三角形的碉房，可是每次修到一半，上师又让他拆毁，并把土和石头运回原处。此后，上师又让米拉尊者修建四方形的顶如长颈瓶的九层色喀古托。米拉尊者的背部都溃烂了，脓血像水一样流淌，手脚都磨破了。因米拉尊者一有空就帮师母烧火、扫地、打酪等，师母也经常在上师面前为米拉尊者说情，请求上师给米拉尊者传法。可是上师却说："吐勤[①]徒儿，你只修了个小屋，可是我的怙主那若巴大师为了向底洛巴上师求法，经受了十二大苦和八十小苦。我也不顾性命前赴印度，不惜财帛，向那若巴等上师毫不吝惜地供献黄金求法。你能做到这些吗?"当藏荣·梅敦村布请上师传授胜乐金刚大灌顶，堆·促敦旺额请上师传授密

---

①吐勤：米拉日巴本名推巴嘎，意为闻喜。后因会咒术，人称吐勤，意为咒力强大。后取法名多吉坚赞，意为金刚幢，又取密名协巴多吉，意即笑金刚。通常称为米拉日巴，米拉是家族名，日巴(热巴)是普布衣行者之意，因米拉日巴及其弟子经常身着单布衣，其许多弟子名中也带有"热巴"。

集金刚大灌顶，雄·俄敦曲多请求上师传授喜金刚大灌顶时，师母把自己的松耳石交给米拉尊者，叫他当供养献给师父，以求得教授。但是，上师不仅不给米拉尊者传法，反而打米拉尊者，把他从灌顶席位上赶走，并批评他，责骂他。但米拉尊者始终没有对上师产生失去信心的邪见。此后，色喀古托的走廊等也修成。

一次，在初十日进行会供轮后的晚上，至尊玛尔巴因喝醉酒而沉睡了，师母便把那若巴的六种身严莲花鬘和以上师名义假造的一封信交给米拉尊者，叫他去找俄敦·曲多学法。米拉尊者遵从师母旨意来到俄敦·曲多尊前求法。俄敦很高兴地说："吐勤来得很好。兑野漠地方的人常来打劫我的游牧部落，你给那儿降一次冰雹吧！"于是，米拉尊者大降冰雹，把那儿的土地摧毁无余。米拉尊者从一棵树底拣了一兜被冰雹打死的鸟雀和老鼠，堆放在俄敦面前说："我是来求正法的，但除了下地狱的罪恶外，一无所获。"并抽泣着。俄敦说："徒儿是为师造的罪，你没有罪。"说着弹了一下他的指头，结果，那堆死尸立刻就活了，鸟飞到天空，老鼠钻入地里。米拉尊者的心也得到了些安慰。此后，俄敦给米拉尊者传授喜金刚灌顶，米拉尊者按教授进行修炼，但未曾生起丝毫的感应，悉知是未得到至尊玛尔巴允准所故。俄敦·曲多携带身口意方面的所依①以及一些内外财产前往玛尔巴译师处，米拉尊者也一同前往。

在色喀古托寺落成庆祝典礼上，至尊玛尔巴唱了一支祷告吉祥的道歌后严厉地批评了米拉尊者、俄敦·曲多及师母。而后对米拉尊者说："你是有缘弟子，我这样让你吃苦受累都是为了涤除你的罪障。从现在起，我要摄受你，给你传授教授，你高兴吧！"于是，上师剪下米拉尊者的头发，取名多吉坚赞，在胜乐金刚曼荼罗

①身口意为三密：佛像为身之所依，佛经为口之所依，佛塔为意之所依。

中传授灌顶并赐密名为协巴多吉。此时,米拉尊者亲见天空中显现的曼荼罗。上师把一切教授传给米拉尊者,还传给无身空行五法,并说:“无身空行九法的其余四种你自己去取吧。”此后,米拉尊者发誓将把那若巴教授给予补缺。那若巴曾为玛尔巴尊者授记云:“子嗣像天空花消逝,而法嗣似大河水长流”。这就是预示像在《梦幻四柱》道歌中所说的四大弟子。翌日,上师用手杖顶着米拉尊者的胸口说:“我赴印度,千辛万苦学来的教法全都传给你了。”

当米拉尊者闭关修持时,因作恶梦,思念母亲心切,请求上师允许他回家乡。上师说:“你回家乡也难以见到你母亲,虽然需要抓紧时间修炼拙火定①,但如果你长期这样悲痛,你就去吧。在家乡只能呆七日,现在佛陀的余法寿命短,而魔类猖行,所以,你不能耽搁修炼,你要到岩山和雪山中去修行,要取得心要成就,将来某个时期,你要起风脉的障碍,届时可以启阅此卷。”随即赐给米拉尊者一个加盖火漆胶印的密封纸卷。师父、师母及众师兄弟把米拉尊者送至桂噶山,相互说了许多表示离愁的话。米拉尊者看着师父,一步步倒行着,依依辞别。米拉尊者走了三天,来到家乡,见到自家的房屋已倒塌,一切都已成为乌有。倒塌的房内,有一处上面长着青草的土堆,拨开草丛看时,母亲的骸骨暴露出来。这时他才领悟到至尊玛尔巴所说的:“家乡贪恋碉房中,住有无常

①拙火定:猛厉火,又名绝地火或脐轮火,系那若六法之一,亦是密乘圆满次第根本法之一。集中坚守脉风、明点,以使脐中针影(即上面所说的形如倒竖梵文字母短阿)燃起乐暖。功能猛厉焚烧一切不净蕴界,灭尽一切烦恼寻思,迅速生起俱生妙智。脐轮火梵音旃陀离,在密乘经典中说旃陀离主要有三种:1.自性旃陀离:即外猛厉火,诸法自性空。2.猛厉旃陀离:即内猛厉火、脐轮短阿字。3.和合旃陀离:即密猛厉火,一切深妙空性与极无变化大乐双运和合。此处所说脐轮火好似内猛厉火。

虚幻之轨范师。”话的含义，心中无比悲痛。最后为母亲的遗骸修造了一些小泥塔。此后，在家乡后山的一个岩洞中修持。某一次，化缘来到姑母的住处，姑母骂米拉尊者是出卖灵魂的乞丐，并唆狗咬他，用棍子打他。米拉尊者倒在沟中，为此，尊者唱了对亲戚感到失望的道歌①。后来，又来到叔父门前，遭到雨点般的箭头和石子的袭击。此后来到扎迦尔山，断绝一切香甜食物，依靠荨麻坚持修行。某时，见到妹妹布达衮吉，妹妹给尊者送来食物和酒，于是米拉尊者的体力大增，获得悉地。

此后，在扎玛尔琼隆，米拉尊者收服了魔王毗那耶伽，说了六忆上师道歌。并按师命，前往拉齐雪山②，制伏了象鼻天，说了拉齐曲桑道歌。次年，又来到拉齐耐梯，唱了众所周知的雪山大歌。此后，想按师命，前往芒域③的阿柏巴山和尼泊尔的浴摩岗惹雪岭，便又重返贡塘。走到林瓦岩洞，感到很惬意，遂暂留此地，说了林瓦窟妖女的道歌。此后，到了柏巴山麓的饶马降秋宗④，说了降服一个黄鼠狼天女和饶马刹土神的道歌。而后，到江彭的朗喀

①米拉日巴借用诗歌形式，向人们宣传佛法，从而创作了许多证道性的诗歌。中央民族学院编写的《藏族文学史》中云：“《道歌全集》包括三个部分。即：1.降伏来犯鬼神(非人)使受佛法约束；2.引导具缘弟子走入成熟解脱道；3.其他种种。共分58节，约400首诗歌。”但据有关统计米拉日巴的道歌有万首之多。藏文版《米拉日巴传及其道歌》说道歌有57个方面，共500多节。

②拉齐雪山：西藏定日与镇日之间的一大雪山名。是佛教圣地之一。米拉日巴曾于此山中长期静修。

③芒域：西藏自治区的阿里普兰至西藏昂仁、吉隆等县一带与尼泊尔接近的地区古名。

④宗：有两层含义。一是指堡垒、要塞、山寨。二是指行政区域，相当于县。

宗住下，利济了很多非人①。继后，到了浴摩岗惹雪岭，住在僧伽拉森林中的达楚僧格宗，在那里化度了一些人和非人。当时得到授记说，应该回藏区，住在深山寂静处，于修行中相机普度众生。于是便遵从授记回藏，住在古塘的一个岩窟中，说了鸽子道歌。这是关于降伏鬼神，使受佛法约束方面的道歌情况。

会见诸心传弟子并引导他们走入成熟解脱方面的道歌情况如下：

当米拉尊者住在扎甲多吉宗，正在饶益广大众生时，金刚瑜伽母为尊者授记诸弟子将至的情况，特别提到了前往印度取空行耳传法的弟子热穷·多吉扎巴②将要前来，并示其住处。于是，米拉尊者前往贡塘饶拉沟的萨俄浦，并驻锡此地，见到了心传弟子热穷巴。热穷巴为了治病前往印度，回来之后，师徒二人又重相会。在仁浦俄色浦遇到了咱普热巴。而后，到了饶马降秋宗，遇到了热巴·桑杰觉。最后，前往聂拉木赘浦并在此住下，其间，给早就虔信尊者的觉敦·释迦谷那传授了灌顶和教授，使其得到成熟解脱。此后到达羌达阁时，在迥格巴勒松，遇见了女弟子白达崩。回来时，在叶茹羌③的一个驿站中遇到了斯般热巴。后来到拉堆的甲基室利山观修，遇见了直古木热巴。而后，为了秋天静坐而去募化，在曲米欧邦遇到了热巴·希瓦沃；在金孔巴伽附近

---

①非人：即鬼神。六道轮回三善趣之一。

②热穷·多吉扎巴：(1083～1161年)生于后藏贡塘地方，11岁起即从米拉日巴学法，两次赴印度，从底普巴和玛吉珠杰等学完无身空行母法，复返西藏后传给上师米拉日巴。其历史详见《日琼巴师徒简传》，西藏人民出版社出版。

③叶茹：即右翼。松赞干布时期行政区域名。中区前后藏四翼之一。以朗木林为中心，东至朗马古普，南至聂拉木，西至皆麻拉古，北至麦底曲那一带地区古名。

遇到了恩宗热巴。此后驻锡在拉齐时，遵从上师授记，又受空行母的敦促，前往冈底斯雪山①。行至中途，遇到了当巴贾普瓦。继续往上走，在洛倭哥热拉托附近，遇到了喀穷热巴。一个冬天，在布让山谷的直泽雪山遇到了热巴·达玛旺久。春季回冈底斯山时，用神变力制伏了苯教②徒那若本穷，作了斯雪山道歌。以后，又往下走，在扎甲多吉宗住下，遇到了荣穷热巴。后因受空行母的敦促而动身，在途中看见了北浦的玛摩宗，于是在此住了数日。一个叫路孜热巴的牧人前来侍奉并追随米拉尊者，以后成了一位得道大德。此后，在拉浦白玛宗遇到了辛贡热巴，后来尊者驻锡朗喀鲁杜宗和北浦玛摩宗时，他来侍候过尊者，作得很出色。随后，到觉若支仓附近，又遇到了热穷巴。到门尼乡谷答并住下来，遇到了奇日热巴。仗此缘力，尊者的盛名，便传遍了尼泊尔。又仗度母③的授记和敦促之力，柯孔王也对尊者供养敬礼。此后，热穷巴和辛贡热巴迎请尊者驻锡拉齐山口的年永浦。第二年迁往琼隆扎。后又到曲洼，并依次说了长寿女三道歌。此后来到镇定马，遇到了热巴·多吉旺久。其后，师徒驻锡在聂拉木赘浦，在柏波宗遇到了印度的达摩菩提，他给米拉尊者顶礼。由于这宏大的

---

①冈底斯雪山：位于喜马拉雅山脉之北，发脉于昆仑山脉，南行复折而东进，蜿蜒达于林芝。其主峰在阿里地区普兰县境，通称灵雪山（即藏名冈仁波齐），是著名佛教圣地之一。

②苯教：西藏原始宗教名，创始人为辛饶弥沃齐。盛行时分本地、外来和窜译三派，有黑苯、白苯两支。早期以祷神伏魔为人禳病、荐亡为业，在与佛教的不断斗争中吸收了佛教的一些思想，在见、行、修各方面产生了许多和佛教相似的经典。

③度母：救度佛母。梵音译作多罗。佛教依救度八难而立的一类本尊佛母名。依身色、标帜、姿态不同，分为二十一度母。藏传佛教中以白度母、绿度母为主。

福德力量，讲法相的达洛法师心生嫉妒，前来与尊者辩论。米拉尊者以神通和法力击败了达洛，并为此事作有道歌。仗此因缘又作了热穷·底布的道歌。这期间，在赘浦又遇到了爱贡热巴。在聂拉木那察，遇到了热巴·萨雷沃。以后尊者来到扎玛尔波托，悉知热穷巴从印度回来，便前去迎接，说了牛角和野骡的道歌。在曲洼遇到了达布连贡热巴。在镇的卓德扎西岗遇到了娘麦·达布拉杰，他是释迦牟尼佛曾经亲自授记过的大士，是米拉尊者的最大的上首心传弟子，是比丘金刚持大菩提萨埵月光童子的化身，为了普度众生才投生为人的。驻锡曲洼翁穹期间，遇到了曾反对过米拉尊者的洛敦格顿，尊者摄受了他。在基普的尼马宗，遇到了镇·哲敦扎西白。在修大行时，众僧中有一名里果恰如瓦者作为侍者随行。空行母曾为尊者授记说，尊者的人间弟子中得大成就者就有二十五位。其中有八位心传弟子，十三位亲近弟子及彼等四姐妹女弟子。尊者与这些弟子会见的情形，各自有一大类道歌章节。

各种流散的道歌情况如下：

米拉尊者在一些内秘密宗堡，遇到心传弟子时前前后后说了很多道歌。有为僧徒与女弟子问答而作的道歌章。驻锡岗布时，说了苯波山道歌章。而后又到聂拉木，作了灌顶及开光道歌章。在咱玛作了辛多摩和勒斯邦道歌章。其后，作了其卓替擦章。与热穷巴一起前往拉齐时，作了制魔大岩洞章和散闷章。又往上行至让顶，作了浦马章。此后受女弟子们的迎请，驻锡聂拉木赘浦时，尊者自述其传奇历史，作了热穷巴赴卫地章。经狮面空行撮合，在推拉遇到了当巴①，并作有道歌。在勒兴，作了超荐大悲钩和报答母恩章。为咱玛女弟子和聂拉木大众说了最后遗教歌章。此后作有赴曲洼章，在定日作了拉杰央俄章。到了曲洼作了前往卫地的后章。在镇拉卓，作了为施主扎西孜说法章。在镇扎喀，作了泽塞邦和枯救等众女弟子章。在扎玛尔波托作了降伏四魔章和密宗问答章。作有使众弟子皆生欢喜而示现神通变化章。这些为众所周知或鲜为人知的转动法轮的不可思议道歌章节，能使无数有缘善根者得到成熟解脱。如此，稀奇无量的事业在米拉尊者的道歌全集中有详细记载，在此简述如上。

当米拉尊者的宏化大业即将圆满完成时，因聂拉木的格西扎甫巴对米拉尊者怀有嫉恨，遂贿赂他那美丽的姘妇，让她在尊者的奶酪里下毒，暗害尊者。对这一切，米拉尊者了如指掌，他对那个妇女说："你没有大罪，为了让你得到报酬，我才示寂的。"于木兔年(1135 年)冬季十二月十四日早座时，米拉尊者的变化曼荼罗身融入清净法界，年届八十四岁。此时，诸天神和空行母都来向尊者供奉，天降花雨，近处厚度可掩过脚背，远处能改变地上的颜色。火葬时，热穷巴从远方赶来，米拉尊者以手按下火焰，示现毫无病疾的金刚身，说："热穷巴，到我跟前来。"并作道歌。而后，再次把身化入光明中，出现了不可思议的所依。但是，除了在灵堂

①当巴：(？～1117 年)系南印度人，从当时许多高僧学到显密教法。有的藏文史籍说他活了 500 岁。在《土观宗派源流》中云："在列数这些大师中，最早的有因陀罗菩萨、龙树，晚的则什么大德都计算在内，时间上前后颇不相合，我想当巴的寿数可能最长，住世最久吧。"据说当巴入藏五次，还到过汉地。他最早把息结派的教法传入西藏，他的弟子中最有名的是希解初、中、后三传的弟子。全名为帕当巴桑杰。

石上的天然金刚诵三个字母外，不要说留下舍利等所依，连灵堂的石头等被空行母包裹在绢帘内，迎请到空行刹土。此尊者有热穷·多吉扎、热巴·希瓦沃等许多弟子，其中，不舍肉体而往空行刹土的弟子有五个。

达布拉杰传

见行修之理论大浮海，
用那智慧搅棍来搅融，
佛法大师无比岗布巴，
噶当法与大印融一体。①

尊者米拉·协巴多吉的所有弟子中，最为殊胜的是岗布巴。在《梦幻四柱》中云："此英雄（即米拉日巴）有一徒儿，将成为无与伦比者"。这里所说的无与伦比的人就是指尊者岗布巴杂木岭扎巴。他曾被世尊释迦牟尼授记为花月美妙菩萨和月光童子菩萨，为了在西藏弘扬实修派佛法，才化身为法主达布拉杰②。达布拉杰诞生于具有许多吉祥福德的涅地斯瓦隆村，家族为尼瓦氏③，父

---

①达布拉杰最先从噶当派上师出家，并学习了噶当诸论，后追随噶举派上师米拉日巴得密法。最后他把噶当派教理与噶举派密法融为一体，创立了显密并重的达布噶举传承。著有《论解脱道》等显密经论。

②达布拉杰：本名索朗仁钦，因早先精通医学，故称达布拉杰，意为达布地方的神医。后米拉上师赐名杂木岭扎巴，意即南瞻部洲称。最后在岗布建寺，任寺主，故又称为岗布巴。

③尼瓦：西藏古代达布地方一氏族名。据《贤者喜宴》说：尼瓦有加尼、玉尼和蕃尼三族，达布拉杰系蕃尼。

亲名为尼瓦杰布，母亲名为学漠萨伽江。家境富裕。父母共生四子①，此尊者生于水虎年（1062年）②。据说12岁娶妻，生有兄妹俩。某时，当地流行令人恐怖的瘟疫，两个孩子双双被阎罗王夺走了生命，其妻也染疾，她临终时仍依恋着夫妻生活，对丈夫说：“我要死了，你再娶一个美丽的姑娘做妻子。”尊者回答说：“我要出家学佛。”这样发了誓愿。不久妻子去世了。尊者心中大生悲哀，在善知识夏瓦岭巴座前出家，取名索朗仁钦（福宝）。在此善知识和甲·堆瓦增巴钦布③师尊前学习噶当六论④和戒律等诸藏。在芒域地方的洛丹西饶座前听受胜乐轮灌顶及续部修法。在善知识甲域瓦⑤、甲日贡喀瓦、牛如巴等座前听

---

①《红史》、《青史》、《贤者喜宴》等说其父母生有三子，达布拉杰系次子。

②才旦夏茸先生所著《藏族历史年鉴》、《青史》、《贤者喜宴》等都说生于土羊年，即1079年。刘立千、东嘎·洛桑赤列先生也持此说。

③甲·堆瓦增巴钦布：意即甲地的大持律者。系噶当派上师。本名尊珠拔尔，《藏族历史年鉴》说生于金羊年（1091年），卒于火狗年（1166年）。《青史》说生于土羊年（1079年），卒于木狗年（1154年）。

④噶当六论：1.《本生鬘论》，2.《集法句经记》；此二为信记。3.《菩萨地论》，4.《大乘经庄严论》；此二为定论。5.《入菩萨行论》，6.《集菩提学论》；此二为行论。

⑤甲域瓦：本名宣奴沃。生于堆龙。先为堆龙巴·仁钦宁波侍者，后为京俄·楚称拔尔之侍者。其十分重视承事师长，得生起圆满二次第教授。后于达布南甲域地方建寺，聚徒传噶当派教授系教法。生于1075年，卒于1138年。

了阿底峡尊者[①]的一切教授，对如来经典，依靠智慧全面思考。在父祖所建的堪与尊胜宫[②]媲美的寺庙内[③]一心修炼，在梦中或真实中逐一获得了《菩萨十地经》和《金光明经》等经典中所说的获十地[④]的验证。

此年春天，尊者来到寺庙围墙上散闷时，从附近三个乞丐的议论中听到了圣瑜伽自在米拉日巴的名字。顿时，像一个重情男子见到了天界美女，风在嬉戏苹果树一样，达布拉杰的心变得兴奋不已，眼中溢满泪水，生起巨大的敬信。如此，长时间站立在原处，显得茫然不知所措。随后，他迈着慌乱的步子回到住处。当他修习时，连主要的七支法[⑤]都无法进行下去，心想，我的心为何变得如此顾虑重重，慌慌不安！于是来到卧室，以甚深瑜伽坐姿入禅，结果获得了一心不乱的三摩地，感觉到外界的一切现象化为空性，了知一切众生的心识。出定后，去找那三个乞丐。在一个客栈找到了他们并问道："你们今天所说的成就者在哪里？他

---

①阿底峡：（982～1054年），意译殊胜。法名吉祥燃灯智。出生于东印度萨霍尔王室，原系超岩寺上座。吐蕃王室后裔绛曲农叚重礼聘，至西藏传播佛教，他摄显密两宗关要合为修行次第。著有《菩提道炬论》等著作20多种，对藏传佛教后弘期起过重大的作用，成为噶当派的祖师。其所传之医学八部对于西藏医学流派的形成也起了重要作用。在阿里驻锡3年，卫藏驻锡九年。藏族尊称他为"觉卧杰"，意为尊者。

②尊胜宫：帝释天所居宫殿名，在善见城中央。

③即《红史》中所说色曲寺。

④十地：菩萨之十地。1.极喜地；2.无垢地；3.发光地；4.焰慧地；5.极难胜地；6.现前地；7.远行地；8.不动地；9.善慧地；10.法元地。蔡巴·贡噶多吉所著《红史》说是获得十地的前兆。即有知自他前世一百代，后世一百代，见百佛面，入百佛母等。此说较合乎实际。

⑤七支法：修学佛法时的加行七支法。1.敬礼支；2.供养支；3.忏悔支；4.随喜支；5.请转法轮支；6.请住世支；7.回向支。

的上师是谁？讲修什么法要？他有什么特别的功德？”一个年老的乞丐回答说：“他在芒域贡塘，他的上师叫玛尔巴译师，这位译师遇见了那若班智达，他讲的就是那若六法和喜金刚教授。去拜谒这位成就者的人很多，据说他给人以诸多殊胜印象，我们没有见到他。”于是，达布拉杰给乞丐们布施饮食，热情款待他们。此夜向至尊米拉日巴挚诚祈祷，结果在梦中有人说：“在西藏没有比这个更大的黄铜号角了。”吹钢号的声响遍及南瞻部洲[①]。又听到击鼓声，一个妇女说：“为人们去击鼓吧，把这个喂给山兽吧！”说着把一颇碗奶交给达布拉杰。达布拉杰心想，这么点奶怎么够山兽喝呢？那个妇女说：“你喝吧。不仅山兽够喝，所有的众生都够喝！我去西方了。”翌日早晨醒来后，达布拉杰便决定去找米拉日巴尊者，遂卖掉了父亲留下的田地，换来二两黄金、一包茶。临走前，先去向诸师[②]辞别。诸师说：“这不是我们铸造了铜，而让别人来击响吗？没办法，只要能治疮，狗油也无妨。你回来时，不要丢弃我们的法规。”

得到了诸师的允准，达布拉杰逐次来到离至尊米拉日巴驻锡地不远的扎西岗村。有一天夜晚，他向一位老妇人询问上师的情况。老妇人说：“我昨天去过尊者座前，尊者说，有一位前藏的佛教导师前来，谁能够让我们见面，我就把他从恶趣[③]的恐惧中解救出来。我说我的女儿可以把你介绍给尊者。”达布拉杰心想，这样看来我是一个可培养的合格弟子了，不禁心生矜骄。达布拉杰的这种心态，至尊米拉日巴了知得一清二楚，因此半个月内不让达布拉杰来谒见，只是让索班顿穷去招待达布拉杰。过了半个月后，在扎西岗终于谒见到了米拉尊者，达布拉杰供上黄金和茶。

---

①南瞻部洲：佛家宇宙学所说环绕须弥山外的四大洲中的南方大洲名。

②诸师：指甲域瓦等噶当派诸位上师。

③恶趣：佛书所说多行上品恶业为因，往趋忍受上品痛苦为果的三类有情之总名。即六道轮回之畜牲、饿鬼和地狱。

尊者说："黄金不合老衲之意，我又没有熬茶的灶具。还是留着作你修行时的资粮吧！"说着把东西还给达布拉杰。接着尊者问："你叫什么名字？"达布拉杰答道："我叫索朗仁钦（福宝）。"尊者说了三遍索朗后，唱道："行善积资福德生，一切众生之大宝。"说完将盛满酒的颅碗给达布拉杰，命令他喝完。达布拉杰因受过比丘戒，正犹豫不决时，尊者说："你不要疑虑重重，喝完它吧。"于是，他毫无犹豫地喝得一滴不剩。此时，至尊米拉认为达布拉杰就是自己传承的接班人。为此，尊者作了招待佛教导师的道歌章节。此后，达布拉杰按次序做上师的侍奉人，跟随上师来到冈隆曲洼。上师问："你曾得到过灌顶和教授吗？"达布拉杰把以前获得灌顶等情况详细禀报上师。尊者说："虽然以前获得的灌顶和教授都很深奥，但是，现在我要以我的传规来加持你。"于是依黄丹曼荼罗，传授俱生母灌顶和加持。达布拉杰说："我曾获得过七日夜不败坏的三摩地。"米拉日巴尊者哈哈大笑说："挤压沙子怎么能出酥油汁呢？只有榨芝麻才能出油！你就修我的脐轮火短阿字吧"。随后向布达拉杰传授了拙火定。

达布拉杰不分昼夜地加紧修习，逐渐产生了现青烟象等十象征①和掌握八功德②的梦兆等征候，他用道歌把这些感受向上师禀告。上师亦唱道歌，授记他能为无边众生作饶益的未来事。并说："不管是梦兆，还是亲证，都不能贪恋于此。要记住，要辨真

---

①十象征：瑜伽师修所缘时所得十种象征：1. 意念地气，现青烟象；2. 意念火气，现萤烛象；3. 意念水气，现阳焰象；4. 意念风气，现火焰象；5. 意念空气，现诸彩虹；6. 心极意念，见如来身；7. 见六道处；8. 彩虹绕身；9. 如具天眼，一切皆明；10. 知他心，忆念宿住。

②八功德：如来八贤德：1. 地德，具无欲子之力；2. 水德，火不能毁；3. 火德，可生灭万物，不畏水浸；4. 风德，体轻可飞，常劫永住；5. 遍行功德，充塞身之九窍成如意身；6. 充塞语之四门故得六十梵音；7. 意分二门，一从眉间白毫相处可知一切；8. 二从胸口门，可了悟真如。

伪。对我这个老衲也要诚心敬信，不要只是在口头上信仰，你将能见到自己的心性。”达布拉杰又认真修持，亲见到了七药师等变化尊和无边圆满受用身的净土。尤其是发现了，像马尾毛那样细小的星曜能把日月同时遮蚀的现象。他将这些境界依次禀告给了上师。上师说：“你真是位好汉。”上师又说了三遍“现在到时候了。”然后对达布拉杰说：“你该回前藏了。努力修行吧，某时，你在神通方面会遇到险关，你要认真对待它。你的修行处和化机都在岗布达尔山。”当达布拉杰即将辞别上师赴前藏时，众师徒送他并作了许多道歌。此时，上师米拉日巴尊者给他赐名为格隆杂木岭扎巴（比丘南瞻部洲称），讲了许多知心话。又说：“现在我要给你传授一个深奥教授。”说完，把达布拉杰单独带到一个岩石边，翻开自己的法衣，露示出像猴子的臀部一样装满死肉的肚子说：“你要象这样坐在某处修持，而且不要告诉任何人。”又说：“兔年十二月十四日，你一定要到镇和聂拉木地方来一趟。”说完师徒依依分手了。

达布拉杰来到前藏，在沃卡和涅等地一心修持。某时，心念稍微放松，就忆起上师叫他到镇和聂拉木地方来一趟的嘱咐，想到已逾限遂动身前往。行至雅隆后谷，听到了上师已往生空行刹土的消息，又接到了上师托商人捎带来的法衣和手杖等。达布拉杰顿时痛苦万分，晕倒在地。醒来后，至诚祈祷，并把一两黄金往镇和聂拉木方向掷去，然后重返涅。途中受到了一位空行母化身的年华正茂又富裕的女子的侍奉承事。在涅的丝哇垅地方驻锡六年，在沃卡的格垅住了十年，修持甚深瑜伽。视轮回涅槃诸法如梦似幻，现证离戏论①智慧，并获得悉地。

此后，遵照上师的授记，在达拉岗布山修建了禅院，卫藏各地

---

①离戏论：噶举派大手印四瑜伽（专注瑜伽，离戏论瑜伽，一味瑜伽，无修瑜伽）之一。即使心离生、阻、滞三戏论。离戏瑜伽又分上中下三品，上品离戏瑜伽断对轮回、涅槃一切法之执着，故说视轮回、涅槃诸法如梦如幻。

的信徒，像野鸭入莲池一样，都来找达布拉杰。尊者总是以转动甚深甚广的法轮来满足自己的爱徒.把噶当教授和噶举的大手印法融为一体，弘扬阐明佛法。好似阳光普照大地。某时，尊者示现身之变化来举办开光仪式时，示现大菩萨身。另外，多次把自身示现为大悲观音菩萨等佛、菩萨和本尊之身，能把法衣挂在太阳光线上。当尊者进入土、水、火、风、空等的弹定中时，人们看到尊者本身变化成土水等诸大种。另外，还示现出在大河上铺垫，来回航行，把钵盂置于虚空等种种神变。

某时，达布拉杰尊者对众徒说："现在，我已为佛法作了广大事业；为盲目的众生广作了无私无偏的智慧观想；此身该亲自调教的化机都已圆满完成；为以后的众化机又造了许多具有真实意义而不是主观臆造的论典，跟随我的徒众也都从轮回恶趣中得以解脱。现在我要走了，你们不要悲哀。"说后，这位无与伦比的上师，于鸡年(1153 年)一月十五日早座时间，把身曼荼罗归融于法界中。此时，天空现彩虹帐，响乐器声，落花雨，种种奇兆神变令人神往。为使无边众生获得二资粮①无量受用，出现了心舌等舍利，而这些舍利至今仍在不断增长。追随过此尊者的人，哪怕是个恶人，在临终时其身体也被彩虹所射，出现下花雨等异兆，被尊者的悲心所摄，都能从恶趣中得到解脱，都能自寻其路。

①二资粮：资粮即善业。二资粮指福德资粮和智慧资粮。

帕珠·多吉杰布传

拘留孙佛发心如雪山，
慈悲之水源源在流淌，
广造金刚密乘大林园，
多吉杰布，点亮了义灯。①

无比岗布巴尊者的最主要弟子是共认为拘留孙佛化身的众生怙主帕木珠巴。此尊者于金虎年（1110年）诞生在多康②的枳隆麦雪。族名和父名都为拜阿达尔③，是个贫穷低贱的家族。他前世转生为林中猴子，因那时杀了一条毒蛇，以此异熟④，现在上身常有刺痛感。小时能忆起许多宿世的事，到了3岁时，父母给

---

①了义：显了分明说示究意义曰了义。即佛对殊胜化机所说诸法法性远离生灭戏论之甚深空性，及实有事性自然光明，超出一切思议言说境界之究意义等均是了义。

②多康：古译朵甘思，别名麦康。今青海省、西藏昌都地区和四川甘孜藏族自治州境内金沙江流域。

③拜阿达尔：《红史》云：他的家族属于美多瓦族中的韦那氏家族，父亲韦那阿塔尔。《青史》说："喂稳澎脱是其族姓，父名喂稳阿达。"

④异熟：即果报、报应。如现世造有漏善业，后世感善趣身异熟果，现世造恶业后世感畜生身异熟果。即常言之善有善报，恶有恶报。

他吃了有痂伤的肉，宿念也随之消失。此后，父母前后被死神夺走了生命。到9岁时，在亲教师楚称拔尔座前出家，取名多吉杰布(金刚王)。逐次学习读写文字和画神像等，身体也变得洁净强壮。曾跟随十六位上师，研习显密诸义。

到22岁时，与拜多吉作伴来到前藏，途中亲见至尊不动金刚等本尊面。逐次来到桑普寺①，在善知识堆隆甲玛尔瓦座前安住下来，精习般若、因明、中观等，也听了一些其他教法。某时，被一些友人因缘所致，偷了牧民的牦牛，善知识恰巴②也被牵连进去，造下大罪。为此忏悔了数年。到25岁时，在素普寺，由甲·堆瓦增巴钦布任亲教师，由堆隆甲玛尔瓦任轨范师，由阿尔任屏教师，在如数比丘中受圆满比丘戒。此后，在这些大师座前，听受有关律部经典，精通戒学。其学者名声遍及四方。由于对佛法经典要义的学习，仍感到不满足，又在善知识甲域瓦等智者处听闻噶当六论及教授等噶当派的所有教法。在玛尔·曲吉杰布处求得至尊那若巴传承的胜乐本续及其秘诀，并掌握了诸要义。此后，在大吉祥噶译师座前听受胜乐五本尊、吉祥智慧四臂护法仪轨曼荼罗以及秘诀等。另外，从善知识贡噶宁波③、布贡、觉姆拉杰等处

---

①桑普寺：全名桑普奈托寺。在拉萨河南。1073年，阿底峡的弟子俄·雷巴西饶所初建，继由阿底峡的另一位弟子洛丹西饶加以扩建。在西藏佛教历史上占有一定的地位，以提倡因明、辩论而著名。

②恰巴：全名恰巴·却吉森格。桑普寺善知识中最精通中观和因明的一位学者。生卒年代大约在第三饶迥初至末尾。创立了辩理经院的学习制度。著作颇多。

③贡噶宁波：(1092～1158年)款·衮却杰布之子，为萨迦五祖之初祖，人称萨钦。20岁至67岁之间任萨迦寺的住持。

听了道果法[1]。向绛僧达瓦坚赞、杨贡桑杰、涅琼等上师请教有关密乘要道集、方便道等方面的密法。

此时得到了在昂续日那座前不能饶益众生的殊胜授记。于是，来到总摄诸佛之性、最后五百年末法时代[2]的第二个一切知如来、无比达布拉杰座前，头碰达布拉杰无垢脚足，进行顶礼膜拜，献上曼札，激动万分，满眼泪横流，心生殊胜不共敬信。他向达布拉杰禀报自己过去的历史以及获得很好的禅定功夫等情况。达布拉杰说："这也算是智慧吧？"这句话说了三遍，又说："还不如这个糌粑坨坨。"边说边作手势。结果，帕珠·多吉杰布的深厚禅定功夫顷刻间消失了。达布拉杰说："现在你坐在那儿，不要整治思想，要自然放松。"刹时，帕珠·多吉杰布心中现起大手印智慧。此时，达布拉杰和帕珠所住的两个茅屋被彩虹光芒所相连。帕珠正确了悟了一切法之空性。他在岗布期间，人们把他和堆松钦巴[3]、贡巴·释敦三人称为多康三尊。

此后，帕珠逐次显示出杀死人畜还能使之复活等不可思议的神通。达布拉杰往生净土后，帕珠还在岗布寺住了一年，完成上师的丧葬法事。以后，按上师的授记，来到白衮都桑布林中，由札

---

①道果法：萨迦派主要密法。最初，印度大成就者比瓦巴依《喜金刚怛特罗经》，以道果金刚偈句、怛特罗释文要略及道果教言授予那波巴和仲毗巴，从此辗转传入西藏。卓弥译师得之，授予萨迦·贡噶宁波，成为萨迦派不共法门。

②最后五百年：佛教流传世间共五千年，分为十期，每期五百年。初证阿罗汉果，次证不还果，三证预流果，是为证果三期；四修胜观，五修寂止，六修净戒，是为修行三期；七学对法藏，八学经藏，九学律藏，是为教法三期；末五百年，见行失常，唯具出家外表形象，是唯象一期。

③堆松钦巴：(1110～1193年)，的译言知三世，旧译哈立麻。宋代藏传佛教噶举派高僧、达布拉杰的弟子、噶玛噶举派创始人。1147年于康类乌齐附近噶玛地方建噶玛丹萨寺，晚年又于拉萨附近堆隆地方建楚普寺。

喀瓦头人作施主，修建了吉祥帕珠大寺①。作了广大无边的事业，聚集500名持伞弟子，传出直贡、达隆、主巴、蔡巴、雅桑、绰浦②，以及多康地区的玛、叶等噶举派诸小派。大善知识先仲巴前来谒见时，看到一幅画像，画面是无比师宝达布拉杰和萨钦·贡噶宁波在交谈，两人中间挂着当巴桑杰的画像。先仲巴向帕珠问其原由，帕珠说："当巴上师数世代摄受了我，尤其是在年堆孜吉寺庙内传授了息结派③的梦境修等密法。而至尊岗布和萨钦又是我世代上师。"另外，这位众生怙主亲见了大婆罗门、圣无著、先达得瓦、月足等大成就者和至尊金刚瑜伽母等诸多本尊面并与他们交谈。当时，根据根器，给具信愿的众生，神变出佛陀、观音自在、吉祥胜乐等身相。从49岁到往生变化法界期间，每月上半月上午闭关静修，下午转动甚深甚广的法轮，成熟解脱众生。下半月认真研习戒定慧三学④，创立了善趣道⑤和解脱道的宗规。

---

①帕珠大寺：又名邓萨梯寺。于1158年，由达布拉杰的弟子多吉杰布所倡建，在桑日县境内。因其地名帕木珠，从此寺传出的僧徒，名为帕珠噶举。

②达布噶举派系很多，有四大八小之说。四大为达布拉杰弟子所传出的帕珠、蔡巴、拔戎、噶玛四派。八小为帕珠·多吉杰布弟子所传出的直贡、达隆、主巴、雅桑、绰浦、修赛、叶巴、玛仓。这里错把蔡巴列入八小派中代替了修赛。

③息结派：12世纪初印度佛学家当巴桑杰入藏首创，以修行般若经义断除生死涅槃一切苦恼命名的教派系名。

④三学——戒、定、慧三学。戒学能防禁身口意所作之恶业；定学能使净虑澄心；慧学能观达真理而断妄惑。戒学是律藏中叙述的，定学是经藏中叙述的，慧学是论藏中叙述的内容。佛教的所有内容包括在三学之中。

⑤善趣：六道轮回中的天、人、阿修罗为三善趣。善趣道，即指人天道，是下士道，其见清净，相信有他世因果；其行断十不善，修十善道；其果得人身及六欲天。但不得解脱生死轮回，故非解脱道。

某时，获悉以此身亲自要调伏教化的化机已完，决定示现不弃宿世异熟之相。这时，一个心上中了魔界射来之花箭的人，给帕珠端来放有毒药的食物，因此，帕珠临近舍弃寿元行蕴的时期，亲近门徒悲痛不已，问上师："谁能够解救像这类有罪孽的人？"上师答道："管教这类恶毒有情众生的责任落在我肩上。为了给他赎罪，要供养比丘僧众，要迎请刚嘎尼等殊胜陀罗尼咒。"说罢，让心平等摄持于空道禅定之中，瑜伽随顺瑞相圆满。于阳金虎年(1170 年)某月①十六日晚，对具信徒众传话说："哈，我要示现一切有为法②的无常自性，你们准备好酥油和柏树。你们以后不要贪恋祸根之财物，不要信任世俗的恶友，修持时不要离开慈悲怜悯的菩提心，不要为他人的过错而争辩，不要为我的灵识飞离躯体而担忧。我将转生在东方无尘界的不动佛座前，化身为智慧无垢的菩提萨埵，成为一切众生的皈依处。你们这些具信者向他祈祷吧！"二十五日早晨来到法会坛城中，引用许多宗教经典和世俗著作来教诫具信徒众，之后示现圆寂相。此时，出现了许多奇异的征兆和神变。大地震动，彩虹成幕，异香阵阵。另外，出现了不可思议的舍利和字母等。

---

①《青史》说是七月。

②有为法：佛教名词。与无为法相对。泛指一切处于相互联系、生灭变化中的现象，以生、住、异、灭四有为相为其特征。小乘着重用"有为"说明人生无常，大乘扩大为对世界一切物质现象和精神现象的分析，说明"空性"或"唯心"等道理。"有为法"即是"缘起法"的别名，就是指众多因缘和合造作所生事物，无有自性。

直贡觉巴·仁钦白传

愿得吉祥！
胜王释迦佛以五照见①，
感知佛法需要重宏扬，
变化身为佛法继承人，
法王热那室利我顶礼②。

虽然吉祥帕木珠巴有五百名持伞弟子，但不能作佛法继承人法太子。正如帕珠大师自己所说：“我的邓萨梯寺将有一位十地居士来住持。”有关曾住持过邓萨梯寺的无比怙主直贡巴钦布的家族、诞生的历史以及所作事业等方面有不可思议的文字记载。首先记载了祖先的历史。雪域西藏是圣观世音菩萨的教化刹土和加持力所威慑之地。在吐蕃原始六氏族③中，直贡巴的祖先系

①五照见：佛陀离兜率宫时之五种观看。1.观看处所，为瞻部洲之中央迦毗罗皤宰都城；2.观看种姓为王族；3.观看氏族为蔗林释迦；4.观看慈母为以往乞愿之母拉则玛；5.观看时世为五浊恶世。

②热那室利：系梵文，意即宝吉祥，是仁钦白的梵文名字。仁钦白又尊称为觉巴仁波且（救宝），又称吉曲滚（世间怙主）或吉曲松吉滚（三世怙主），又有尊巴杰和多吉白的名字。

③吐蕃原始六氏族：神话传说中由猿猴繁衍而来的吐蕃远古六氏族。即色、木、董、东、惹和柱六氏。

柱氏，是四种姓[1]中的婆罗门种姓的赞普柱，或者说是有丰功伟绩的柱氏世系。名震遐迩的柱·达国有七子，为了给父亲穿上最上等的衣服，他们把獭皮晒在帐篷上，准备给父亲作衣服。不料獭皮被风吹到河里，于是七个儿子一个抓住一个，拉成一条线，最后的那个抓住犏牛鼻子。结果犏牛鼻骨被拉断了，七个儿子一个接着一个全掉入河中溺死了。为此有“犏牛鼻骨拉断，柱氏即将断嗣”的说法。此时，柱·达国虽然年事已高，但又娶了绒氏妻子，生了三个儿子，依次取名柱·尼玛那、柱·尼玛查、柱·尼玛噶尔。为何取这样的名字呢？因为柱氏即将绝后时，夜晚生长子，故取名尼玛那（黑太阳即夜晚），白天太阳时隐时现时生二子，故取名尼玛查（花太阳），阳光灿烂时生最小的儿子，故取名尼玛噶尔（白太阳）。小儿子柱·尼玛噶尔有了苏改、雅改、玛改三个儿子。长子苏改到20岁时前往东方玛沁崩热桂地方，他看到从天空飞来许多雄鹰，落在一个浴池边。原来那并不是雄鹰，而是一群美丽的、身材苗条的天女。她们脱掉衣裳进入浴池沐浴，然后又穿好衣服展翅飞去。有一次，苏改悄悄地藏起一套衣服，结果一个婀娜多姿的天女因找不到衣服，不能与同伴一道飞去。苏改想方设法占有了天女，然后把衣服还给天女。天女穿上衣服，在空中翱翔了片刻后对苏改说：“从今天算起，过了九个月，即第十个月的十五日，到此地来接你的儿子。”说完就飞走了。苏改算好月份，某月十五日应约来到浴池边。此时，彩霞满天，降落阵阵花雨，乐器声悦耳动听，在虚空出现了无量天界男女，其中一天女对苏改说：“撑开羽绒华盖来接。”从天空接连扔下兰玉龙肉冠、白狮子绿鬃等并说：“这些都是你家族的宝物，用来接住你的孩子吧！”

---

①四种姓：古印度人的四种等级，依次为婆罗门、刹帝利、吠奢（商种）和戌陀罗（农种），四等级间界限极严。西藏古代亦有四氏族：木擦噶、阿波董、色穷扎和阿甲柱。

又说："把你的孩子还给你，他将传出利乐众生的世系。"如此作过授记后，把一个身着天衣天饰的天子从空中抛下来。虽然有四大天王①帮助苏改迎接孩子，但由于苏改自己力量微弱，当天子落下来时松掉了华盖的一角，结果天子摔在地上，折断了一小截指头。于是人称之为"天所赐的居惹九指大士太白"。他传出了后嗣雅尔、桑、种三代。以后，在邓地租都城传出居惹氏族。该氏族中曾出现过一个叫阿美·楚成加措的具有大功能的旧密乘瑜伽士和雍仲加措的两个兄弟。

在《大方广菩萨藏文殊师利根本仪轨经》②中云："在那北方寒林中，出现了名叫卓玛者。"正如此授记，当时，有一位能制伏日玛底鬼怪为奴仆的具神通者，叫聂拉巴·觉沃白。他带着妻子镇妃达尔江，从聂拉木前往直贡方向，途中降生了金刚空行母化身之化身曲吉卓玛。为此该地至今称为吉扎(降生有声望人处)。她具备了空行母的相好，很快长大成人。后来她同卫地的茶叶商作伴来到多康，去作阿美·楚成加措的妻子。她向阿美诉说如何从卫地前来多康的经历和她自己的心愿。阿美说："我是一个没有世间欲望，不会奢侈享受的人，所以没有娶妻子的愿望。尤其是，我无力具备摆设喜筵之资具，也无力宴请那本。不如你嫁到别处去。"曲吉卓玛说："我也不是贪恋世间的人。我俩的结合，能诞生几位从事弘扬佛陀法宝事业的大士。由于这样的因缘，我才来到这里。我不会因缺乏物质享受而屈服。一切有我来筹办。"她当

---

①四大天王：七十五本尊中之四大天王。东持国天，色白，持琵琶；南增长天，色蓝，持剑；西丑目天，色红，持蛇绳套及佛塔；北多闻天，色黄，持幢及吐宝兽。

②《大方广菩萨藏文殊师利根本仪轨经》：密宗经籍。全书三十六章。11世纪初，译师释迦洛追由梵译藏。宋代天息灾由梵译汉。

夜就迎请了那本巴①。翌日，曲吉卓玛说："我父亲家族的亲人远在西藏，这儿只有丈夫的客人。"于是通知了当地所有人，请他们来参加婚宴。为此，阿美·楚成加措及其左右眷属都显得恐慌不安，说："我们家只够养家糊口，拿什么招待那么多客人？"正把他急得不知所措时，曲吉卓玛口念一声"啪"，从左边怀包里拿出一个颅器，又念了一声"啪"，从右边怀包里拿出羯鼓，说："现在请供上会供曼荼罗所需要的资具。"说完把颅器捧在手里。阿美的家人献上一条绵羊后腿。曲吉卓玛说："喔，因缘很好，我将会有四个儿子，他们和他们的后代将成为从事弘扬佛法事业的大士。"说完摇响羯鼓。此时，从天空降落像滂沱大雨似的饮食物品。于是，给客人赏赐丰富的饮食，对那本也赐予了有十二眼的宝石。如上授记，曲吉卓玛按俗家习惯为人作妻，先后生下朗喀旺久、白嘎旺杰、那嘎巴·索朗白和嘎尔东柱希四个儿子。这些孩子逐渐长大成人，开发自性根器，具备诸多士夫功德。此时，这位直贡祖母护法神②，自己勤修成就法。她说："我是有意转生在轮回中，由弘扬和保护佛陀法主的誓愿因缘所致，才来到此地。现在我要传给你们普通和殊胜悉地。"把跟随她的人带到邓堆地方的幽深岩洞，从寒林取来一具完整的具相尸体。在会供曼荼罗中敢于享用尸体的人都获得了普通和殊胜悉地；一些福缘低下、积德微小的人，由于邪见所障碍，不敢享有法会，因此也没有获得悉地。最后她说："我的肉身该作的事都作完了，我的子嗣也得到了与众不同的超胜精要密法，以后修证此密法的十五代人，都由我来当护法神。谁有要事，就来向我求援。"说完就不舍肉身飞往空行刹土。因为从觉巴仁波且的母亲算起，曲吉卓玛是祖母，因此，称她为祖

---

①那本巴：苯教之司膳。

②直贡祖母护法神：藏文称为阿奇，是直贡噶举一位护法神名。从仁钦白母亲算起，阿奇曲吉卓玛系祖母，故称其为祖母或祖婆护法神。

母护法神。她的二儿子白嘎旺杰咒师有堪布·达玛、贡觉仁前、尊巴拔瓦和瑜伽师多吉等四个儿子。瑜伽师多吉修炼怖畏金刚获得成就，能够使那些傲慢自满者成为奴隶。他娶惹吉氏为妻，生了一位公子。这位公子就是在过去无量劫以前，成为转轮王孜吉母居，有一千个公子，出家后成为究竟圆满身，取佛名为如来龙系灯。如此，虽然已现证佛道，但是，普贤菩萨灌顶王和饮光佛时期他还作过陶师，名叫噶迥。正如以上所述，在佛陀尊前称他为师徒不二无垢贤能。后来化身为大阿阇黎龙树等，为众生作了广大事业。

此时，他为了发展和弘扬佛法精要，化身为霹雳金刚星的书函，投于母胎，于水猪年(1143 年)伴着各种奇妙征兆，降于人世。4 岁时就能读会写。从父亲那里学习了怖畏金刚法，另外，在叔伯堪布·达玛和热振贡钦、至尊阔瓦龙奇等尊前听受多种显密教法，取名尊巴觉或多吉白。关于至尊仁钦白的历史，在许多显密经典中有授记，因恐冗长繁琐，只列举部分。在《疏璃》中云："未来世的五百年，北方西藏之属地，名叫直的地域中，出现一位名字叫仁钦白的大如来。"在《智慧广成》中云："在那北方雪域山岭中，诞生仁钦白的大士夫，彼大圣人名震大世界，成为弘扬佛法之大士。"在《密意集》中云："世称直贡法源处，猪年降生仁钦白，十万僧众来围绕。将在不动佛刹土，又为无垢大如来，聚集彼等众眷属。"等等，在二十多种显密经典中有授记。尤其是在《国王箴》[1]中，明白清楚地授记到："赤松德赞法王所建的，吉祥桑耶寺的东北方，有个名叫直的法源地，猪年降生如来仁钦白，十万菩萨化身所簇拥。将在东方不动佛刹土，会有一位无垢贤能士，成为圆满

①《国王箴》：1285 年邬坚岭巴从桑耶和西扎两地发掘伏藏所得之莲花生五部遗教(另四部为《后妃箴》、《大臣箴》、《佛徒晟》、《鬼神箴》)之一。

究竟之大王。”

此后不久，至尊觉巴·仁钦白的父亲去世，家里生活很拮据，因此至尊以给人念经的报酬来养活母亲和姊妹。某时，有人给至尊一只山羊作为念经的报酬，由于至尊年幼力小，在一个盘石上被山羊拖曳，于是至尊在盘石上留下足印，人称“山羊拖曳所留下的足印”。年8岁时，亲见怖畏金刚的面，并得知怖畏金刚身色为深蓝，面部为水牛，则暗示无痴；手持武器，现愤怒相，则暗示无瞋；生殖器往上翘着，则暗示无贪。至尊在孜龙摩其修持时，观见到一切生死涅槃法如同明签里的影像无自性。在修持金刚瑜伽母本尊时，亲见本尊并获悉地。至尊在多康时，其成就者之名声已经传遍四方。由于心怀无量慈悲，当至尊的那个作人小妾的妹妹因常遭男人的打骂指责，痛苦不堪，难以忍受而自尽，在谁送尸体的问题上两边父系家族争吵不休，甚至发生争斗，危及许多人的生命时，至尊心生无限怜悯慈悲之情，在暗地里悄悄地给数术士一些赏赐，让数术士说送葬尸体需要一个猪年生的人。这样至尊亲自送葬了妹妹的尸体，使得两家矛盾不解自释。此后，心生大手印证悟，梦入光明，亲见佛的清净莲花界。正如以上所述，从热振贡巴处听受了噶当派的一切教法。由于胸怀大悲心，无限爱怜那些麻风病人及乞丐等无力生活的弱小人物。从以上所说的诸师和洛巴·多吉宁布父子处聆听了密集等许多教法。从9岁开始作了许多利他之事。至尊念藏文时，同一个基字，由于加上前加字和上加字后音调起变化，使得藏文具有梵文特点，在所有藏文读法中，这位圣人开创的读法称为替地读法。至尊经常用加持过的酒治愈严重的肺炎，用手推拿按摩来调治麻风病。至尊一演说真谛意就能使天空降雨。总之，至尊表现出如此多的奇异征兆。

某时，遇到灾荒，至尊把念经所得报酬全送给了受灾人，救活了许多人。有一个叫加其苏的强盗来欺侮至尊，结果，强盗丧命于他人刀下，其同伴也都发疯了。由此，至尊的咒术之力量人人皆知。在多康，许多大人物追随至尊，求得灌顶教授。至尊作了许多利他之事。此后，从卫地来的郭达班智达告诉至尊有关帕珠大师的历史，至尊一听到帕木珠巴名号，心就像紫树叶被风吹拂一样，飘浮不定。于是至尊离开了多康，千辛万苦地前赴卫地。此时，多康和卫地之间被彩虹所连接着，金刚善也化身为兔子和孩童，一路侍奉至尊。尤其是金刚空行母向至尊授记其上师是至尊帕珠，并做路途向导和侍奉者。在吉日雅常路口，至尊看见六字真言变成众生怙主帕珠。从此，他不分昼夜地前行。途中遇到了自称是从帕木珠来的一个女人和一个俗家男子。至尊心想可能就是上师化身，于是向他们顶礼膜拜。

经过千辛万苦的跋山涉水，终于在某夜三更来到邓萨梯寺。至尊大声呼喊："快来迎接我！"有一个多康地方的人来接待至尊，并让他住下来。翌日，天刚蒙蒙亮时，至尊看见一只马鸡在咽咽地鸣叫，心想这肯定是上师的化身。当至尊谒见到众生怙主帕珠时，怙主宝说："该来的徒弟，到今天全到齐了。"至尊向上师贡献一匹母马、一匹锦缎、一匹绫罗，作为见面礼物。上师说："我向来不接受四条腿的供品，难道你不知道吗？"上师批评了他。至尊哭泣着说："如果不接受母马，那我就把它放到山上去。"上师说："我从世间和出世间两个方面来爱护你，这还不够吗？"他向上师献上一袋酪糕。上师把酪糕作为护摩①内供供奉在胜乐金刚会上，并吃了酪糕，结果剩了一些。在一旁的达隆塘巴②请求上师把剩下

①护摩：系梵音，意为火供，烧施。燃烧有浆树枝等进行的火祭。有内护摩和外护摩或理护摩和事护摩两种。

②达隆塘巴：本名扎西贝（1142～1210 年）。南宋藏传佛教噶举派高僧。生于噶斯家族。24 岁为帕珠近侍，尽得其传，帕珠逝世后，又从墨竹且噶巴学噶当派教法。39 岁在博朵瓦旧居处建达隆寺，形成达隆噶举派。

的酪糕赐给他。上师说:"由于郭仓玛杰的法缘断了,所以你的后代要患眼睛歪斜病。"至尊仁钦白总是把周围的僧众和寺院四周的花草树木等一切都视作上师的化身,心中生起无限的敬信。上师最初让他发菩提心①,并赐名强久森巴仁钦白(菩提萨埵宝吉祥)。而后把显密所有甚深教法,就像把水从一个瓶注入另一个瓶一样,全部传授给仁钦白。

由于至尊看到格西桑耶巴的一些作为,对周围僧众的敬信有所减低,为此,至尊心里观想每个僧伽头上都有上师,向他们每人面前顶礼三遍,结果又恢复了敬信。其他人最初说他装模作样,最后都说他是一位敬信究竟者。有一次,一位金刚亥母②化身而来的女孩因目睹达隆塘巴的一些不良行为,而示现舍弃有为生命相。成就者岭热巴③把这个女孩的头颅割下来,捧在手里。某次办红糖法筵时,岭热巴来晚了,应得那的份未得到。因此,他手捧着那个女孩的头颅,向所有参加法会的人乞讨。每个人给他少许,最后怙主帕珠上师给了许多。于是,他把装满红糖的颅器捧在手里,唱了二十赞道歌,在法会席上来回走着。其他大弟子都想着岭热巴会不会把红糖给自己。而至尊觉巴·仁钦白刚从多康来不久,不属于帕珠的大弟子,人称居惹卓推坚,只能坐在最末席位上。可是岭热巴却把颅碗连红糖赐给了觉巴·仁钦白,大出众人意料,大家都说这是岭热巴的癫疯之举动。

怙主帕珠为了检查因缘,把至尊觉巴仁钦白、岭热巴、达隆塘

---

①菩提心:为利他为缘,证菩提为相而生起希求成正等觉的殊胜欲望,为大乘道主干的特殊心思。此分愿菩提心和行菩提心。

②金刚亥母:上乐金刚阴体佛母。

③成就者岭热:本名白玛多吉(1128~1188年)。宋代藏传佛教噶举派高僧。生于后藏年堆(今江孜)地区。38岁从帕木珠巴学道。其弟子藏巴甲热,在拉萨河畔朗木地方建主寺,形成主巴噶举派。

巴三个人叫来，给每个人一庹红氆氇，对他们说："你们三人各自作一顶修行帽拿来。"达隆塘巴光用这条氆氇作了称为达米玛的小帽，达隆噶举派至今保持着戴这种帽的传统；岭热巴把氆氇的一角剪下来，使之缺了一块，不够作帽，因此只作了一顶前面是布的帽子；至尊觉巴·仁钦白觉得上师这样作其中一定有因缘，于是另外又加了一庹氆氇，作了一顶称为摸约玛的特大帽子，显示出殊胜因缘。又有一天，至尊帕珠对达隆塘巴和至尊觉巴·仁钦白说："雅恰藏布的江水，今天好像在往上流，你俩个去看个究竟。"按指示达隆塘巴和至尊觉巴·仁钦白都去看了。回来后，达隆塘巴禀报道："雅恰藏布江水正在往下流。"而仁钦白心想，上师说的话中，肯定有另外的含义，其中一定包含着因缘关系。于是禀报说："江水正在往上流，卫藏多康三地已经被水淹没了。"因他具备了广大事业的因缘，精通缘起，故人称其为缘起究竟获得的直贡巴。此时，至尊觉巴·仁钦白只是一位居士，未曾受比丘戒。正如以上所述，众生怙主帕珠上师时常说："我的邓萨梯寺将由一位十地[①]居士来主持。"某日法会解散时，怙主叫仁钦白稍候，而后让仁钦白身结毗卢七支法[②]坐姿，怙主自己来到仁钦白跟前，用手杖在地上戳了三下，口念三遍嗡啊吽，最后用手杖顶住仁钦白的胸口说："你将获得大禅定，甚至超过大禅定，为此我很高兴。"如此，仁钦白虽然依止上师的时间只有18个月，但上师把一切教法毫无保留地传给了他，好似一个瓶子里的水注入另一个瓶子一样。

正如上面所述，至尊觉巴·仁钦白的被授记为怙主帕珠上师

---

①十地：即菩萨十地。

②毗卢七支法：佛教所传的一套静坐姿式：1.两足跏趺；2.手结定印；3.脊椎正直；4.颈部微俯；5.肩臂后张；6.眼觑鼻炎；7.舌抵上鄂。

的法太子，当众生怙主帕珠大师即将进入涅槃时，一支五股黄金金刚杵①，闪着光芒融入至尊仁钦白胸间。上师圆寂后，仁钦白把以前作为礼物献给上师而被上师拒受的那匹母马，甚至连自己所住茅屋的石头都用于修建上师的灵塔和经殿。当至尊觉巴·仁钦白将要获得道位功德时，出现了脉风产生严重阻碍的现象，于是出现了天空大地各处燃烧熊熊烈火，又被滚滚波涛淹没一切，天地间充满鬼兵神将，狮子口中喷射出短矛等等幻觉。此时。众生怙主帕珠巴已圆寂，从阿阇黎孜隆巴处求得觉母拉吉玛的秘诀，对消除修行中的障碍有所帮助。另外，他参拜觉赛赞笛和阿阇黎隆母瓦等，并求得教法，还从达布·贡粗处聆听了四瑜伽秘诀。

此后觉巴·仁钦白想专心修持，恰好被喇嘛耶邀请，来到也琼山岭中。至尊觉巴·仁钦白有一位提供饮食的女施主，至尊虽是居士，但他发誓不接近女色，所以对女施主说："你给我提供饮食，但你自己不要来。"这位女施主也是一位有殊胜信念的人，她说："上师，我同别人一道来，我不会一个人来的。我要给您供给三年的修行口粮。"这样给上师提供了三年的饮食，使至尊具备了内外一切因缘(条件)。在修行时，仁钦白尊者认识到，人之所以游荡在轮回间，是因为风未能融入中脉所致，于是调理风息，使之融入中脉，结果亲见了佛和菩萨，现起六道轮回境界。此时才感觉到，自己对上师所传的教法理解证悟不够，想到因为未能领悟上师反复教导过的含义，才产生了种种障碍。想着想着，不禁痛哭起来。修行三年后，向帕木珠巴寺等进行朝礼供养后又回到也琼浦，在洞窟中集中精力进行修持。正如诸佛在临近彻悟成佛时遭到魔军的干扰阻碍，又像至尊米拉日巴将要获得空乐不二的一

① 五股金刚杵：金刚杵之一种；一股居中，四方各一股。五股表示金刚界的五部、合两头为十杖，以表十波罗蜜多。

味证悟时，遭到以长寿五仙女为主的神魔的捣乱一样，至尊仁钦白也复现前世异熟残余，患了严重的麻风病，倘若具备一些因缘，尚能治好疾病，可是因缘不具备，由此至尊感到灰心失望。当打算搬到一个无人知道的岩窟时，心里想，我患病并非本尊的过错，应该向枕边的大悲观世音菩萨画像行告别礼。于是，他又回到洞中。当他向观音行第一个礼时，想到在这大地上没有人比他更痛苦凄惨，觉得染上这种病，生不如死。再一次行礼时，心里想“如果我死了，还有师尊的秘诀，可以得到往生，又有中阴密法，不用担心来世之事，而这些有情众生比我更可怜。”想着想着，心中产生了强烈慈悲。于是，他就在此地，把强烈的慈悲之心融入身中要穴，进行专心致志的修持。最初，一种黑乎乎的病气从脚底往外冒出，继后出来许多老鼠以及许多背负重物的各种各样的人；随后依次出来魔之外眷属、内眷属、大臣、魔王等；最后出来一条可畏怖的黑蛇。此时，虽然季节正值寒冬腊月，但确实出现了隆隆雷声和阵阵冰雹。就在此时，至尊觉巴·仁钦白的麻风病已痊愈。对于佛法之总别情况和显密诸经如实所说深意，以及所有六边四式法藏[①]，都像手中的橄榄子了解得清清楚楚，证悟得如实无误。之后，在茅屋外面散心时，亲眼见到了至尊七度母的面言。当至尊觉巴最初产生强烈的慈悲心时，太阳刚好在头顶，最后病魔驱除时，也才傍晚，村民正在赶着牛羊回家。至尊心想别人可能不会相信自已这么快就痊愈了。于是又在洞中呆了四天三夜，才对他人说：“我的罪孽已消除，我了悟到了一层因果缘起，我打开了甚深密法宝藏。”此后只要得到至尊的加持，麻风病就能立即

①六边四式：六边是指讲说续部之六种：不了义、了义、深意所说、非深意所说、文从义顺、文义悖谬。四式指传播佛教的四种形式：文字形式、总括形式、埋伏形式、究竟形式。

痊愈，有的病人只见到至尊面容，或听到至尊的名号，对至尊产生敬信就能从病魔手中得以解脱。为此众人给仁钦白赐以“驱赶麻风者”的雅号。至尊觉巴·仁钦白觉得，遮罪和自性罪①应一致，大手印与戒律应一致，因此，由向松托巴为亲教师，温孜隆巴为轨范羯磨师，年巴堆增为屏教师，在如数比丘中受比丘戒，持守素食、一座食禁戒，身为究竟僧人，广泛聆听佛法之根本——戒律。

此后像众生怙主所授记，在所有主要弟子的祈求下，担任邓萨梯寺住持。雅拉香波②神也前来向他致敬行礼。当至尊担任住持，护理寺院时，某日来了几名自称是至尊米拉日巴之徒孙的僧人，他们在法会上饮酒作乐。至尊仁钦白批评了他们，他们讽刺诬蔑说：“你作僧人吧，长期作僧人吧，要作一个心地善良的僧人，不要加害于其他僧人。”此时，至尊帕木珠巴真实出现在前方天空，说：“你放弃这锦缎的旧坐垫，到乌如羌去，那里可以为众生作广大事业。”按上师授记，至尊仁钦白来到北方羌地，受到念青唐布拉神的迎接。此后来到羌囊惹地方，赞魔王囊惹主仆请求至尊传授居士戒，对至尊十分敬信。至尊对天空飞翔的雄鹰作观修，能使雄鹰生得禅定，随便说一句话，就能使奔跑的马领悟其意而跑回来。此时，在金刚座周围出现了杜若迦军队③，至尊以神变制

---

①遮罪和自性罪：简称二罪。遮罪、酒戒等自性非恶，佛为保护余戒，故遮止之。若犯之，则获犯佛制之罪。自性罪，杀盗淫妄之四重戒，其自性是恶，不待佛制，犯之则得罪报。

②雅拉香波：一座雪山名。在山南地区琼结县境。佛教徒视为神山。此处指藏区九山神之一的雅拉香波神。

③金刚座：菩提道场，坚固永恒的地方。中印度伽耶地方的一佛教主要圣地名；是释迦牟尼等三世诸佛成道处。“杜若迦军队”，在东嘎洛桑赤列先生校注《红史》注306条中有杜若迦军队攻占印度史实，汉译《红史》中译为阿拉伯大食军队。

止了战争,使军队撤退。某时来到当雄讲经说法,所得供养多得不可思议。讲经时能让白昼时间延长许多,如有时刚讲完经太阳就落山,没多久天就蒙蒙亮了,这就是至尊让白昼延长,制止太阳落山的结果。有一次,驻锡在羌囊惹山的时候,大梵天王请求至尊仁钦白为有情众生转动甚深甚广的法轮。他前往直贡时,受到拔拉大神的迎接。初到赞塘,就有孩童给至尊垒筑法座,因缘具足。在讲经时,连没有思想的流水都静静倾听着。本来这条江水被称为龙声河,波涛汹涌,吼声隆隆,但流到至尊讲经的地方时,就是在夏季此河都无声无息地流淌,至今如此。在赞塘城中,常遭到驮死人的骆驼地煞的侵害,至尊仁钦白在此建造神庙,塑造自己的像,并给予开光。于是,此地长时呈现出风调雨顺,繁荣昌盛的景象。后来,由于盗贼抢走了神庙和神像内所装藏物,因此,该地区又衰落下来。

他逐次来到直贡替地方,智者木雅·贡仁的门徒把寺院供奉给至尊仁钦白,至尊接受了。至尊最初驻锡在扎仁钦坚岩窟,到37岁即土猪年(1179年),修建了吉祥直贡菩提洲大寺和楼上的金殿、大静修殿等,并委任地方官贡巴·多吉僧格为负责人。此寺聚集的弟子多得难以想象,给人间降落无限圣法甘霖,使所有众生得以成熟解脱。属于西藏地方九大神系的拔拉神、赞魔索热、曲彭龙王、德仲地母、坐那朗杰噶尔布等追随和皈依至尊仁钦白并向他请求传授居士戒。建寺时,拔拉供来白土,索热供来红土,德仲地母供来不用配制的泥墙灰土,曲彭龙王供来水。本来此地非常寒冷,四周总是冰天雪地,但自建寺后,在寺院前方连冬天都见不到冰雪,这是有目共睹的事实。某时,此地干旱缺水,至尊仁钦白把108块碧玉交给近侍仁钦扎,让他把玉埋在地下。仁钦扎埋了107块玉,就出现了107眼泉水,他把其中的一块玉藏在怀里没有埋,结果玉变成了青蛙。仁钦扎在惊恐之下扔掉了那块变成青蛙的玉,使青蛙的眼睛瞎了。此玉变成的泉水称瞎眼泉水。在直贡寺乱时，该地被烧成灰烬，大部分泉水都毁掉了，只有少数泉水至今犹存。至尊仁钦白常作长净布萨①，有一次，几位僧人参加布萨仪式稍迟一步，至尊说："算了"。由于大梵天一再请求，因此又像往常一样举行布萨。至尊虽住直贡，但仍关心邓萨梯寺，此时，诸空行母把围绕在九尊主神的2800天众用马尾毛迎请到至尊眼前，于是至尊铸造了众生怙主帕木珠巴的金铜吉祥灵塔②。从此就有了铸造吉祥灵塔的传统。

某次，至尊仁钦白莅临岗布，从铜甑上的达布仁波且像的眉间，放射出光芒，与至尊仁钦白融为一体，对至尊的殊胜和普通悉地犹如锦上添花，认识到了一切表象为内部缘起，现证生死涅槃的一切因果，亲见圣阿难③，解除了对佛经的所有疑难。有一次喇嘛向说："今年，空行母从邬仗那来迎请我和直贡巴。直贡巴因现证因缘，所以不必前去，而我应该去。"诸空行母果然抬着轿子来迎请。至尊仁钦白说："我发誓不到圆寂时就不去空行刹土。"于是，空行母让轿子变成法座，把迎请词换成经忏词，请求至尊继续住持佛法。诸空行勇士也供上内外诸供品以及各自的精要密法，并发誓成就殊胜不变功德，作至尊仁钦白的助伴。此时，至尊的

---

①布萨：系梵音，意即说戒，长净。月中定期，比丘，沙弥集众对说忏悔犯罪；在家徒众受行斋戒，住净戒中，是长善净恶的一种宗教仪式。有三种、六种等布萨。

②吉祥灵塔：八大佛塔(1.佛生处积莲塔；2.成道处菩提塔；3.转法轮处吉祥塔；4.现神通处神变塔；5.佛从忉利天之七宝阶下降处天降塔；6.化度分别僧处合离塔；7.思念寿量处尊胜塔；8.佛入涅槃处涅槃塔)之一。据说此塔有小门一百零八，中门五十六，大门十六，故称吉祥多门塔。

③阿难：庆喜。释迦牟尼十大弟子之中为多闻第一，第二代付法藏师，第一结集时诵经藏之上座及佛说医方明四续时内侍弟子之一。

弟子有二京俄[1]，堪钦·古热瓦，聂、岗、曲三个。另外还有已获成就者雅斯和二臧臧等诸多法相会主；有塔玛持律和达布持律等诸多持律上首；有觉·多吉宁波等噶当派善知识；有农和帕等诸译师；有支俄二人等许多秘咒会主，堆子和自布等许多瑜伽会主。如此，多得不可思议的弟子聚集在至尊仁钦白尊前。每当至尊讲经时，总出现诸天神降落花雨、彩虹飞舞等许多奇特的征兆。玛沁崩热[2]和四优婆塞等，西藏的所有鬼神都前来听经。此时成就者雅斯说："我的上师帕木珠巴和至尊直贡钦布间没有丝毫的差别。"特别敬重上师仁钦白。如此养护广大徒众时，由南瞻部洲一切财富之源处，龙王玛坠作施主，丰富完足的饮食用品不劳自获。西藏的所有封建领主、汉地、木雅、果洛、霍尔[3]以及印度等地国王都敬奉至尊，并常来献供。此时，僧徒数量达到空前，当聂钦布杰瓦拉囊巴作大供为其儿子发放布施时，聚集徒众 55525 个。一些颠倒是非的人说："这样排列那么多王，显然是为了图吉祥。"其实这种说法是错误的，由于父子俩缘起圆满，才自然形成这个数字，而不是人为编排的。此时，昂续地方的头人间发生争执，至尊仁钦白前往昂续进行调解，使其 18 年间无有争执，还曾修缮了桑耶寺。

某时，一位没有子嗣的大富人家，把所有财产作为三佛田[4]供养奉献给邓萨梯寺。为此昂续诸人鬼迷心窍，说："这样，我们本

---

①京俄：系藏文音，意即近侍，因常在上师左右当侍从而得名。

②玛沁崩热：藏区九山神之一。神话传说，沃代贡杰雪山生有八子，即八座雪山：雅拉香波、念青唐拉、玛沁崩热、交钦冬惹、岗布拉杰肖拉纠波、觉沃余杰和修喀惹。

③霍尔：不同的时期，所指的民族不同。唐、宋时指回讫；元代指蒙古人；元、明之间指吐谷浑人；现代指藏北牧民和青海土族。

④三佛田：三所依——佛像为身所依，佛经为语所依，佛塔为意所依。

地人没有得到一点好处，要拆毁邓萨梯寺。”决定拆毁邓萨梯寺。至尊仁钦白想不出万全之策，最后只好把邓萨梯寺内的经卷迎请到岗布寺，把自己为上师帕珠铸造的吉祥灵塔用车迎请到直贡寺，当时至尊赤着脚，率僧众来到坐那雅囊，这里的人们夹道迎接，把吉祥灵塔暂时请住在直贡寺，使邓萨梯寺摆脱了昂续人的损害，而且给灵塔以殊胜供养。然而，由于达隆塘巴心中难以容忍，所以又把吉祥灵塔从直贡迎请到衮都桑布林（帕珠邓萨梯寺）。为此，至尊仁钦白在直贡寺的形如胜乐曼荼罗的岩石上修建经堂，内造上师帕木珠巴的吉祥灵塔，塔高五层，塔上塑造2800座百神像，成为弘扬佛法、利济众生幸福圆满的稀有因缘，并把自己手里所有的上好供品都奉于吉祥塔。

如上所述，至尊仁钦白，最初的修持本尊为怖畏金刚，自谒见帕珠大师并获得灌顶教诫后，主要本尊为铃尊者传规的胜乐俱生五尊。至尊曾身成胜乐金刚，制伏了难以调教的众有瞋心之恶棍。当时，霍尔军队侵入木雅。至尊仁钦白以神通把该地区正受到生命危险的人救离苦难。此时，僧众数量大大增加，当远近僧徒集合一处时，竟有7万之多。其中，此生成就佛果的上等人就很多；以证悟十地的菩萨到了悟自在心性的中等人有数万；这在至尊传记中有详细地记载；最下等的人也都是见到心之自性的人。如以上授记所云：“由十万化身菩萨徒众围绕”。因为至尊的弟子都是出家并戒律清净的僧人，故说是化身。而这里所说的菩萨，即所有弟子均为菩提萨埵，是觉悟者。另外，至尊显示出种种奇异的功行，能在一瞬间前往一切佛土，聆听一切佛的教诲；能显示出各种身之庄严和变化。至尊保证说只要听到过至尊的名字或仅到过大静殿，就免堕恶趣。对所教化的有情，不分贵贱，一视同仁。谁向至尊祈祷，就前去加持。至尊说：“诸比丘，你们的父母亲属去世时，由于情感所使，会想到你们，进而会想起你们的上师，于是他们的灵识会自然迁移到上师身上。这样他们就不会堕入恶趣中。如果向我祈祷，能相续生禅定功夫。生存在直贡山上的所有动物，像蝼蚁等小昆虫，都不会转生恶趣。虽远隔千里，但对上师有敬信的有情众生，只要敬信到底，那么他的寿命——终结就会转生于极乐世界。一般说来，曾听到过上师的名号就能摆脱三恶趣，所有见过上师面容，或听上师讲过经者都能从轮回中得到解脱。在直贡替寺内终结生命者，不管是谁都不会堕入恶趣中。"至尊仁钦白说了许多这类了义的话。至尊仁钦白在先后讲说的，明释一切显密论典、无与伦比的《正法——密意趣·金刚语》共150，加上四十遗补，由京俄·谢迴结集。

正如以上所说，天王大梵和帝释时常启请至尊转动法轮，而至尊每次讲经说法时，总有一些天鬼神众前来聆听。至尊悉知，某月十五日夜晚，那威势遍及全藏，成为一切苦乐源头的龙王曼珠斯钦显原形前来直贡寺听经。因为至尊担心那些有神通的弟子伤害龙王，担心那些没有神通的弟子受到龙气侵害，虽然龙王前来听经不怀恶意，但其有毒气息仍可伤人。所以，至尊派近侍向众徒传话："今夜不管有什么样的轰隆巨响都不要去理会。"所有的人都通知到了，唯独成就者噶尔·当巴在大静殿的长洞内修持，故没有通知到。大静殿的外部在寺院门口，而洞在金殿底下，洞身特别长，噶尔·当巴就在洞的最深处修持，近侍心想他不会听到外面的响声，故没有去打扰他。当夜深人静时，噶尔·当巴听到外面有剧烈的爆裂声，他不知是何声音，就出洞观察，看到一条深蓝色的蛇[①]，非常可怖，它在直贡寺外面转了三圈，然后把头伸向上师卧室金殿上空。噶尔·当巴只担心蛇会伤害上师，就不加分析，变成一只大鹏鸟去追杀那条蛇。在锐巴隘口的玛苏盘石

①藏族所说龙乃是天龙八部中一类水栖的人首蛇身的畜生，属于六道轮回之畜生类。这里所说的蛇就是指龙王曼殊斯钦。

上留有蛇的清晰而且发蓝的足印,在德母米的大盘石上留有大鹏的爪印,极其清晰。不仅如此,在琼阿尔盖的河畔留有许多大鹏和蛇的足迹。以后直到至尊曲吉扎巴时代,有时十五日时,龙王变化成一只鱼鹞闪闪烁烁来到直贡寺金殿的供水器里,呆上一茶顷时间。这虽是传说,但却是能经得起推敲、合乎逻辑的。

有关锡兰阿罗汉送来白莲花的事已在前面讲过:大班智达释迦室利按阿罗汉的旨意派近侍把花送往直贡,行至雪绒下谷时,送花的人清楚地听到水波中传出龙的声音,此时白莲花也开了,于是把白莲花献奉给至尊觉巴·仁钦白,此花至今存放在至尊仁钦白的灵塔世间庄严内。此后,直贡寺派人带上许多礼品去迎请大班智达释迦室利,但他只是用韵文写了赞颂回函,未曾亲临直贡。其原因正如阿罗汉派大班智达之弟来藏送花时在其书函中所说:"直贡寺来迎请我,但我只是写封韵文回信,而未前往。因为这位阿阇黎龙树的化身,正在涤除一切浊见进入清净正见;他能随意前往各处听经求法。他不需要像我们这样的师长。你要知道这一点!"此时大班智达同诸小班智达佯装商量要否前往直贡的事,比布笛赞达扎说:"彼时嘉麻温顿也迎请您,我们就去噶当派寺院,因为这些大手印信徒谎话连篇。"大班智达说:"布笛布笛,不能这样说。我曾想给所有受比丘戒的僧人送一件法衣,有一个只是属于直贡寺名下的,一无所知的康地僧人。他为了得到法衣受了比丘戒。他前来募化法衣时,我手头已经没有法衣,因此我就给他作法衣的料子。但他不要,他抓住我的法衣,闹着要我身上穿的法衣。我的近侍觉塞尼玛把他推倒了,他的鼻子出了血。平时,每当我修加行七支时,真实度母总是前来,可是从那天后,连续六天未见度母,第七夜度母终于出现了,但背对着我。我问度母'我有何罪过?'度母说'你的近侍推到了龙树(指仁钦白)的弟子,使他流血。'我问度母'如何忏悔?'度母答'给年龄与你相仿而没有法衣的比丘送法衣。'现在你说了这样的话,处境非常严峻。你赶紧忏悔吧!"于是比布笛赞扎来到直贡寺忏悔净罪,但因处境严峻，便又在章松森布山塑造胜乐金刚像以净余罪①。

觉巴仁波且的真实名字为仁钦白，但为了赞颂至尊帕木珠巴，弟子们尊称仁钦白为杰吉典松吉滚布（至尊三世怙主）或觉巴仁波且（救宝），所以一直这样称呼他。有人把京俄·直贡岭巴误以为是至尊觉巴仁波且的名字，这是错误的。京俄·直贡岭巴是谢迥的名字。谢迥和扎迥等主要弟子，因常跟随上师，侍奉上师，请求佛法，所以称为京俄（近侍）。后来，至尊十二住持和二十二住持都因作了先师的近侍，故亦称京俄。此时，萨迦寺派来一位叫柱加莫的大学者，到直贡寺来辩经。当他见到至尊仁钦白时，觉得至尊就是真正的法主（佛陀），并把京俄·谢迥和扎迥两个看成是舍利子和目犍连②。不要说与至尊辩论，反而立刻对至尊产生了坚固不退转的敬信，成为至尊仁钦白的殊胜弟子，还完成了至尊的殊胜明释密意论著《大乘佛法心要》的结集。此时，所聚僧众比以前更多。夏季能聚到一处的弟子就有十万。之后，僧众队伍不断扩大，有2700名僧人派往三圣地③等殊胜圣地当山中修行者，但来年所聚弟子竟达13万之多。在《传记手印花》中云："去年某时派去，曾侍上师瑜伽士，二千七百到山中，同时来年法会上，聚集弟子十三万。"此时，噶玛·堆松钦巴从岗布圣地前来办理有关修建楚普寺④的重要事宜。途中耳闻觉巴仁波且的美誉，

---

①这段历是在《青史》里有详细地记载，见《青史》藏文版下册第705～707页，四川民族出版社出版。

②舍利子和目犍连：简称二胜、两第一。释迦牟尼弟子中舍利子智慧第一，目犍连神通第一。

③三圣地：指拉齐、冈底斯、杂日山。闻名全藏的马年转冈底斯雪山，猴年转杂日山便是由直贡噶举诸师首创的。

④楚普寺：藏传佛教噶玛噶举派主寺。1189年，为噶玛噶举派高僧堆松钦巴倡建。其地位于拉萨市西北堆龙的楚普地方。

就前来谒见。觉巴仁波且亲自率众，来到旁塘，夹道欢迎噶玛巴。堆松钦巴看至尊觉巴是真实佛陀，二位京俄是二胜，由众阿罗汉围绕着。于是，噶玛·堆松钦巴先向至尊仁钦白礼拜。后到金殿时，看至尊仁钦白是真实释迦牟尼佛祖，二京俄是弥勒和文殊菩萨，左右眷众是八大随佛弟子[①]，由菩萨会众所围绕。噶玛·堆松钦巴对至尊仁钦白产生了无限敬信，从至尊听法，并把至尊拥戴为上师。噶玛巴看直贡寺也是胜乐金刚曼荼罗，并具全八大寒林及郊迎灶炉等。他在寺院四周留下足印，以作长久不变的标志，在寺院后山岩石上也留下足印。

在这以前，首次召集主要弟子时，诸大弟子想，大弟子有能力暂且主持护佑众弟子的寺院，但从长远考虑，还是由官宦人家来主持将会更有利，于是向至尊三界怙主祈求让官宦人家来弘扬圣法。至尊应诺，派白钦室利普巴到多康。白钦室利到多康后在至尊觉巴仁波且的侄子阿尼阿扎父子面前显示许多神变，并极力赞颂法主至尊仁钦白。于是，温迥等次第从多康到至尊觉巴尊前，成为阐明圣教者。在达隆巴的文献中记载说达隆塘巴讲经时，受到至尊觉巴仁波且的礼拜，还把至尊排在达隆塘巴弟子中，这是很不正确的，有悖于事实。虽然，他们都在至尊帕木珠巴座前学法，成为金刚兄弟，但正如以上所述，由于因缘所致，达隆塘巴所作的事业，比起至尊觉巴仁波且，简直微乎其微。不谈别的，光从主持邓萨梯寺来讲，觉巴仁波且曾任邓萨梯住持，而达隆塘巴从未任邓萨梯住持，因此，达隆塘巴必须向至尊三界怙主仁钦白顶礼膜拜，并视为上师。某次，达隆塘巴派人送来许多礼品，并捎来信函说："你依止上师时间短，你未曾听过的许多教诫我都有，你

---

①八大随佛弟子：八大菩萨，即1.文殊；2.金刚手；3.观世音；4.地藏；5.除盖障；6.虚空藏；7.弥勒；8·普贤。

前来求法吧！”至尊仁钦白回赠更多的礼品，并作了《六安乐》道歌，最后说：“我自己并不觉得依止上师太短，不过有关赐示教诫之事，我深表谢意。”没有前去求法。这些都是直贡文献所记载，难免搀有私愿。然而，在主巴知一切·白玛噶布所著的《教派源流》①中也是这样说的，而且说得很清楚，无有任何歪曲捏造。

某时，觉巴仁波且对成就者噶尔·当巴说：“你去吧，在索桑卡设会供，给龙王供施朵玛食子，你会得到一件稀世之宝。”众所周知，佛祖的四个虎牙中的第四颗牙②一直由发生龙王供养。这个龙王就是索玛麦龙王。据说大龙王游行的门道有许多，索玛麦龙虽然常驻印度麻噶阿尔，但游行门道在索桑卡，因此，当噶尔·当巴在索桑卡举办会供，供奉朵玛食子时，龙王把佛牙献给他。噶尔·当巴回直贡后把佛牙献给上师，觉巴仁波且说：“物归原主，很好。你是一位缘起大士，去塑造一尊我的像，把佛牙供放在里面。”成就者噶尔遵从师命，请来汉地工匠，在替雪起炉灶，铸造了曲吉仁波且（法主宝，指仁钦白）的像，把如来佛牙供在其中，至尊觉巴仁波且为圣像开光多次。此殊胜像人称金殿法主，与至尊仁钦白本人毫无分别。此像以后给大多数住持和香灯师作过开示，尤其是给香灯师达瓦传授了六法教导。在直贡寺乱时，把此像埋在乌如沙滩中。寺院修复后，有人去寻找，找了许久未找到。最后，至尊身像从沙滩中伸出手，并高喊：“我在这里！”显示出无限奇异。噶尔·当巴先后修造了许多至尊觉巴仁波且的身像，虽然请的工匠都是汉地人，但因为由霍尔人主管，故称至尊诸像为

---

①即指主巴·白玛噶布（1576～1592年）著的教派史著作。成书于1580年，书中详细记载了藏传佛教后弘期的人物事迹，并录有诸大师之间往来书札。

②第四颗牙：传为释迦牟尼的牙齿。据说释迦牟尼圆寂后火化，全身变成细粒状舍利，但牙齿完整无损，被称为“佛牙舍利”。

霍尔像。如上所述，至尊仁钦白把邓萨梯寺的经卷迎请到岗布寺，为此达隆塘巴说："怎么能这样对待我上师的寺院？"显得怒不可遏。此时，至尊年事已高，不能频繁往返于直贡和邓萨梯之间，至尊感到时机成熟，就立京俄·扎巴迥乃为法太子，派他到帕珠邓萨梯寺（1208年）。正如至尊所说："我要加倍护理好邓萨梯寺。"也叫京俄很好地护理邓萨梯。

至尊觉巴仁波且具有天耳通，能聆听不动佛在东方妙喜界讲经；由于智眼清净，时常能亲见西方极乐世界以及上师、佛、菩萨、本尊等不可思量的诸圣尊面。某时，随带少数侍从来到达恰山岗散心，让随从眷属每人示现神变，虐译师示现从印度取来湿淋淋的新鲜藏青果的神变；白钦布曲吉益西示现融入上师胸间，与上师完全合二为一的神变。噶尔·当巴以神变使自己变为怖畏金刚身；烹茶老人扎西僧格示现把法衣和茶滤子挂在太阳光线上的神变。其他随从也一一示现了神变。显然，当时两位京俄和大堪布都不在场。近侍仁钦扎因无能示现神变，羞愧而死。但因眷恋上师，尸体许久不化。曲吉仁波且至尊仁钦白亲临现场，用手杖顶着仁钦扎的胸口，并唱了达恰山岗道歌。结果尸体即刻溶化，并出现了彩虹飞舞，降落花幔等不可思议的奇兆。其舍利多得可以搂扫。以后该天葬场称为"达恰"天葬台①。至尊仁钦白对众有情怀有无限慈悲，在天葬台石板下开设净除恶趣的大曼荼罗，点燃劫火，据说还有五个骷髅。为送到这里来的所有尸体的灵识不堕恶趣，而创造因缘条件。某年，天闹大旱，乡里人请上师降雨，至尊给堆子西布老人传授吉祥空行母道歌，让他加上调子吟唱。结果立刻降落滂沱大雨，获得大丰收。另外，对佛法实有信念的

①直贡天葬台在西藏很有名，和印度的金刚座天葬台，西藏桑耶钦浦天葬台合称世界三大天葬台。

他化自在天修善花和财宝天母等向至尊赐予五谷丰收成就法。因此，直贡四周，风调雨顺，五谷丰登，年年丰收。直贡还可以向吉曲、乌如等地供应粮食。

此时，僧众数量大大增多，以大班智达古杨岗巴为首的55525名僧人被派往冈底斯山去修行；以善知识雅如白扎为首的55525名僧人被派往拉齐雪山去修行；以密宗师国沃且为首的55525名僧人派往杂日山去修行。在以前，虽然岗布巴钦波(即达布拉杰)曾派弟子益西多吉启开了杂日山圣地之门，但至尊仁钦白在派山中修行者之前先派聂噶曲三个人，开了未开的杂日圣地之诸门道，曾开过的门道亦加以确定，分派这么多山中修行的弟子之后，不久又在直贡寺聚集弟子18万之多。关于这点本来是无可争辩的，但有些孤陋寡闻之愚人，认为寺院内无法容纳如此多的人。其实不然，因此时是行十二头陀行[①]时期。正如十二头陀行所说：“住树下，随处坐”。只要有能容纳一个人的薄石片房和茅棚，即可进行修持，甚至在树下，在岩洞内，在土崖下的洞穴，在崖窠等处也可以舍弃此生，持守头陀功德而修行。那时并没有像现在这样舒适的亨受和丰厚的物质条件。所以，直贡寺能否容纳这么多弟子的疑问是多余的。毫无疑问，此时直贡寺拥有的僧众数量是

---

①十二头陀行：十二修治，十二法人。佛家用以针对修治贪著衣食居住，抖擞烦恼之行。具体内容为三食行法：1. 乞食，依次挨户沿途乞食，化多少食多少；2. 一食，又称一座食，一日只食一斋；3. 无食后斋，午后不饮浆；4. 三衣行法：三衣，除袒衣、七衣和五衣外，不着其他长衣；5. 毡衣，除羊毛织品不穿；6. 粪扫衣，即衲衣，专从垃圾堆拾取法衣洗涤后缝衲为衣着之。六位行法；7. 远离处坐，住远离人户之深山隐蔽处；8. 树下坐；9. 露地坐；10. 冢间坐；11. 危坐不卧；12. 随坐。十二头陀行又各分上下中三种。所谓十二头陀行者，就和羊毛不弹不能成线，弹后才能成线一样，若贪婪乞食、法衣、住宿时则心不能向业，有此十二法行，可使心住梵行。

众所公认,无可辩驳的。在五世达赖著作中云:“在迥(等四任住持多吉扎巴)时期曾有过18万僧众。”这就是说,在迥多吉扎巴时期,直贡派的事业仍发达不衰。能保持原有僧众数量,这并非夸赞之辞,而是真实可信的记录。一切正直的人都称赞至尊觉巴仁波且为佛法作了第二佛的事业。的确,此时僧众数量达到极点,在为以前修造的吉祥塔重新开光时,或举行布萨仪轨时,僧众的袈裟所发出的光焰,使直贡上方的天空都变成了紫色。

因为没有真实意义的琐事繁多,至尊仁钦白心生烦恼,心想为修习了义之法,开辟殊胜的修行处。为此秘密来到查乌,建造了外形相似人体左右中三脉的大殿,当时出现了不可思议的奇兆。尤其是其中有称为禅定洞的内寝洞,四处飘溢着戒律异香,结构奇特优美。另外,把一些人造的和自然而成的小洞确定下来。至尊在多吉洛嘎尔(金刚侧壁孔)洞中说:“这洞太狭窄了。”起身用后背推开,洞壁上留下袈裟下摆凸出而身体磔手凹进去的印迹,非常清晰;用手杖戳开洞窗;像捏泥巴一样抓捏洞壁,在岩壁上捏出悬挂资具的石橛子;还用手挖掘出能容纳一大网袋东西的岩石槽。现在叫做索热宗温的地方,夏季某吉日夜晚,出现数道三色、五色、七色的光,直射向大殿和多吉洛嘎尔洞上空,当地的人有目共睹。有些夜晚修善纯净的人,曾听见山妖索热优婆塞请求上师吟诵《启请大乐普贤颂》。此后众僧去寻找上师,获悉上师在查乌,就来到查乌。每个比丘搬来一块石头,筑垒大法座,至尊登上法座,转动甚深甚广的无量法轮,后重返直贡寺。

某时,至尊身患疾病,并每况愈下,此时在虚空中出现怙主帕木珠巴并用韵文说:“修习风息之密法,症瘕水肿自消除,修习金刚罗刹法,一切罪过能拔除。”至尊按怙主指示创造缘起条件,开设法轮,五天就得以痊愈。至尊著有不可思议的论典,现存的卷册只是至尊论典之一部分,而不是全部。至尊因材施教,传授禳解除障法和山居法等。对普通僧侣,虽然没有讲说旧密乘之甚深法，但也让一些普通善知识修持在八条心脉①上安排善逝八大法行②众神之密法。根据每个人的根器开示适应各人的教法，应机开化，一视同仁，毫无偏袒。至尊觉巴仁波且的声誉还传到印度等地，在印度有其弟子、施主等，亦铸造有响铜火镀赤金、红响铜火镀金、在白响铜上镶红响铜等的至尊身像。

此后，至尊仁钦白知悉此肉身亲自调教的化机基本完毕。于是说："因为我曾化身为金刚手制伏了诸魔天，因果不欺骗，我的寺院将要遭难。但是，将来继续发扬直贡派的方法还是有，那就是，不要在平地上建造形如藏升的殿堂，不要在殿堂上竖四条宝幢；不要把直贡寺交托给侬氏，不要委任热噶西为太医。不管怎样，法源将会长流不息。"这样，留下了许多遗言。又说："将来某时，当我的寺院衰败，一些畜生和留长发的贡巴③把持寺权时，当这些像牙签一样的树长成斧柄粗时，我再来直贡。"这就是授记第

---

①八条心脉：密教无上瑜伽圆满次第修风、脉、明点。关于脉，在萨迦瓦·坚赞白桑所著《金刚身隐说》中有详细地阐述，云："人身有粗细两种，器官脏腑为粗，布满全身之脉为细。……主要脉有三十二条，其中最主要有中脉、左右脉三条。"密教又把身体分为五轮，五轮所摄脉有：顶大乐轮有三十二脉、喉受用轮有十六脉、胸法轮有八脉、腹变化轮有六十四脉、密处护乐轮有四脉。（见多识选编《藏密气功典籍选编》藏文版，1991年民族出版社出版）。

②八大法行—系宁玛派生起次第所修本尊法。（刘立千先生译作了修部八教见《土观宗派源流》汉译本39页）。不仅此法在直贡寺内广泛流传，而且其噶羌姆舞在直贡寺盛行。八大法行具体内容为：1.妙吉祥文殊身；2.莲花语；3.真实意；4.甘露功德；5.金刚橛事业等生起次第所修出世五部；6.玛母召遣；7.诅詈猛咒；8.供赞世间等世间三部。

③贡巴：是一种直贡派的官职名，相当于萨迦之"本勤"，是专司政务的官员。

十五任住持衮噶仁钦。另外还说:“此禅定聚岩石(意指直贡寺)与我三世不分离,我圆寂后不要用金银铸造身像和灵塔等。大手印与戒律无分别,要爱护戒宝。”如此作了最后的规劝后,为了促使懒惰者发奋学佛,至尊佯装身患肺病。医生说如果把北方羌地牦牛的肺干放在粥里服用,病就会痊愈,但至尊坚持素食,而不开荤,持守一座食素食禁戒。虽然以前反复嘱托京俄·谢迥住持直贡寺,但京俄始终未从,因此当至尊的病情日益恶化时,把直贡寺委托给堪钦·古热巴。于火牛年(1217 年)三月二十五日黄昏时节,至尊仁钦白把变化身收摄于法界。年届 75 岁。从此日起直到来兹,出现彩虹飞舞,降落花雨等不可思议的奇兆。四月三日火化遗体时,众神也在虚空中向至尊敬献多如密云之供奉。花雨纷纷下落,能没足背。遗体的头颅尚未坏失,脑浆液中凸出胜乐金刚六十二尊曼荼罗,以及所依和能依,远远胜过能工巧匠所绘制的曼荼罗。曼荼罗的缝隙处有灵骨装饰。灵识不坏,色如金黄。因为是正等觉[①]佛之化身,所以有与此相应的灵骨和佛骨混合的舍利八升。如此,黄昏时节圆寂,翌日凌晨时前往多得不可思议的佛土。一化身前往东方妙喜界所属离尘界怙主帕木珠巴尊前,在妙喜界之不动佛尊前亦有一化身;在兜率天作一名弥勒的弟子,求听《大法鼓经》[②];另外,在天界和杨柳宫[③]各有一化身。主要的化身在东方大遍佛土,此佛土纯金所成,清净、圆满、庄严。至尊在此地身着白色自然比丘衣,给众弟子讲经说法。奉持至尊仁钦白教法的人,只要临终时对至尊怀有坚定的敬信,生命一终

---

①正等觉:梵音译作三藐三菩提。如来殊胜功德之一类:真实如理,无有颠例为正;证大涅槃,不住二边为等;二障永净,慧莲广开为觉。

②《大法鼓经》:全书五卷。印度亲教师比耶迦罗巴婆和拜吉伦波由梵译藏,西藏译师拜则校订。宋代求那跋陀罗由梵译汉。

③杨柳宫:金刚手菩萨和多闻天子所居宫殿。

结即刻就能到至尊面前。此时，至尊那具轮相的右手置于你头顶对你说："徒儿，你来得顺利吗？"使你从痛苦中得以解脱。这是在传记《见而有益》中所说。有关至尊圆寂后前往各土各界的情况，在传记《十方三世》中写道："前往遍布、妙喜、兜率、杨柳宫等所有界。"

此时，由京俄·谢迥担任主要的丧葬法事工作，京俄亲眼看到在狮子聚山岗上有胜乐曼荼罗和世间怙主至尊仁钦白。心想此处也该修建至尊的身像和佛塔。当时，至尊觉巴仁波且真实来到禅定聚岩洞上，对京俄说："徒儿，要按你的意愿作，也要像我作的那样做。"说完就隐化不见了。京俄根据上师"按你的意愿作"的教导，在果芒殿内建造了能仁王释迦佛的三界胜厌像，内装至尊的心和三升舍利。又根据"像我作的那样作"的指示，以宝粉、药物、芳香混合而成的泥浆，塑造了灵塔。称之为世界庄严，塔内装藏从至尊遗体的头颅脑浆中凸出来的胜乐曼荼罗和五升舍利，以及尊者阿底峡从印度请来的胜像世界庄严、戒律世界庄严、大般若经世界庄严等不可思议的所依。又铸造了金铜吉祥多门塔，塔基四周有五寻长。至尊的本尊神像与吉祥灵塔安置在一处。

至尊仁钦白有许多弟子，其中主要的大弟子是京俄·谢迥和京俄·扎迥。至尊主持佛法，为法主时，这二位京俄为弥勒和文殊，或为二胜。京俄·扎迥的历史下有详述。京俄·谢迥虽另有详细传记，但其历史简述如下：在康区噶堆地方，出生于祖母护法的四个儿子以前分派出来的居惹家族中。在至尊觉巴仁波且的弟子白典埃普瓦座前出家并受比丘戒，学习甚深教法。后来埃普瓦圆寂，谢迥来到卫地三世怙主仁钦白尊前，不久作至尊的侍寝，超胜侍候上师，心愿圆满。一刻不离上师左右，集结了《金刚语》等上师的所有言教。至尊圆寂后圆满完成丧葬法事。此尊者，除了年事相当高时适当雇一些助手外，不管到何地，总是不用坐骑，坚持步行，拄着手杖，所行犹如阿罗汉。某时微患小恙，亲见无量佛和菩萨净土，因此他说："我的这个病是净治对境所必需的。"此后途经纳木措①，来到上部阿里地区，受到芒域、古格、普兰②等地头人和上霍尔、葛逻禄③以及现称为祖兰的雅子瓦等地、国王的敬重。上部地区的佛法事业得以发展也全赖于此尊者的恩惠。尊者还建造了冈底斯和玉如等寺院，后重返卫藏时，受到萨班④的敬重，萨班还向他求法。此尊者又名京俄·直贡岭巴。曾短期主持过岗布寺，还到过洛扎，转动无量法轮。虽然至尊觉巴仁波且圆寂后未常住直贡寺，但他结集了上师的言教，对直贡寺的发展壮大有大恩。堪钦和温琼等弟子的历史下有详述。

聂钦布·杰瓦拉囊巴出生于译师和大成就者层出不穷的家族中，其父是在家咒师金刚持聂·扎巴白，精通诸明，获得悉地，门下有众多弟子，家境富裕，权势强大，当时曾为拉萨等头人。尊者聂钦布幼时想赴印度学翻译，其父不允。此后耳闻至尊觉巴仁波且的声名，感到世间一切毫无意义，想出家学佛，得到父亲应允，于是来到直贡，在至尊座前出家并受比丘戒。如上所述，其父家生活富裕，但尊者觉得舒适的环境难以有成就，所以其在物质生活方面不斤斤计较，后成为至尊仁钦白的心传弟子。聆听了上师私下传授的许多密法，并艰苦发奋实修验征，修持圆满。向至尊觉巴仁波且敬献丰厚大供达三次之多。曾举办有名的聂氏红糖法筵。后来父亲圆寂，弟弟遭到他人的虐待，家势衰败，大权旁

---

①纳木措：湖名。在西藏自治区拉萨市以北当雄、班戈两县之间。为西藏第一大湖，亦是重要圣地之一。

②古格、普兰：古格，旧名象雄。西藏自治区札达县地名。吐蕃赞普朗达玛四世孙德祖衮于北宋初年领有此地，后嗣因名古格王朝。普兰，县名。宋代称布让，亦称布拉木达克喇，清代称补人。在西藏阿里南部。

③噶逻禄：蓝眼突厥。古代中亚细亚突厥族之一支。

④萨班：指萨迦班智达贡噶坚赞（1182～1251年）。萨迦五祖之第四祖。

落。然而，尊者已根本灭除世间八法[①]观念，心中没有任何亲怨爱憎之分。后由念青唐古拉神作施主，建造了拉囊大寺院，僧徒达近千名，遂称尊者为杰瓦拉囊巴。此尊者精通因缘，所以不管与谁结缘都完美无缺。有关这方面的故事多得不胜枚举。人们都承认他是大成就者黑行者之化身，无有争议。此尊者涅槃时，念青唐拉山神悲痛万分，出现了白如水晶的雪山多年光泽暗淡，霍尔出兵歼灭木雅王国等地力衰败的现象。白钦曲益只是在达恰山岗示现神变时有他，除外不见其历史。在传记《见而有益》中记载："他是无可争驳的成就者曲丁巴。"

大成就者噶尔是多康麦朵地方噶尔氏家族人。此家族曾出现了五名获得密咒悉地、不舍肉身而飞往空行刹土的人。噶尔自幼慧通无碍，连其父前往阿曲时都问他有关病人能否治愈等情况。有个叫日乌吉的人欺侮了他，他只是愤怒地抖动衣裙，就使对方发疯。有个咒师给杂扎朗布放咒，结果，咒师和龙以及对敌都一齐毁灭。为此噶尔心中生起无限慈悲，于是来到直贡寺。在至尊觉巴仁波且尊前，以粗衣恶食学习密法并加以实修。之后前往杂日山，潜心修持。此时，像至尊米拉日巴遭到长寿五仙女的阻碍一样，出现了无量魔军前来扰乱的幻觉，后经观修遮阻法，化险为道法，持守六相一味行，结果幻觉自消，修持圆满，获得了怖畏金刚悉地[②]。当时，至尊世间怙主仁钦白说："本尊神中唯怖畏

---

①世间八法：1.得利则喜；2.不得利则不喜；3.闻声誉则喜；4.闻谗言则不喜；5.有安乐则喜；6.无安乐则不喜；7.有称颂则喜；8.有讥讽则不喜。世之四爱叫四顺，四憎叫四违，此四顺四违可煽动人心之八法，故又称为世间八成。

②怖畏金刚：文殊忿怒相，即大威德。以凶暴威猛的姿态慑伏一切魔障。无上密乘一本尊名。

金刚最殊胜。但是你所修的是热氏[1]传规，我们与热译师之间有些芥蒂，再说此系曾出现外道班智达拔饶拉东，因此你去向他求法不甚好。而从聂氏传出的教法是清净的，你就向他求法吧！”噶尔遵从至尊教诲。

某时，白钦室利普巴所献供品中带来了瘟疫，使直贡寺的众比丘染上疫疠。觉巴仁波且命令成就者噶尔和二位纳木措仁波且护理患疾比丘。噶尔来到一个病比丘面前观察，当此比丘病逝时，出现一个瘟疫女神，额上有大如月亮的眼睛，头顶着虚空，口吐鲜血。于是，噶尔便使自己变成大如三千世界[2]的怖畏金刚，把瘟疫女神吞进嘴，传染病立即消失了，所有比丘得到了痊愈。至尊世间怙主也很高兴。由于噶尔精熟怖畏金刚生起次第，因此在大静殿的屋梁和他自己的仓库门楣上都留有热氏足迹。后来所作事业如广大的虚空无量无边。在法主觉巴仁波且尊前敬献厚礼数次，尤其是前往尼泊尔等地，为直贡寺顶购置了奇异的金伞，还制伏了尼泊尔地区的章东玛和甲修等凶暴的土地神，给他们授以居士戒。之后来到康区，某时，看见至尊三世怙主仁钦白在虚空中。获悉至尊已往生他界，念诵启请悲歌。之后，噶尔尊者迅速来到直贡，敬奉丰厚供品。在木雅，尊者以神通把被判死刑的十八个人弄成僵尸；把发疯的藏北野牛当坐骑驰驱，野牛昏倒，当它苏醒过来时疯病已除；在多康北方，遭遇入侵者霍尔兵，尊者以神变，一夜间降大雪，压死了许多士兵，其余敌军全部撤回。尊者调解了沃查与仲布之间的矛盾，因沃查稍有不从，就遭到各种不

---

①热氏：即热·多吉札巴译师（1016～1076年）。先后赴印度、尼泊尔四次。学修以怖畏金刚为主的诸秘法。其历史详见《热译师传》（藏文）青海民族出版社出版。

②三千世界：第一、第二、第三级千世界：小千世界为第一千世界，中千世界为第二千世界，大千世界为第三千世界。

幸。来到那堆赤粗上部地区，有人欲害其性命，结果使之遭到毁灭。这一切就是已修成不可思议之威力神通的标志。另外，尊者能显示种种奇异神变，恐繁不赘述。在曲丁建寺，尊者自己主持时就有 1200 名僧众。当时，一位噶当派大师对尊者心生忌妒，不久此师消失得无影无踪。斯瓦扎妥巴表现出对尊者稍许不友善，尊者说："你将会遇到一些不祥之兆，到时你到直贡寺去。"果然，斯瓦扎妥巴在同一个时间，遇到狼在嚎叫、屋梁折断、铁锅和瓷碗打碎、手杖断成八节等事，心生恐惧，遂来到直贡，成为三世怙主的弟子。称为芒然达夏瓦的三百多名凶恶的士兵作了许多有损佛法之恶事，噶尔尊者让十六名抬轿子的人奔跑，结果士兵见到满山满谷都是僧人，恐惧万分，把武器堆放在尊者面前，答应作施主。此后带着五百多徒众，来到岗布，又来到工布金乐，建造了现称噶尔萨寺的大寺院。继后来到布沃，修建普隆寺。此后不久隐化法界。

白钦室利普巴具有无量神变，曾修建大寺，所作事业，不可思议。白典埃普瓦因被狗咬而修慈悲，心生一味证悟，在丹地修建大寺，事业广大无边。密宗师雅如白扎修建拉齐寺，另外在古仲建造 428 处修密圣地，有的至今犹存。俄吉热巴的历史如上所述。觉·多吉宁波修建了多康觉大寺庙，另建寺庙多座。绰浦译师①的历史别处有详述，他迎请了班智达释迦室利、班智达白布佛

①绰浦译师：本名楚成西饶，又名绛巴白（1173～1225 年），系帕珠弟子贾擦和衮丹之侄子。20 岁从向格瓦学梵文，成为著名译师。24 岁赴尼泊尔，广学显密教法。先后延请释迦室利、佛陀室利、弥陀罗交格等佛学大师至绰浦寺，倡建绰浦寺大弥勒佛像，高八十肘。徒众形成绰浦噶举。

陀室利、成就者弥陀罗交格，修建绰浦噶丹寺[①]，铸造了未来究竟圆满弥勒佛的身像等。塔玛堆增是一位大持律者，在塔玛拉康寺收持律弟子五百多名。京俄·多吉西饶是至尊觉巴仁波且和京俄·谢迥的共同弟子，造《正法一密意趣》解注《晶石》。土巴索雍是京俄·谢迥的弟弟，他的真名为仁钦绛久，给《正法一密意趣》作注，人称之为《正法一密意趣》通达者，阐宏了义佛法。

总之，至尊觉巴仁波且的弟子有谢迥、扎迥等8位京俄；有聂、噶尔等八大心传弟子；有曲益古热等八大白字弟子[②]；有俄吉帝师热巴等八大热巴，这位帝师热巴曾为木雅国帝师，故称帝师；有古雅岗巴等三位岗巴；有绰浦译师、依译师等八大译师。这位依译师在达浦寺时就精通诸明，成为一切金刚乘佛教之主，是位大善知识。后对至尊觉巴仁波且产生敬信并跟随至尊，成为至尊的弟子。因委任他为向听过密法讲解者先传授开启法门灌顶者，故称曲国瓦(开启法门者)，从此有历代曲国瓦。至尊的弟子还有塔玛堆增和达布堆增等十八位持律上首。达布堆增是大持律上首，住持岗布大寺，后迎请至尊觉巴仁波且到岗布并把寺院供奉给至尊。至尊的弟子还有觉冲等噶当派八大禅师；有尼玛僧格和堆孜西布等五大已断二执、现证空性者。多数弟子的历史不见文字记载，有文字记载者也因恐繁冗，在此不能详述。

---

①绰浦噶丹寺：又名绰浦寺，在后藏绰浦地方。为13世纪初年绰浦译师绛巴白所创建，形成绰浦噶举派。这是《藏汉大辞典》所说。王森先生说：“贾擦向温穷买到绰浦地方的地基一块，盖了一个佛堂和若干僧房，……这就是绰浦寺。”(见《西藏佛教发展史略》148页)。

②曲益古热：全名白钦布曲吉益西古热，像这样的名字前面带有“白”字的弟子共有八个。

一、堪钦·古热瓦传

佛法之本戒律大地上，
盛开戒定慧之郁金花，
堪钦用那戒律之芳香，
涤除众生烦恼之大疾。

成为三世怙主至尊仁钦白之法太子的直贡大寺第一任住持堪钦·古热瓦的历史如下：这位至尊，于阳木狗年(1154 年)诞生在斯乌岗嘎母地。父名松巴·多吉白。他长大成人后，在卓卡藏顿持律上首座前出家，取名楚成多吉(戒金刚)。在此亲教师尊前学习授戒仪程数年，获圣贤之名。此后依次来到堆龙，在白钦布塔玛瓦尊前受比丘戒，精通《律经根本律》等论典，熟练掌握了四部教①所有义理。主持乌堆古热寺并任亲教师，多年养护僧众，广作佛事。后来听到至尊三世怙主之名，45 岁时来到直贡寺，对至尊仁钦白产生难以抑制的敬信，不离至尊左右半步，尽得所传，信愿圆满，获得悉地。多年担任直贡寺亲教师，最后证悟无二义②，智慧藏得到开发。世间怙主把堪钦授记为宝生如来佛③。密乘道位圆满，在法会上示现诸多变化身庄严。到 64 岁时，至尊世间怙主留遗言说："你养护僧众三年后把寺院交托给温仁波且。"之后，

---

①四部教：有两种义。一指四分律、四毗奈耶：《广戒经》、《十七事》、《请问品》、《杂事品》。佛灭后，上座部采集律藏，四度完结，故名四分律。二指四阿含：《长阿含经》、《中阿含经》、《杂阿含经》、《增一阿含经》。此处应指四分律。

②无二义：远离常断二边之真实义。别名真如、法性。即超越各种区别之无分别义。

③宝生佛：五智如来之一。

任住持四年，转动甚深甚广之法轮，成熟解脱众化机。最后其忆起上师嘱咐，把寺院授权给温仁波且。当日黄昏，示现诸多神变后圆寂。此师有许多大弟子和普通弟子，恐繁冗不述。

二、温顿·索朗扎巴传

第二龙足化作皎洁月[①]
在那众生化机信念上，
生起化身光影难阻挡，
温顿·索朗扎巴最殊胜。

第二任住持温仁波且·索朗扎巴的历史如下：至尊觉巴仁波且的父兄贡觉仁钦的儿子阿尼阿扎，有温仁波且、本居巴·多吉僧格、迥仁波且三个儿子，其中长子温仁波且于阴土羊年（1199年）[②]诞生在噶隅依绛沃布垅。他通达文字、算术等世间学问，由于至尊仁钦白的众大弟子请求上师今后让官宦人家来主持寺院，至尊也认为这是阐明弘扬佛法之需要，派白钦室利普巴到康区。白钦在阿尼阿扎父子面前示现诸多神变，赞颂至尊仁钦白，因而阿尼阿扎父子的习气得以涤除。温仁波且说："我要到叔叔尊前去。"当时他年仅11岁。其父亲亦说："今年先把温带去吧，明年

---

①第二龙足：即第二龙树，因直贡仁钦白为龙树化身，而其侄索朗扎巴又是仁钦白化身。故有此称呼。

②《青史》和刘立千先生《土观宗派源流》译注[648]都说阴火羊年（1187年）生。从他任住持期间及前后住持生卒年及在任时间看，说1187年生相宜。

我带家眷去直贡。”于是，在数人陪送下，温仁波且随仁钦白来到直贡。在至尊觉巴仁波且尊前出家，取名索朗扎巴（福称），学习了噶举派的各种教法。另外，从依顿·云丹扎巴处听了喜金刚等密法并加以实修。13岁时起，开始泥封闭关①修持，尊行素食和一座②之禁戒。13年间，通达二次第甚深瑜伽。此后至尊觉巴仁波且说：“这次的艰苦修持，可以使今后十三代不需再修，对所有与你有因缘者都受益了。现在为了适应他人的见解，你到达普去求学。”他遵从师意，从觉沃云丹扎巴处听了密集、胜乐、喜金刚等密乘教授，并付诸实修中。而后返回直贡寺，从世间怙主至尊仁钦白及其权威大弟子处听了戒律、显密经教等并加以实修。智者之名遐迩闻名。又泥封闭关静修六年，修持圆满。

到31岁时，无比至尊觉巴仁波且化入法界，众弟子祈求温仁波且主持寺院，因有四年泥封闭关静修之誓愿未实现③，故把寺院的主持权授给堪钦·古热瓦。到35岁时，遵从以堪布仁波且为首的卫地和直贡地区的所有权威人士诚恳请求，登上政教宝座，任法太子。之后，至尊温仁波且根据众化机的气质和根器，转动甚深法轮，应机行化，使众生得其所需，使佛法要义得以弘扬。39岁时，以七珍宝修造面积超常，在内装等方面合乎密乘传规的吉祥塔，上面绘有2800个神像，并给予开光。平时上半月每日上午静修，下午以甚深法要满足幸运而又合格的弟子，使他们得到成熟解脱；下半月总是绝断言语，泥封闭关修持。

温仁波且视曲盆山为能仁王释迦牟尼；视一切情器世间众生

---

①泥封闭关：佛教徒把自己关在小屋或洞窟内，用泥封住门窗等，只留下送饮食之小洞，与外界隔绝而坐静修道。

②一座：即一座食。十二头陀行之一。每天只食一斋的戒。

③《贤者喜宴》说他“保证了历时十三年、六年、四年的闭关修持”。

为佛陀、菩萨、本尊；视水火等四大种的声音和众生之声等所有声音为咒语；视一切心念为禅定。至尊三世怙主曾说，温仁波且与至尊本人的身语意无别，承认是至尊自己的化身。这位至尊温·索朗扎巴，于火羊年（1247 年）[①]十月二十二日上午进入涅槃，年届 49 岁。涅槃时，至尊头顶出现至尊金刚瑜伽母。此类奇特现象难以用语言表述。有不可思量的徒众，但有记载者寥寥无几。

三、京俄·扎巴迥乃传

能够随意控制四大种[②]
现证无漏禅定之神变[③]
精通诸法真意无混杂，
扎巴迥乃拥有大神通。

第三任住持京俄仁波且·扎巴迥乃的历史如下：此尊者出生

---

①《青史》等均说木马年（1234 年）卒。《朗氏家族史》载："复次，（京俄）木马年（1234 年）年届六十岁时，前往止贡寺任座主。"（该书汉文本 301 页）这样看来其生卒年应为 1187～1234 年最相宜。

②四大种：指地、水、火、风四种构成色法（有碍物质）的基本原素。其作用分别为持（保持）、摄（摄集）、熟（成熟）、长（生长）；其属性分别为坚、湿、暖、动。此四大周遍于一切色法，故称大，生一切色法，故称种。世界万物和人之身体，均由四大组成。四大失调人生病，四大坏失人命终。佛教以此说明人身无常不实。这四种基本原素加上空称"五大"，再加上识，称"六大"。

③无漏：漏为漏泄之意，是烦恼的异名。无漏与有漏相对，涅槃、菩提和一切能断除三界烦恼之法，均属无漏。无漏禅定是五无漏道（戒无漏道、定无漏道、慧无漏道、解脱无漏道、解脱知见无漏道）之一。

地为多康价隆热尼，家族为吉祥朗氏①，父名拉斯云贡，母名卓妃其古绛。于阴木羊年(1175 年)诞生。其逐渐长大成人后，感到世间诸法毫无意义。最初在桑杰耶巴尊前出家，后又在至尊觉巴仁波且尊前出家②，取名扎巴迥乃(称源)。为至尊当侍寝达 21 年之久。聆听所有正法，成为法库之主。此后受比丘戒，身为究竟僧。当时，至尊觉巴仁波且一身兼任邓萨梯寺和直贡寺的座主，因年事已高，力不从心③，故派京俄任邓萨梯寺亲教师。至尊仁钦白对京俄·扎巴迥乃说："昨日以前我是上师，今日以后你当上师，能使邓萨梯寺发扬光大。"于是，京俄仁波且率 300 名弟子前赴帕木珠巴，任邓萨梯寺住持。

之后，京俄仁波且以大手印和戒律无二的思想阐明佛法要义，所作事业广大无边。至尊觉巴仁波且圆寂后，铸造了高二层的金铜吉祥灵塔。自从至尊仁钦白往生净土后，京俄·扎巴迥乃成为雪域大地所有大善知识中无以匹敌的大智者，在萨迦班智达之父至尊扎巴坚赞圆寂时，被迎请为首席客人④。不久，直贡温仁波且·索朗扎巴往生他界，迥仁波且说："我的禁门修行的誓愿未

---

①《朗氏家族史》载："自天神种姓耶门杰波相传二十二代，家族辗转相传，被称为'朗和拉思'。此时有在多堆勒竹吉巴地方出生、云钦杰瓦郊和浙实莎库久曼夫妻俩之子名尊者扎巴炯勒，乃是拉思家族第一代噶举派僧人。"(赞拉·阿旺，佘万治汉译本 300 页)。

②《朗氏家族史》记载："(京俄)阴火羊年(1187 年)年届 18 岁时，至前藏拜见年届五十岁的止贡法主"。(该书汉译本 300 页)。

③《汉藏史集》说因路途遥远，来往困难。《青史》载：……直贡法主 66 岁时，即阳土龙年，任 34 岁的至尊京俄为寺主。……跪拜京俄说：这以前您是我的儿子、徒弟，从今起，您是我的上师、父亲。(该书藏文版 673～674 页)。

④在《朗氏家族史》中收有"萨迦班智达致京俄大师的邀请信"。(汉译本第 297 页，西藏人民出版社出版)。

完成，去迎请语狮子京俄仁波且。”于是，直贡寺的众大弟子把京俄仁波且迎请到直贡寺，并祈请他主持寺院。京俄任住持后，要把正法的一切总别法想发扬光大。像往常一样，铸造了温仁波且的金铜吉祥灵塔。当时，霍尔兵入侵西藏①，很多人死于非命，许多寺院被焚毁，然而，霍尔军官一见到京俄仁波且就立刻产生了敬信，还答应给京俄仁波且当施主。后来又来了一个名叫多尔多的人，凶残恶毒，他虽然没有做什么对直贡寺不利的事，但是，当他企图挟持直贡地方官贡巴·释仁②时，天降石雨，制伏了他。这都是京俄仁波且的神威所致。京俄仁波且通过宣讲因果法，使凶恶的霍尔人都皈依佛教，因此，直贡寺未曾遭受丝毫的损害③，雪域西藏的众生也从战火的痛苦和恐惧中获得解救④。由于京俄仁

---

①《贤者喜宴》和《新红史》说，金鼠年(1240 年)蒙军入藏。

②贡巴·释仁：贡巴是直贡派的官职名，相当于萨迦之本钦，专司政务。释仁全名释迦仁钦，是第二任直贡贡巴。在《新红史》说直贡贡巴·释迦仁钦被蒙军擒获。在《西藏王臣记》中载：“因为蒙古王生起善业之念，随之派贯缅及多达官长赴藏，抵达索杰莫，当时京俄仁波且正来到屯塘，他派贡巴·释迦仁钦做为接待人，但多达却准备杀害这位接待使者，于是京俄仁波且祈祷度母，因而天降石雨，如是多达敬信京俄仁波且”。(该书藏文版第 90 页)。

③《贤者喜宴》载，多尔多(即多达)进藏杀人焚寺，但“达隆寺因被雾气笼罩蒙军未见”，“直贡京俄扎巴迥乃使天降石雨，故此直贡寺未遭破坏”(该书藏文版第 1416 页)。在《朗氏家族史》等史书中也有相同的记载。

④《西藏王臣记》载：“他(即京俄)曾用神通制伏了……多达那布，而使雪域藏民皆得安乐，恩惠非小”。《朗氏家族史》载：“蒙古皇帝窝阔台先后令蒙古将军里佶达和多达二人进藏清查属民户口，推行蒙古之法度。他们承侍帕寺邓萨梯和止贡替寺，卫、藏和阿里三围王法和戒律得以保存乃是尊者的(即京俄·扎迥)恩典。”

波且所作事业广大，护佑僧众、主持寺院多年①。京俄仁波且任邓萨梯寺住持时，显示了叫有神通的主夏仁增刺戳昂续头人腹部而不受伤害的神变，如此奇异神通不可思议。于木兔年(1255年)十二月八日在诸多奇异神变中隐化法界。年届81岁。有杰瓦央贡等多得不可思议的弟子。

四、迥·多吉扎巴传

诸坛共主吉祥黑如嘎，
凭借赤黄跳神之面具，
护持佛法调伏众邪恶，
多吉扎巴至尊我顶礼。

第四任住持迥仁波且·多吉扎巴的历史如下：这位至尊的出生地点及父母等与温仁波且相同②，于金马年(1210年)诞生。6岁时，随父母和兄长来到直贡寺，在至尊觉巴仁波且尊前出家，取名多吉扎巴(金刚称)。至尊觉巴仁波且说："他是至尊底洛巴的化身，弘扬佛法所作的有益事业比我们任何人都要广大。"到7岁时，至尊觉巴仁波且为饶益他界众生而往生他界，迥仁波且的一切因缘条件有兄长温·索朗扎巴提供，这样他逐渐精通读写文字以及所有世间学问。温仁波且把所有教法传授给迥仁波且，好似一瓶水注入另一瓶。另外，在一些善知识尊前学习了胜乐、喜金刚、密集等密法，听受诸多显密教法，并认真修持，成为智者。

到21岁时，在达热云丹邓柯泥封闭关修持二次第深奥瑜伽

①《贤者喜宴》说住持寺院21年。《青史》说任寺主22年。

②系温仁波且之幼弟。

13 年，亲见诸多本尊神，获悉地证悟。25 岁时①，因温仁波且往生净土，众僧祈请迥仁波且任直贡寺住持，因泥封闭关修持的誓愿未遂，没有登上住持宝座。此时，成就者噶玛拔希②被元世祖忽必烈所处罚，虽然因有神通未曾受害，但当在檀木火中烧了三天三夜，生命即将终结时，迥仁波且身佩六骨饰③，骑在狮子上，来到噶玛拔希所在的上空，放射出各种花，让有形的三字④融入噶玛巴身中，使其身被加持成为具金刚性的不坏身。他对噶玛巴说："噶玛巴，您不要害怕，请入火禅定。"噶玛巴问："您是谁的化身，在哪个界土？"迥仁波且回答说："我是圣境印度底洛巴的化身，现在叫直贡迥仁波且。在一百个界土都有我的化身。"说完隐化不见了。不久，皇帝及其左右随从听到成就者噶玛巴在火海中高唱道歌，产生敬信，于是他们向噶玛巴进行忏悔并问其原由。噶玛拔希唱

---

①温仁波且于 1247 年圆寂，迥仁波且于 1210 年出生，故此应是 37 岁。但据《青史》载："底洛巴之化身迥仁波且·多吉扎生于金羊年(1211 年)。法主(即仁钦白)圆寂时为 7 岁，温圆寂时为 24 岁，45 岁木兔年任住持。69 岁土兔年圆寂"(该书藏文版第 716 页)。《贤者喜宴》又载："迥·多吉扎 6 岁时，谒见世间怙主(即法王仁钦白)……7 岁时世间怙主往生，25 岁时温往生净土……"(该书藏文第 1347 页)。以直贡法主圆寂时他为 7 岁算，他应生于 1224 年，而不是 1210 年，但这个年代又与《青史》所说相近。

②噶玛拔希(1204～1283 年)：本名曲吉喇嘛。藏传佛教噶玛噶举第二祖。生于康区赤隆地方，被认定为噶玛·堆松钦巴的转世化身，开西藏活佛转世制度的先例。1253 年应邀谒见忽必烈于绒域色堆。游方传教，在内蒙古与宁夏交界处建显化寺。宪宗蒙哥时，赐金缘乌纱帽、金印等，从此所传遂称为噶玛噶举黑帽系。蒙语谓轨范师为拔希，故称噶玛拔希。1260 年蒙哥逝世，忽必烈弟兄不睦，噶玛拔希涉嫌入狱，流放边地，后得释放。

③六骨饰：佛教密宗修行者佩带的用人骨所造之项链、钏环、耳环、冠冕、络缨带和涂于身上的死人骨灰等六种饰件。

④三字：指嗡、啊、吽。

道歌道:“佛陀遍聚直贡巴,众生舵手多吉扎,他骑着白狮而来到,在我的上空对我说:‘众生怙主噶玛巴,修行圆满慈悲大,认真修持菩提道,您是空性天金刚。’说完重返天空界,吾胜四大之魔难①”。后来,噶玛拔希前来直贡寺,来到坐那下部地方时,见直贡寺是佛海曼荼罗。噶玛巴向迥仁波且敬献大礼并给予承事,向直贡寺众僧广作布施,从迥仁波且尊前聆听息结派的梦境修等密法,彼此同心同德。

当迥仁波且46岁时,泥封闭关的誓愿已满,被直贡寺众大弟子授权为三世怙主之法座主持,为众生转动甚深法轮。像至尊觉巴仁波且所授记的那样,以和平方式统辖整个西藏②。如往昔,聚集十八万僧徒。修建了堪与梵天无量宫相媲美的神殿,面积为180柱子,殿内墙壁和地面都用金浆糊抹。殿内修造逾度如来佛金铜像十尊、如数龙像、吉祥多门塔以及如数天王像。殿顶为上品纯金所镀黄铜宫式屋顶,塑有无数金瓶,造型精巧美观。修建速度之快,超乎凡夫意料。至尊迥仁波且亲自组织地区具有戒德的13万比丘,依数种续部传规进行开光。

某时,一个叫开得柯③的凶恶霍尔王带领军队来到当雄,把卫藏地区的所有善知识和官吏召集起来,准备惩办,至尊迥仁波且也在其中。当至尊由500名骑着雪白骏马的弟子引路,并由众多

---

①此段完全与《贤者喜宴》所载相同。在《红史》中亦载:“故忽必烈下令对他(即噶玛拔希)施行火烧、抛入水中、用兵器砍、喂毒、头上钉铁钉等刑罚……至第七天,所有王臣俱生悔惧,祈请噶玛拔希原谅”。但未提及迥仁波且,只是说有金刚亥母,智慧空行母前来护佑。(《红史》)陈庆英、周润年汉译本第82页)。

②原文如此。

③《贤者喜宴》载:“霍尔王子开尔达率军至当雄”。这以下的实事与《贤者喜宴》大致相同。(该书藏文版第1347～1348页)。

弟子相随，浩浩荡荡，威严非凡地到来时，霍尔王显得忍无可忍，在至尊之旁筑起与至尊的法座一样高的御座，坐在上面看着迥仁波且，见到至尊迥仁波且是真实胜乐金刚，告其大臣说："今天的这位喇嘛有三只眼睛和獠牙，真可怖。"达隆寺的住持桑杰雅均[①]，虽然正在患病，但也在被强行召集之中，为此迥仁波且对霍尔王说："如果硬要迎请达隆巴，他定会圆寂，请不要迎请他。他的一切心愿，我可以完成。达布噶举的噶玛拔希、桑杰雅均和我不分彼此[②]"。如此为桑杰雅均求情。某夜，桑杰雅均梦见大成就者底洛巴对自己说："我已替你说情，你不必去见霍尔王。我是印度底洛巴的化身，是西藏的迥仁波且。"，并表现出很欢喜。于是桑杰雅均请求迥仁波且大悲摄持。至尊说："不必这样，你也是我的化身。"说完就不见了。桑杰雅均醒后对徒众说："我大概可以不去当雄了。"并详述其原因，还为至尊迥仁波且作了27首赞颂道歌。最后，霍尔王及其随从都皈依至尊迥仁波且，雪域西藏也从水深火热的恐惧中得以解救。

此后，迥仁波且重返直贡，把雪域所译的经、论编辑成册；为10多万僧众转动《祖师问道录》、五具[③]、六法等甚深甚广之法轮；把那些具有修习功德的弟子派到冈底斯、拉齐、杂日等圣地，当山岭修行者；在直贡寺亦造就了一大批能持守言语绝断、泥封修持

---

①桑杰雅均：(1203～1272年)为达隆寺的第二任住持。

②《贤者喜宴》载："我们这个噶举派就靠噶玛巴等我们三个"(该书藏文版第138页)。

③五具：修行五分——1.修菩提心；2.修自身本尊；3.修上师；4.修无分别观；5.发愿回向。《土观宗派源流》中云："五具者，世间怙主(即直贡仁钦白)说：'大手印法如狮子，若无五具就是无眼'。其意谓若修大手印，不可没有五具备法。噶举派中，有此教授，事业所以宏大"(该书藏文版第150页)。可见"五具"之重要。

之戒行，高举实修派传规胜幢的弟子。继后，来到大圣地吉祥杂日智慧曼荼罗，决定诸观感，为诸空行勇士转动法轮，对在此生存的众生给以法和财的满足，并任命玉麦寺的18名专职人及密宗师卓衮恰钦等。

某日迥仁波且莅临达布，转动诸法轮。此时，整个卫藏地区面临着被霍尔军所毁灭的危险，众人祈求至尊作法退敌，至尊以慈悲意谛实力使霍尔兵撤回。之后至尊说："现在我好像从昏厥中苏醒了一样。"在当地修建杰桑（苏醒）寺，僧众数量迅速增长。当地众生把达布垅巴、罗林和康萨尔等地献给寺院，作寺院的庄园。杰桑寺至今犹残存。贡巴得到万户长官的告事，统辖甲达工三地区的大部分地方，权势得以大发展①。此后，迥仁波且在壤和古岭等寂静圣地修证二次第甚深瑜伽。土虎年（1278年）②七月二日在壤圣地把身曼荼罗收入法界。年届69岁。遗体火化后出现了许多舍利，装藏于称为替迥灵塔之内。牙齿所生度母现藏于卓隆伦珠多吉布的吉祥多门塔内。有关迥仁波且的弟子情况，因恐繁冗，不赘述。

五、妥卡瓦·仁钦僧格传

菩提心生光芒照万丈，
大智大悲神力皆具足，
精通三学弘扬直贡法，
仁钦僧格上师我顶礼。

---

①《新红史》记载："在延续至第五任住持迥仁波且之时，贡巴获得万户长敕封，其权势达到甲及达以内"。

②《青史》说于土兔年（1279年）圆寂。

第五任住持妥卡瓦仁波且的历史如下：这位至尊出生在邓堆地方的宗俄城，为居惹家族。温仁波且和迥仁波且三兄弟中的老二多吉僧格是官吏世系，他有五个儿子，即妥卡瓦仁波且、多吉、迥·阿努杰、京俄·仓解巴仁波且、贡觉次。其中长子至尊妥卡瓦仁波且于阳火狗年（1226年）[①]，在诸多奇兆中降生。他刚一落地，就开始吟诵圣大悲观世音神咒六字真言[②]，显示出超乎众人意想的神奇。在逐渐成长中精熟文字、算术等世间诸学问。9岁时，产生了强烈的出离[③]心，对轮回感到厌烦，于是，在迥仁波且尊前出家，取名仁钦僧格（宝狮）。在迥仁波且尊前循序学习了五具、六法、敬信命轮等甚深正法。另外，从诸善知识学习了经、论等显密经典无量，并加以实修。在法主师尊的寝室妥卡金殿[④]内，进行言语绝断的泥封闭关7年，亲见圣观世音、诸本尊和噶举派诸上师面。信念圆满，现证原始俱生智慧，示现出能把袈裟挂在太阳光线上，使水往上逆流等证果迹象。

此后，迥仁波且往生净土，直贡寺授妥卡瓦为法太子，请他主持寺院，但未答应，继续在寂静处潜心专意地修持。妥卡瓦仁波且能在很短的时间内把一切教法从静室洞口传授，使实修派传规得以大发展，能以诸神变激发众有福缘化机的信仰。54岁时，任

---

①在《青史》和才旦夏茸先生的《藏族历史年鉴》等说生于阴火猪年（1227年）。

②即六字大明：唵、嘛、呢、叭、咪、吽。

③出离：厌离。四谛十六行相之一。脱离如狱三界轮回，安然往趋涅槃乐处。

④妥卡：是楼上之义，因在金殿楼内修持，故名妥卡瓦。

直贡寺住持[1]，把讲说和修行的传规向前推进一步。世间众人都视此至尊为至高无上的上师，敬献无量内外财物。至尊为了使这些财物富有意义，命人建造了吉祥塔等诸塔像，编辑了许多经卷，并向众比丘和在三圣地[2]修行甚深瑜伽的弟子，提供生活所需，给予无上承事。在广积二资粮的伟大事业中度过一生。此后，悉知肉身亲自解度的化机已完讫，于木猴年(1284 年)把身曼荼罗收入净土法界，年届 59 岁。

六、仓解巴·扎巴索朗传

以那艰辛智慧之神箭，
压伏自在五箭之喧嚣，[3]
再次获取崭新之大乐，
仓解·扎巴索朗救我等。

第六任住持京俄仓解巴·扎巴索朗的历史如下：这位至尊的出生地和父母等皆与以上所述第五任住持妥卡瓦仁波且相同[4]，

---

①《青史》说："从土兔年(1279 年)至木鸡年(1285 年)间任住持 7 年"(该书藏文本第 716 页)。

②三圣地：即指冈底斯、拉齐、杂日。

③五箭：他化自在天子(六欲天之一)之五箭。五箭为能醉箭、能爱箭、能愚箭、能瘦箭和能缚箭。

④即为妥卡瓦之亲弟。

于阳土狗年(1238年)[1],在诸多奇异的征兆中降生。他逐渐成长后,抛弃家族的傲慢感,参加文字学习班。不久,精熟所有不同种类的文字读写法。13岁时,感到能脱离生死病老痛苦的道途只有出家学佛。于是,在其兄长法主妥卡瓦仁波且尊前出家,取名扎巴索朗(称福)。此后,在妥卡瓦仁波且尊前依次学习了所有甚深甚广之密法,并得以精通。

17岁时,在禅房内,专心致意静修3年。此后,从兄长妥卡瓦仁波且受比丘戒,并持守素食、一座食禁戒。此后的13年期间,一直在修持深奥瑜伽,无有变动。某日晡坐期[2],出现了极其恐怖的幻觉,神智不清,犹如昏厥,继而亲见六道轮回。由于体验到了六道众生之痛苦,心生无限慈悲,多日不思饮食,眼泪不断流淌。又亲见到身为白色的圣观世音,在朗朗的声响中刹那飞过,因生至信,重又昏厥过去。近侍见状,恐惧万分,跑到金殿内请示法主妥卡瓦仁波且。至尊妥卡瓦洞察内情,对近侍说:"不要紧,他将由修境相[3]为引导,获得恍惚不定的净相。你不用害怕。以前诸成就者在艰苦修持时,也出现过这类产生恶业的征候,我在闭关静修时,也曾出现过难忍的疼痛和一种龙病[4]相。而这一切因在明相中亲见观世音而得以消除,与此同时还产生了一些功德相。他也将产生一些功德相。他还没有通达前,你不要随便张扬出去。"近侍重返禅房一看,座位上空无人影,不禁放声大哭。至尊

---

①《青史》和才旦夏茸先生的《藏族历史年鉴》说生于金鼠年(1240年)。但《贤者喜宴》所载又与《直贡法嗣》相同。

②晡坐:佛教徒日间三坐瑜伽的最后一分。

③修境相:修证六道轮回之迹相。

④龙病:麻风或疮疥发炎肿胀等皮肤病。有说此皆因龙毒所致,故名龙病。

京俄仓解巴听到哭声，转过心识，对近侍说："你怎么了?"并给予教诫，唱了道歌。此后，经常能亲见到圣世自在观音菩萨，在明点[1]的五色虹光中看见了噶举派的诸祖师以及佛土，心想所谓一尘上住有多如微尘的佛，可能就是这个样子，证悟到了上师、佛和自心三者无分别。敬信圆满。现起本性证悟，获得殊胜悉地。

木猴年(1284年)，妥卡瓦仁波且往生他界，至尊京俄仓解巴办理丧葬法事。此时，至尊京俄仓解巴年届47岁，被授为三世怙主之法座住持。出现了天落花雨，众人亲耳听到天神歌乐声等种种异兆。此后，在会供曼荼罗中高声宣讲甚深教法，使所有论敌，感到胆颤心惊。至尊所培养的体证正道的禅师，遍布各地。此年，修建了七宝[2]吉祥塔，其面积特大，造型精美，并给予开光。直贡寺属下的许多的徒众，大部分都是持守断绝言语、泥封闭关的戒行者，至尊本人亦经常潜心于专意修持，需要开示的密法也是洞门垂挂帘子来讲说。因此人称仓解巴仁波且(闭关修宝)。如此护佑众僧三年后，于火狗年(1286年)孟秋七月十四日入涅槃[3]。年届49岁。

---

①明点：精液。密乘所说体内风、脉、明点三者之明点，是大乐的精髓或种子，以种种精华、糟粕的形式存在于体内脉道之中。明点的种类甚多，主要有离戏明点、错乱明点、物明点。通俗地讲，明点就是气与心识的精细物质基础。

②七宝：七珍宝。映红、帝释青、吠琉璃、子母绿、金刚石、珍珠和珊瑚。或吠琉璃、金、银、水晶、冰珠石、红珠和绿玉。

③《青史》和才旦夏茸先生的《藏族历史年鉴》都说于土鼠年(1288年)圆寂。

七、觉侬·多吉益西传

在那噶举传承宝地上，
在那妙道精要须弥山，
具有千眼殊胜善知识，
用力挥舞智慧金刚杵。

因久尼巴·多吉仁钦兄弟年幼，让觉侬·多吉益西任第七任住持。其历史如下：这位至尊为侬·朗卡宁波和桑杰益西之后嗣，于水羊年(1223 年)降生。从迥·多吉扎巴出家，在迥仁波且和妥卡瓦仁波且座前聆听了所有的直贡教法。

此后冬去春来，过了许多年。当仓解仁波且往生净土时，久尼仁波且才 7 岁，因此授 62 岁的觉侬·多吉益西为直贡寺法太子。三世怙主仁钦白曾留遗言说："不要在平地修建形如藏升的寺庙，庙上不要竖四条宝幢。"然而，当迥仁波且准备在直贡寺内修建神殿时，掌管政务的贡巴·释仁向迥仁波且诚恳祈请，于是在平地上修建了形如四方的藏升之大寺庙，并在庙顶四方竖立四条金铜宝幢。违背了至尊仁钦白的遗言。至尊仁钦白在遗言中又说："不要把直贡寺交托给侬氏。"但是，由于形势所迫，又把寺院的主持权交给了觉侬。这一切都违背了至尊三世怙主的遗言，破坏了因缘。因此，当觉侬巴到 66 岁时即土鼠年(1288 年)，贡巴·释仁的大臣萨钦多白和嘎玛多斯等声称"在木门①西藏以释仁最尊"，扬言要让全西藏成为直贡属民。因此，到贡巴三世时，被五箭射中心窝的少数坏人把贡巴和历代萨迦本钦不和的历史向

---

①藏族常说："汉族铁门人家，藏族木门人家。"木门人家就成了藏族的别称。

忽必烈皇帝汇报①,并进行挑拨离间。于是,皇帝下诏,汉地和中康地区的大军入藏,由阿伊释迦坚赞、主塔尔巴坚赞、国觉喇嘛坚赞、岭索朗坚赞等四位将军指挥进攻直贡地区,烧毁了至尊觉巴仁波且所修吉祥塔、温和京俄·扎迥所修吉祥塔和三佛田。把迥仁波且所建大神庙内的十八大天王像、七吉祥塔等无数所依也烧成灰烬。许多僧徒被杀,获得十地大自在现证本性证悟的1万多名比丘,像鹅王展翅飞翔一样,飞到曲盆山顶,然后直飞往空行刹土②。此时,觉依仁波且带着久尼巴仁波且兄弟和直贡寺内的一些殊胜所依,逃难到工布。觉依仁波且于水猴年(1293年)圆寂,年届71岁。此后,直贡地区的大多数俗人流浪他乡,房屋遭到毁坏,所有土地上长满高高的茅草,直贡四周修建了许多碉堡。这些谋乱分子制造了各种骚乱,弄得长期不安。

八、多吉仁钦传

热那室利佛法如宝地,

屡遭灾难沉浮于大海,

---

①《西藏王臣记》载:“但是,到了第三、第四代贡巴时与萨迦派不和。妥卡瓦·仁钦僧格和京俄仓解巴后,依氏任住持时发生了大寺乱。”(该书第110页)。《汉藏史集》载:“在宣旺、强多、阿迦仓三人担任本钦的时期,萨迦和直贡两派互相征战。”(陈庆英译本第226页)。可见萨迦和直贡间的不和始于此时。

②这里所述事件发生于1290年,史称直贡寺乱。1285年直贡派联合西路蒙古军进攻萨迦派,1290年镇西武靖王铁木儿不花率军进藏,与萨迦派联合攻破直贡派,焚直贡替寺大殿。旭烈兀所赐直贡派属地达布、工布、埃等大部分为萨迦派攘夺。

多吉仁钦大发菩提心，
依旧支撑宝地我百拜。

第八任住持久尼巴仁波且·多吉仁钦的历史如下：邓堆居惹氏的地方官贡巴·多吉僧格的儿子、妥卡瓦仁波且的弟弟阿奴杰来到直贡地区，在修麦地所属的均玛定居，有两个儿子，长子叫索朗多吉，次子叫多吉坚赞。多吉坚赞有四个儿子，长子就是这位至尊，下有尼结巴仁波且·多吉杰布、多吉白、贡嘎坚赞。其中至尊久尼巴仁波且于阳土虎年(1278年)三月十四日诞生。刚一出生就能按顺序诵读出元音字母和辅音字母。并问其母亲："身体好吗？没有遭到痛苦吧！"使得父母和诸尊卑都感到疑惑不解，派人请示仓解巴仁波且。仓解巴仁波且说："这是圣印度的婆罗门萨乐和为了饶益众生而转世的化身，不必疑惑。"在优渥的侍奉中逐渐长大。将6岁时，被迎请到至尊仓解巴仁波且尊前，并剃度出家，取名多吉仁钦(金刚宝)。在两年间，听受了甚深甚广的密法。

此后，至尊仓解巴进入涅槃，因至尊年幼，由觉依巴·多吉益西住持寺院达五年。至尊久尼巴到21岁时，如上所说，发生寺乱事件，这位至尊及其兄弟被觉依巴迎请到工布。在工布驻锡三年。此时，圣智慧怙主的变化身、修行勇士杂日山日巴那布，把谋乱分子赶到汉地边界处决，给忽必烈皇帝写上许多言词激烈、难以容忍的信。贡巴·温布从阿里地区领来霍尔兵，断绝了萨迦和霍尔的联系[①]。于是，萨迦康萨瓦帝师扎巴维色来到皇帝御前，作了详细的请示，因此，皇帝给直贡寺赐予无量内外财物，把卫藏地区的一万户属民赐给直贡寺，并下诏日："要迅速修复直贡寺。"赐囊嘎巴阿阇黎益西白以世代相袭的诏书及虎头印，授封为贡巴职位。至尊13岁时从工布迎请到直贡，在次乌卡坪上迅速修建了一见就令人和悦神往的德丹大宫殿。至尊驻锡次乌卡期间，彻底解除了闻思方面的一切疑惑，把智慧之心识毫无偏袒地投入于佛经的研习中。

到19岁即火猴年(1296年)，被祈请为直贡寺住持。此年开始修缮直贡大寺。最初修造导师(指释迦牟尼——译者)银身像，称为吉祥放光像。7年间修缮了上师寝宫金殿，大静殿[②]果芒神殿，比匠小禅房1800间。另外，修复了能仁威慑三界像，灵塔世

---

①这里所说的"霍尔"是指蒙古。《汉藏史集》载：旭烈兀与直贡巴建立联系，并载："此人即所称之殊胜王，为使其寻找国土，遂派他前往上部(即阿里)，于是后来便称之为西蒙古。"《贤者喜宴》载："直贡总管逃往工布，贡巴·温布领来西蒙古兵。第五子旭烈兀(原注：与直贡派结为施主与福田)，据说他是剩余的王，为寻找国土，派他去西方，由此产生了上部蒙古(西部蒙古)这一称呼。"(陈庆英汉译本，第155页)。东嘎洛桑赤列先生在《论西藏政教合一制度》中云："公元1285年，直贡贡巴·滚多仁钦引来西蒙古王旭烈兀军兵九万多到西藏，攻打萨迦。"(该书第78页)。前面所说"霍尔兵"就是指西蒙古王旭烈兀军队。而后面所说"霍尔"即指元皇帝所派蒙古军。至于该事件的前后，《贤者喜宴》和《直贡法嗣》等都说先有蒙古军攻打直贡，制造直贡"寺乱"，后有直贡贡巴引来西蒙古兵攻打萨迦。但东嘎洛桑赤列先生《论西藏政教合一制度》等说先有直贡派兵西蒙古攻打萨迦，后有萨迦领元兵攻打直贡(该书第78页)。

②大静殿：藏语称拉耶钦布，据称后靠岩洞，上有峭崖，两边围起来，直贡诸师多在此处静修，并以此传授密法。故译作大静殿。

间庄严，迥灵塔，祖婆护法府库等寺乱时被焚毁的像塔，并用金浆涂饰诸像塔。寺乱时埋藏在乌如沙滩的至尊三世怙主身像金殿法主也被重新迎请到直贡寺，并给予多次开光。从20岁开始护养僧众，徒弟人数达13万，一年四季转动着甚深法轮，传夏令法和冬令法。传夏令法，就是在大平地上宿营，设法令，开示大手印五具，众比丘在单人帐篷内修持大手印，现证所证法义；传冬令法，就是在大静殿内讲解那若六法，以成熟解脱众化机，众比丘仅穿白布单衣，来显示拙火定的乐暖。另外，前后传授大乘佛法心要、正法一密意趣①和至尊觉巴仁波且的深奥法等祖师们的文集、世尊胜乐轮、至尊金刚瑜伽母灌顶等成熟解脱法，作为依靠法②。像这样的好传统，在以后的历代圣人时代得到了发扬。至尊噶玛巴·壤迥多吉③见这位至尊宝是真实萨乐和，写赞美诗，赞颂至尊久尼巴仁波且，并献黄金和锦缎等大礼，作为修缮直贡寺的酬谢。久尼巴仁波且也回赠大礼和修证体会的诗文。

21岁时，在金殿内泥封闭关，勤修甚深瑜伽达七年之久。28

---

①关于《正法一密意趣》在《土观宗派源流》中说"京俄西迥将觉巴仁钦白所承许的一百九十特法编著成书，名《一密意趣》。

②依靠法：藏文交曲。在《藏汉大辞典》中云："送葬经，善后法事。藏俗出殡之后在家中为生存者祈福所诵经忏。"但是，在这里显然不是这个意思。刘立千先生在《土观宗派源流》中把"交曲"译成依靠法。译者采用这个意思。即修持密法前后所要学的主论见行的经典。

③噶玛巴·壤迥多吉：(1284～1339)噶玛噶举派黑帽系堆松钦巴第三代转世化身。1288年至楚普寺依噶玛拔希弟子邬坚巴学法，先后游历康藏各地，募化修整、建造寺庙和桥梁多处。1331年应诏到北京，第二年为元宁宗帝后传时轮大灌顶。1334年经五台山返藏后居桑耶寺，备资缮写《甘珠尔》及《丹珠尔》各一部，著有显密论述及历算集论等书。1336年又应诏至北京见元顺帝，后在北京圆寂。其弟子扎巴僧格即噶玛噶举派红帽系第一世。

岁时，像以往一样，派去近万名大禅师到冈底斯、拉齐和杂日等圣地。在寺的众比丘也都是勤于作闻思修者。久尼巴仁波且对噶举派的总别各方面都具有不可思量的恩惠。如此，养护僧众18年后，于木虎年(1314年)①三月十二日②把身曼荼罗融入法界。年届37岁。

九、多吉杰布传

殊胜导师如日光万丈，
但不散射燥热来恼人，
又虽如海深沉又博大，
但无海中所有诸过患。③

第九任住持尼结巴仁波且·多吉杰布的历史如下：这位至尊的出生地和父母等与久尼巴仁波且相同④。于阳木猴年(公元1284年)六月十日诞生。当他投胎前，其母亲梦见在阿阇黎莲花

---

①《青史》、王森、才旦夏茸皆作1315年圆寂。

②第八任住持本名多吉仁钦，因圆寂于十二日，故后人一般称他为久尼巴仁波且(十二日圆寂者宝)。第九任住持称尼结巴(二十八日圆寂者)其原由相同。以圆寂日为称谓者很多，如在《朗氏家族史》(450页)中说京俄·扎巴迥乃因木兔年的十一月初八日圆寂，遂现今尊称他为策结巴(初八日圆寂者)。

③意为像太阳光芒四射，但又没有使人感到燥热的不足；像大海，深流博大，但又没有大海所有的大鲸、盐碱等。

④系久尼巴之弟。

生的无量宫中，一个具备相好的婴儿融入自己身中，身着华丽服饰的许多女子念诵着莲花生的精要密法向他巡礼磕头。在母胎期间，母亲一直安然无恙。当这位至尊降生时，出现了天落花雨，自然响起乐器声等诸多异兆。此后逐渐成长，精熟世间诸学问。有时用韵文说："我是圣印度的麦哲巴，是乌仗那的莲花生，是后藏的格烈坚赞。现在为度西藏之未化众生化机投胎来人世。"在兄长仁波且多吉仁钦尊前出家，取名多吉杰布（金刚王）。

到 5 岁时，发生直贡寺乱，被成就者阿尔孜等迎请到工布，先后亲见阿阇黎莲花生等诸师和静猛众神的诸曼荼罗。他们都说："这位圣贤一定是莲花生大师的化身。"从成就者阿尔孜处聆听了至尊三世怙主的教法，并努力加以验证。此后返回直贡寺，13 岁时，给兄长多吉仁钦当助手，参加修缮直贡寺的工作，并从兄长和诸贤哲善知识处学习显密经教，通达诸义。后来，又在德仲大圣地的诸寂静处静修，并开辟了许多新圣地，把诸观感加以决定。铸造怖畏金刚身像和牛头柄斋僧大锅等，因众生福浅且时机未到，故未造佛法经典。在丁杰寂静处修建禅院。到 31 岁时，即木虎年（1314 年），其兄长久尼巴仁波且往生净土，于是众人把这位至尊授权为直贡政教狮子座的座主。从继承大班智达释迦室利[1]

①释迦室利：即释迦室利跋陀罗（1127～1275 年）。克什米尔的一位大学者，为印度那烂陀寺末任座主。1204 年，受西藏佛教噶举派楚普译师延请入藏，曾为萨班的亲教师，先后往热振、洛扎和涅麦等地弘法传教，达十年之久。其详细历史和传承见《汉藏史集》陈庆英译，第 296～301 页。

传规的曲隆[1]亲教师，受圆满比丘戒，精通律宗。以甚深之密法来满足诸大亲教师和众比丘之愿望。在以前的大寺庙[2]废墟上修建有180柱子的殿堂，修造了不可思议的佛塔、佛经、佛像等，并给予开光。这一切，在三年内完成。用蓝纸和金粉缮写了《律经》等许多如来经教。到50岁时，倡建了扎西迥经殿及其三所依等；修建了现称为祖母护法神殿的直贡寺护法神殿；塑造了智慧四臂护法神像。如上所述，日巴那布是这位智慧护法神的化身，至尊塑造了有矛和剑的日巴那布像，带领万众僧侣给予开光，并安排专人管理。在续麦雅玛日山上修建了护法神殿和禅院。往三圣地等，也多次派去不下千人的山岭修行者，使得许多山岭中都有勤修二次第的禅师。继承夏令传法和冬令传法的传规，平时把诸重要的教法从洞口传出，除此之外，坚持言语绝断的泥封闭关修持，潜心专意勤修甚深瑜伽，卫藏地区的诸上人前来谒见，也只是隔着帷幔相见而不露面，只是结缘，而不谈世间话。如此坚守圣贤之规，护养寺院多年。于虎年即金虎年，(1350年)夏季四月二十八日，在扎西迥地方示现诸多神变，进入涅槃。年届67岁。遗体火化后出现了可以斗升计量的舍利，并出现了字母等不可思议的舍利。

今天，那些喜欢推理的人故意责难地说："所授记的贡巴·衮噶仁钦，就是至尊衮噶仁钦。"实际上贡巴·衮仁是至尊尼结巴的摄政人。从至尊觉巴仁波且开始，直贡寺和帕珠邓萨梯寺有着密

---

①曲隆：在《朗氏家族史》记载："尊者（京俄·扎巴迥乃）指示他（绛秋贝尚波）建立宿尔寺，令人吹奏海螺，从而建立名为曲隆巴的僧团，萨迦、直贡两教派同曲隆巴僧团保持密切联系的根本原因即在此。"（赞拉·阿旺等汉译本，第303页），曲隆实际上是个寺院。从《直贡法嗣》看，直贡寺举办一些重大仪式都要邀请曲隆寺僧人，而且直贡寺的多数主持都从曲隆寺亲教师受戒。

②寺庙：指迥仁波且时贡巴·释仁所建大寺庙。

切联系。但是,由于这位贡巴·衮仁对贡玛大司徒[①],声称要造反,从此直贡寺和邓萨梯寺失去了联系,焚毁了噶当派的13座寺院。在莲花生大师的授记中云:“人称直贡之地方,出现衮噶大罪人,身有武器之花纹,死后生在地狱里,被那南方请来的,文殊化身所制伏。”授记中所言文殊化身是指一切知隆钦饶绛[②],所说的衮噶大罪人就是指贡巴·衮仁[③]。如果说授记中所说的衮噶是指胜王衮噶仁钦,在时间上就出入很大,只能说推理者自己另有所图。

---

①贡玛:系藏文音译,有“上面”、“上级”及“皇帝”、“圣上”等之意,后来演变为对帕珠政权首脑人物(政务方面)的一种尊称。在这里是指大司徒绛秋坚赞(1302~1371年)。绛秋坚赞是第一任帕珠第司。1351年扩建泽当寺,1354年任帕珠万户长,元顺帝授封世袭大司徒职,建立帕珠政权于乃东。后增损吐蕃王朝松赞干布所创法典,订立内容为十五条的新法典。改旧有谿卡为宗,建派遣宗本之制。

②隆钦饶绛:(1308~1363年),名直麦维色。宁玛派一祖师名,生于前藏札恰地方。著有200余种佛教书籍。

③关于贡巴·衮仁在《西藏王臣记》中载:“司徒仁波且也同意让仁清多杰任大贡巴、衮仁任小贡巴。仁清多杰死后虽然没有元帝的任命,但前后藏全体民众都推举衮仁任大贡巴。……”(该书第111页)。不难看出,贡巴·衮仁是大司徒的同时代人,是第九任直贡住持尼结巴仁波且(1284~1350年)时的直贡地区行政官。而《直贡法嗣》中所说的胜王衮噶仁钦是第十五任直贡寺住持(1475~1527年),在时间上相差近两个世纪,故云:“在时间上就出入很大。”关于第十五任直贡寺住持衮噶仁钦,在《西藏王臣记》中载:“次子法王衮噶仁钦任住持,此时领导内部不和,原先直贡派与噶丹巴(即格鲁派)两派,在政教两方面有着密切联系,但是这位住持迫使直贡属下的格鲁派寺院的僧人改变僧帽颜色(改黄帽为红帽)并武力威胁其他寺院,几乎无时不兴风作乱……”(该书第111页)其所为确实与尼结巴任座主时的贡巴·衮噶仁钦相似。

十、曲吉杰布传

汝身相好光芒射四方，
堪让太阳公公感羞愧，
消除追随者的诸罪过，
带来光明我向您顶礼。

第十任住持至尊曲吉杰布的历史如下：这位尼涅·曲吉杰布出生在续麦均玛。其父为久尼巴仁波且和尼结巴仁波且之弟贡嘎坚赞，其母为乌巴达绛，具备空行母相好。于木猪年（1335年），昂宿月[①]八日上午降生。彼时出现了大地震动，彩虹成帐，怙主帕木珠巴仁波且身像放射光芒，直射到均玛等不可思议的祥兆。一生下来就能按次序吟诵元音字母。这一切吉祥异兆，令芸芸众生至尊神往。3岁时，就亲见七度母等诸本尊神面。不久精通文字读写、算术等知识。

到8岁时，在法主多吉杰布尊前出家，取名杂木林曲吉杰布（南瞻部洲法王）。在依顿·旋努白座前听受胜乐、密集、时轮等灌顶和教诫。到9岁时，在大神殿内，由持律仁钦坚参为亲教师，由曲国瓦·旋努白为轨范师，在如数补全比丘中受沙弥戒。从达普曲吉达钦巴聆听喜金刚等续部及其注释，并加以实修。11岁时，在法主尼结仁波且尊前学习五具、那若六法、敬信命轮、大乘佛法心要和一密意趣、至尊觉巴的祖师法等噶举派的总别诸教法。

虎年，尼结巴仁波且入法界，这位至尊广作丧葬法事。于金

---

①昂宿月：藏历九月十六至十月十五，望在昂宿，故名昂宿月。

兔年(1351年),被授权为直贡政教狮子座座主。在直贡寺讲听佛法,所作事业广大无边。以诸宝物建造了绘有2300尊神像的尼结巴仁波且的吉祥灵塔,造型精巧美观;为神殿作金顶飞檐和屋脊宝瓶等,并给予开光。为了把卫藏地区的众化机引入成熟解脱道,率领500多名徒众前往吉祥萨迦等年堆地区,转动诸多法轮。而后返回直贡次乌卡德丹殿。20岁时,迎请曲隆寺僧团,由萨迦巴持律衮噶坚参白桑布为亲教师,由曲隆巴三藏法师曲吉坚参为轨范师,由德雷桑布为屏教师,在如数比丘中受圆满比丘戒。至尊自己又任亲教师,在如数比丘中给其父亲贡嘎坚赞传授比丘戒。此后,从亲教师衮噶坚参白桑布听了律部、慈氏五论①、入行论②等。另外,曾依止雅德班钦、孜钦巴·顿珠白桑、大译师崔成贡布、绛央索朗坚参等公认的贤哲,学习显密经典,对佛经要义,没有不懂处,亦没有不现证处。成为名副其实的南瞻部洲(其名杂木林曲吉杰布意即南瞻部洲法王)的法主。

此后,心想在金殿内专心研习佛经要义,从事听讲佛法的工作。于是,不分昼夜地普降佛法甘霖,成熟众有缘化机,把众比丘中的证悟现前者派往诸圣地;倡建党多贵宗禅院,使实修派传规得以大发展。在直贡寺内,夏传大手印、五具,冬传甚深妙道那若六法,获得暖位功德的300多名布衣者,在大静殿内脱去布衣以显示其功能。如此,在继承夏令和冬令传法传统的同时,春季传

---

①慈氏五论:相传为弥勒为无著所说《现观庄严论》、《庄严经论》、《宝性论》、《辨法法性论》、《辨中边记》。

②入行论:即《入菩萨行论》,印度佛学家寂天(喜瓦拉)论师著。全书十章,前三章叙述菩提心功德、忏罪、受菩提心,以求世俗、胜义两菩提心,未发令生;次三章叙述不放逸、正知、忍辱,以求生已不退;再次三章叙述精进、禅定、智慧,以求辗转增长;最后一章,以此后果为利众生发愿回向。详见青海民族出版社《入菩萨行论》藏文版。

大乘佛法心要和一密意趣，秋季传敬信命轮等，一年四季都在转动甚深甚广之法轮。某时，率部分明慧的徒弟，前往北方野外传法，在绛尼玉错湖畔遇到第四世噶玛巴·乳毕多吉①，从之听了佛法史话和一些显密教法及诗歌、声律学等。互赠厚礼后敬送噶玛巴。把北方羌地的众化机引入成熟解脱道。此后重返直贡，召集400多人，缮写了佛说部甘珠尔经典，并举办开光喜筵。对众缮写人员也给以物质上的满足。

到29岁时，率众徒，组成野营僧队，来到胜王长驻山夏尼达桑龙，给无敌仁波且（达布拉杰）身像涂金液并作如云供养。与以岗布寺主为首的众人结法缘，并莅临工布的大部分地方，给众具信者施以法缘。来到大圣地杂日山，多次转动会供曼荼罗，获得无限观感。本想驻锡数年，但由于直贡寺的亲教师、轨范师以及所有上人一致祈请回寺，因此，至尊不久就返回直贡寺。有位叫郭玉瓦的得道者获得至尊金刚瑜伽母的授记："在北方直贡树林中，驻锡着至尊底洛巴，你去谒见他。"与此同时，孜日朗丁地方的大成就者旋努坚参也从空中得到指示："在直贡树林中，底洛巴大师再次来到人世间，你去听经吧！"同时，虚空中落下弓箭和花雨。至尊到拉萨时，认出迥仁波且供奉在释迦佛像前的金灯。当迥仁波且圆寂时说："我将再度来到这个地方。"正如所说，圣地印度的底洛巴所化身的直贡迥·多吉扎巴，再次示现人身。彼时，东方宗喀地的洛桑扎巴从多麦来到卫藏地区，在直贡寺内，向至尊曲吉杰布顶礼，并结法缘②，为修建日乌噶丹寺创造了有利的条件。

---

①乳毕多吉：（1340～1383年），噶玛噶举派黑帽系第四世转世化身。出身于工布地区一个农奴主家庭。元顺帝召他去北京，1360年到达北京，给元顺帝父子传授了密法。1364年返藏。曾给3岁的宗喀巴传过近事戒。

②宗喀巴16岁时离开青海去卫藏学经，路上与直贡派化缘喇嘛仁钦白结伴同行，次年（1373年）宗喀巴来到直贡寺，拜见曲吉杰布向他学了大手印、五具和那若六法等。

52岁(应为50岁)木牛年(1385年),召人缮写白纸的丹珠尔和达布噶举历代圣人传记文集等,3个月内完成。到61岁时,把政教诸事交托给法主顿珠杰布,并授权顿珠杰布为直贡寺住持。至尊则在德仲和伦布等静修佳境,修持精要瑜伽。到64岁时,即土虎年(1398年),铸造以九尊天神为首的2300多尊金铜像,造型精美,于金龙年(1400年)仲秋八月十三日完成。逢土曜及壁宿,至尊召集卫地500名比丘,依胜乐轮传规给予开光。当日,汉地大皇帝赐封法主顿珠杰布为灌顶大国师①,对贡巴·索朗仁钦赐以宗基诏敕。据说,在此之前,贡巴·释迦桑布得到大司徒的封号。

至尊曲吉杰布先后示现种种神变,他能阻挡太阳使之延迟落山;在金殿,使自己变化成胜乐曼荼罗圆满相聚的身;在伦布,变化成一胜乐勇士身;在次乌卡德丹殿显示身庄严三次;在蔡地,从大自在黑天鼻中出现慈乌群,融入至尊身中;在工域,让大水往上逆流;给前往汉地的崩本巴送白额坐骑,并告诉他途中将会遭到霍尔人的拦劫。果然,众人行至长江畔,崩本巴由白额马带路,使人和财物顺利抵达江对岸。而其他人还没有过江,就被霍尔人抢劫。如此,至尊曲吉杰布的道貌和神通是有目共睹的,并非虚张声势;至尊先后著有五具宝鬘、俱生和合、六法注解、智慧护法和祖母护法修法,以及演说解悟经和道情歌等诸多论典。但现在大部分论典难以见到。

---

①明实录载:"洪武三十五年八月戊午(即1402年9月4日)遣僧智光赍诏谕馆觉、灵藏、乌思藏必力工瓦(即直贡)、思达藏、朵思、尼八剌等处,并以白金、綵币颁赐灌顶国师等,凡白银2200两,綵币百一十表里。"(《明实录藏族史料》115页)。

此后，知悉此肉身所要调教的化机已完讫，由于来去生死都获得自在，以无忘失相来到次乌卡寝宫，留下有益于后人的诸遗言及秘籍。而后来到伦布静修处，于火猪年(1407年)仲冬十二月二十二日进入涅槃。年届73岁。以多增·旋努扎为首的诸善知识，把至尊曲吉杰布的灵体如意宝在胜乐轮曼荼罗中进行火化，从灵体中出现了五色灵骨和天成白铜圣文殊像等。众人广办丧葬法事，在冈底斯山铸造舍利塔，从此有造历代住持舍利塔的传统，这种传统，至今仍在继承。以上所述的久尼巴、尼结巴和这位尼涅巴，之所以有这样的名字，可能是与圆寂的日期有关。

这位至尊的弟子，继承怙主直贡巴深奥密法的法主拉齐瓦·朗卡坚参于水狗年生在与汉地接壤的多麦夏荣康萨，为木布东氏。因其父辈是苯教徒，故八九岁前闻思苯教教法。某时，听到几位热巴(穿布衣者即噶举派僧人)吟诵至尊米拉日巴的道情歌，以往习气得以觉醒，对佛法产生信仰，但仍未能入佛门。经常给乞丐发放布施，对昆虫都产生无限慈悲心。精熟箭法等世间的诸技艺。到19岁时，随伯父温夏来到卫地，伯父是一位苯教徒，同直贡巴间发生争执。为了调停和解，把这位圣侄作为人质留在直贡。此后三年间在直贡任俗官，由于得到贡巴的信任，成为寝侍，受到众人的爱戴和拥护。朗卡坚参虽有很高的从事政务工作的能力，只因心生厌离，决定出家。虽然众人恳请他摄理政务，但未允。终于到25岁时，由译师末尼嘎支杂涅那为亲教师，由持律者扎巴坚参为轨范师，由至尊曲吉杰布坐首席，在众比丘中受比丘戒，取名朗卡坚参。此后，3年间，从至尊曲吉杰布、善知识顿珠杰布和门贡·维色僧格等处听了五具、六法、俱生合和等法。另外，曾依止得道以上的上师125名。尤其是从直贡仁波且兄弟、噶玛巴·德行协巴[1]、萨迦巴钦布、大乘法王[2]等十位大师处听了各宗各派的灌顶和教法。在拉齐白吉曲沃寺共驻锡31年，在岗布寺驻锡8年。大部分时间都在观修二次第瑜伽中度过。到35岁那年，法王德银协巴让他认识到了本性离戏空，直到66岁时仍未消失，最后证得无修瑜伽[3]。有时也为具根器者转动法轮，成为实修派的佛学大师。在拉齐圆寂时，遗体变成了灵骨堆。人称这位尊者为拉齐瓦钦布。至尊曲吉杰布还有门贡·维色僧格、萨桑帕巴、直贡译师、至尊洛桑扎巴[4]等大圣弟子。恐繁不赘述。

十一、顿珠杰布传

金山香树和那如意宝，
皆由圣人您所迎请来，
您为天人一切之根枝，
至尊顿珠杰布祈护佑。

---

①德银协巴：(1383～1451年)，乳毕多吉的转世化身，黑帽系五世。译言如来，本名曲贝桑布。1406年，应明成祖之召来到南京，在灵谷寺为成祖父母荐福，受封如来大宝法王，赐印诰并赐名如来。

②大乘法王：指大乘法王衮噶扎西(1349～1425年，《明史》作昆泽思巴)，系萨迦派僧人。1413年应召到南京，永乐帝赐藏经、银钞等物，封大乘法王，赐印诰，礼之亚于大宝法王。

③无修瑜伽：大手印道四瑜伽(专注瑜伽、离戏论瑜伽、一味瑜伽、无修瑜伽)之一。由离有相而修，故名无修。无修瑜伽又分下中上三品，上品无修瑜伽当十一普光明地而成佛，为大手印之最极果地。

④即宗喀巴大师。

第十一任住持善知识顿珠杰布的历史如下：这位至尊出生在均玛。其父为至尊尼涅巴的兄弟多吉坚参（或叫衮觉坚参）。于阳土鸡年（1369 年）①神变月（正月）上弦八日降生，彼时，出现了诸多奇兆。他逐渐成长后，具有无碍之慧通。由于能讲述诸世本生历史，故都说他是圣地印度大成就者比瓦巴的化身。9 岁时，已熟练掌握文字读写等世间学问。因他没有兄弟姐妹，为了不使家族断嗣，娶了一个品德合乎标准的女子为妻，不久生了一个家族后嗣，取名达布王。那些世间歌舞超群的人说，这位尊者在当时翻译了许多歌舞剧目。

此后，心想，趋向解脱之道的关键是要依靠善知识，为此必须要出家。于是，迎请 100 名继承大班智达释迦室利之传规、持守素食、一座食戒行、成为清净解脱的曲隆寺比丘，由朗卡坚参为亲教师，仁波且坚参为轨范师，索朗仁钦为掌时师，②扎巴旋努为屏教师，在如数比丘中受比丘戒，取名顿珠杰布（义成王），听修四部律典。在门贡·维色尊前聆听了五具宝鬘、那若六法等；在三界法主尼涅仁波且尊前聆听了三世怙主至尊仁钦白的文集等总别甚深教法，勤奋修持瑜伽要旨，获得悉地。

到 39 岁即木猪年，成为直贡大寺住持，派遣众山岭修行者，全身心地投入于讲听佛法事业中。然而，因一些与正法背道而驰的善知识，利诱那些种科（俗官），舍弃讲修佛法精要之事，因此，

---

①此处有误，应是王森先生所说火鸡年（1357），因上文说金龙年（1400年）被皇帝赐封灌顶国师。而此文下面说 44 岁那年被汉皇授封灌顶国师。上文所说曲吉杰布 61 岁（1396 年）时顿珠杰布当住持和下文所说 39 岁木猪年（1395）成为直贡寺住持的时间接近。否则，时间上都相差 12 年。

②授比丘戒常有亲教师、轨范师、屏教师，但《直贡法嗣》中又常出现称为“堆果瓦”的上师，这里暂且译成掌时师，因从文中看其主要工作是掌握时间。

也隐没了至尊事业之光辉。由于这位至尊悲心浩大，使五具传播不断，对法嗣金鬘不受丝毫的损失。到44岁那年，被汉地皇帝授封为灌顶大国师，赐印诰，人称至尊为灌顶大国师。

为了慈悲行化北方众化机，至尊莅临纳续地方，当地众生奉献无量财物以表示无限敬信。某天，太阳即将落山，可是众人的心愿未满足，事情未作完，为此众人祈求至尊让太阳延迟落山。至尊装作惊讶状，用眼怒视天空，手结期克印，使太阳原地不动。当众人办完各自的事，都得到各自所需时，至尊说："时候不早了，赶快作夜间要作的事。"说毕，收回结期克印的手，太阳也奔驰落山，不久天就亮了。在场人对至尊产生无限敬信，泪流满面，向至尊祈祷。至尊把众人引向解脱之道。此后，来到扎松地区，成熟解脱众化机，当时，至尊所在地的上空，不分昼夜，都遮盖着虹帐。此后，返回直贡寺，向诸经堂奉献不可思议的如云供品；向寺中僧众布施茶粥大斋；为无比尼涅仁波且，广作善后供养，并在短时间内铸造了造型精美的吉祥灵塔，给予开光。这就是现在人称至尊意誓所依的塔。

此后，率僧营前往达拉岗布，受到了以岗布寺法主为首的，手持无限供品的众僧夹道欢迎。向无敌仁波且达布拉杰的身像及寺中的诸塔像供奉金液、袈裟、华盖等不可思议的供品，向僧众布施大斋，以教法和财物满足其心愿。此后来到圣地杂日山，产生诸多观感，为众勇士瑜伽多次转动会供轮；向驻锡杂日山的众山岭修行者，传授教法，布施财物。而后，前住工布，来到塔瓦坚赞城时，恰逢雅恰藏布江水在淹没许多城镇。当地众人异口同声地祈求至尊顿珠杰布说："喏，大慈大悲的上师，这条没有思想的江，长期给我们带来了灾难，也夺去了许多青年男女的生命，请让它改变方向吧！"至尊说："在江畔设我的法台，摆上干净的朵玛食子。"至尊的随从惊骇万分，说："法主，您是不是喝醉了？万一您有个什么事，我们怎么办？"至尊泰然来到江水边，抛洒朵玛食子，供祭龙王，并对着江水念诵真言。江水突然改变了方向，流向他方。在场众人心生无限敬信，说："在这个世界上，再也找不到您这样的喇嘛。"向至尊奉献所有财物。此后至尊返回直贡。

此时，寺中的众僧也鬼迷心窍，追随那些只追求外在形式的善知识，而抛弃了修证甚深瑜伽的实修派传规，对至尊顿珠杰布也表示不满和忿恨，妨碍了至尊的事业。至尊顿珠杰布心想，浊世众生难教化，对无缘之众产生怜悯，决定显示道貌，使自身收摄到变化界中。于是来到拉萨，向释迦世尊的身像奉献金液等如云供品，进行真诚祈祷后去大昭寺外围巡礼，说："我要把大石碑扭紧。"诸随从说，"您简直是喝醉了，不可能。"说完，抓住这位至尊往外拉。这时至尊想用手杖戳穿石碑，但随从不放。至尊显出惊讶的样子，在地上留下深深的脚印。在八廓街①上用手杖敲击地面而行，留下一个个手杖的印迹，在手杖印迹中又长出美丽的五色②花朵。很久以后，人们还能看见这种花。至尊显示种种神变，使在场的人一饱眼福，心满意足。在返回直贡的途中，被达孜地方的达官贵人迎请到宗堡中，敬奉丰足供品，祈求至尊发大菩提心。当至尊升坐法台时，诸空行勇士和空行母变化成雄鹰，在至尊头顶上空绕飞7周后毫无畏惧地落在法座周围。当至尊讲经完毕时，他们又飞向空中，使得众人惊奇不已。此后返回直贡寺，修证甚深二次第。于羊年（应为1415年，即木羊年）角宿月（三月）十五日，至尊顿珠杰布的身曼荼罗收入清净法界中。年届59岁，其遗体中出现了不可思议的舍利。

---

①八廓街：系藏文音，又作八角街，意即中转。拉萨转经分为内、中、外三种。绕大昭寺经殿转为内转，绕大昭寺及其周围建筑群转为中转，绕大昭寺、布达拉宫、小昭寺等诸圣转为外转。

②藏文书籍中常有"五色"一词，其五色应为白、红、蓝、黄、绿。此五色即是五智如来之身色。

十二、达布王·仁钦旺杰传

不用调动布置四兵种①，
没有使用铠甲和利器，
但是彻底摧毁众妖魔，
获得不死成就达布王。

第十二任住持获得解脱悉地之达布王的历史如下：这位至尊是以上所述法主善知识顿珠杰布的儿子，生于阴木猪年（1394年）。他逐渐成长后，掌握文字、算术等学问及各种技艺，堪与遍入天相比。那些傲慢无理的人，谁见了他都会胆颤心惊。

如以上讲述居惹氏族渊源时所述，阿其曲吉卓玛②有四个儿子，其中索朗白的儿子堪布·达玛，依次传出阿努杰和阿阇黎崔多。这位阿阇黎是迥仁波且的弟子，因在直贡寺中授权为囊嘎住持，遂传出囊嘎传承，其弟阿白的儿子阿阇黎益西白兄弟依次传出贡巴·衮仁等后嗣。掌管直贡地区政务的人称为贡巴。到此时，这一家族断嗣，至尊达布王自己任贡巴之职，掌管直贡政务。娶了脱尘超群的闷雷白珍为妻，生下法王仁钦白桑。至尊本名仁

---

①四兵种：即骑兵、象兵、战车兵和步兵。

②阿其曲吉卓玛：系金刚空行母之化身，来到人间嫁给居惹族旧密瑜伽士阿美崔成加措。后成为直贡噶举的主要护法神，称为祖母护法神。详见“直贡觉巴仁钦白传”节。

钦旺杰，因汉地皇帝赐封为阐教王①，故称达布王。

某时，黑蒙来进犯直贡，至尊亲自担任军官，带领大军击败敌方。打完仗回来时，至尊回头一看，看见阳光照射着那些失去生命的尸体，整个地上闪烁着灵光。于是问大臣都温夏杰瓦桑布道："打过仗的地方，为什么有光亮和黑乎乎的东西?"大臣回答："发光的是战死者的内脏，黑乎乎的东西是死者的头和四肢。"至尊一听，就从马背上掉下来，悲号道："哎呀呀，朋友们，居惹家族竟生出我这样罪孽深重的人。现在我活着还有什么意思呢？立刻就能死掉，那该多好啊！我的去处只有地狱。唉，在这世界上，还有比我更痛苦的吗？真让我怀疑。朋友们，你们好好研习正法吧。"说着就晕厥过去。于是大臣们用冷水泼在他的脸上，用轿抬着过了山口。之后，至尊渐渐苏醒过来，依次回到直贡，舍弃贡巴之职，在父亲法王顿珠杰布尊前出家，取名仁钦旺吉杰布(宝权王)。直贡地区的所有上人送来厚礼，祈请至尊达布王带兵制敌，请求他继续任贡巴，掌管政务。但无论怎样诚恳请求，都无济于事，至尊始终未答应。回想从前父亲传授的五具、六法等，感到记

①阐教王：关于赐封阐教王，《明史》载："阐教王者，必力工瓦僧也。成祖初，僧智光赍敕入番，其国师端竹监藏遣使入贡。永乐元年至京，帝喜，宴赉遣还。四年又贡，帝优赐，并赐其国师大板的达、律师锁南藏卜衣币。十一年乃加号灌顶慈慧净戒大国师，又封其僧领真巴儿吉监藏为阐教王，赐印诰、綵币。"王森先生说："阐教王为止贡噶举僧人，名领真巴儿吉监藏(生卒年不详)，他是14世纪末止贡座主却吉杰波(1335～1409年任止寺座主，他是宗喀巴的一位老师)的侄子。他继其叔为止贡寺座主。……他在永乐十一年(1413)受封为禅教王。"(《西藏佛教发展史略》242～243页)与《明实录藏族史料》所载："永乐十一年五月丙戌封领真巴儿吉监藏为必力工瓦阐教王"(该书第154页)相符。王先生说他是却吉杰波，即直贡寺第十任住持尼温曲吉杰布之侄子，与《直贡法嗣》所说相符，只是名字有所不同。

忆犹新，觉得此法足以体证毕生，决定抛弃世间奢望，进行闭关修行。该夜就在金殿上的无量殿内开始闭关修持。不管其父亲和诸上人怎样请求，都当耳边风，一心修证二次第甚深瑜伽达11年。

后来人们发现，这位至尊对其侍从杰瓦桑布偶有言语，因为羊年三月五日法王善知识顿珠杰布往生他界，因此前去迎请至尊达布王，请他任法太子，但至尊仍一言不发，不予理睬。直贡地区的万人意见一致，让数名强壮的人用轿子把至尊迎请来，授他为直贡寺住持。众人祈请道："喏，请听吧，无可比拟的法主，难道您没有看见直贡万户府的众人已没有依靠处，现在是您来护佑的时候了，如果那些像邪魔一样的无耻之徒来掌管直贡万户府，恐吓和伤害众人，那该怎么办？难道您也不考虑您的这位超胜的公子?"至尊回答："像我孤陋寡闻智慧少，无能为力引导他人路，如若我堕恶趣之道中，拥有万户府子嗣有何用！"在众人一再请求下，护佑僧众、住持寺院一个半月后，悄然逃到汉地五台山去了。

因为至尊成就长生不死，证得寿明，所以，肯定至今健在①。据说后来至尊热那时期印度成就者拔杂那塔到五台山时，亲见至尊达布王。再来至尊曲吉扎巴在位时，一位萨迦喇嘛任贡使去五台山时，在一个茅屋里亲见至尊达布王。至尊向贡使详问直贡寺情况，显出很欢喜，之后佯装从手中滑掉葫芦，对贡使说："去把它拣来"当萨迦喇嘛练了葫芦回来时，至尊和茅屋都不见了。

---

①以上所述与《贤者喜宴》所载相同。（见《贤者喜宴》1350～1351页）。

十三、仁钦白桑传

曾得到莲花生所授记，
八十四成就者亲加持，
证悟胜义大印如虚空，
法王仁钦白桑我顶礼。

第十三任住持法王仁钦白桑的历史如下：这位至尊出生在离大圣地德仲不远的续堆主地方的一个叫笛乃扎曹甲嘎岭琼瓦的寂静处。其父为以上所说的法王达布王，母为闷雷白珍。于阴金牛年(1421年)，在诸多奇兆伴随下，降生于人世，取名曲杰仁钦白桑布(法王宝祥贤)。5岁那年，皇帝的宣旨钦差大臣随带百名侍从来到直贡，赏赐堪与毗沙门天王①的财富相比的供品，谒见仁钦白桑至尊。当时其虽年仅5岁，但说："大臣一路辛苦了。"并以梵音调子吟唱五具法的正文，以结法缘。大臣仔细观察至尊，看到

①毗沙门天王：多闻子。佛教四大天王之一，居于北方。

至尊具备了三十二相①和八十种好②，对至尊重又生起信仰，再次赐予殊胜诸物，大加赞美，进行顶礼膜拜。最后走时，还时时回过头来看至尊。到7岁时，法王顿珠杰布往生净土，其父达布王又去汉地五台山③。只有这位至尊维系着传承金鬘宝线。因此，众人总是努力使至尊健康成长。当至尊微患小恙时，众人深深陷入痛苦之中，急得团团转，都叫苦连天，显得不知所措。至尊说："你

---

①三十二相：三十二种大丈夫相：千辐轮、足善住、手足指缦网、手足细软、七处充满、指纤长、跟圆长、身广洪直、足踝端厚、身毛上靡、緊泥耶腨、立手摩膝、势峰藏密、身金色、皮肤细滑、身毛右旋、眉间白毫、狮子上身、肩头圆满、肩膊圆满、得最上味、身分圆满、乌瑟腻沙、广长舌、得梵音声、狮子颌轮、齿鲜白、齿平整、齿齐密、四十齿、目绀青和牛王睫。此三十二相不限于佛，统称大人之相，故全称为三十二大人之相，或三十二种大丈夫之相，具此相者在家为轮王，出家则开元上觉。

②八十种好：八十种随好。如来所有八十种微妙细相：指甲赤铜色、指色润泽、指甲高、诸指纤圆、诸指细桑、诸指丰满、脉深不露、筋脉无结、足不显踝、手足如意、威仪如狮、进止如象王、行法如鹅王、进止如牛王、回身顾视必皆右旋、行步严肃、行步端正、身自持透施、身光泽离垢、身体协调、身洁白、身柔软、身清洁、具足相、身宽窄相称、行止正直、容颜常如少年、身躯不曲、身躯丰满、体态坚实、肢节均平、眼目清明、腹圆、腹无凹凸、身无不修、腹圆柔下垂、脐右旋，脐深圆好、观无厌足，行为洁净、身无痣斑、手柔如棉、手纹具光、手纹甚深、手纹修长，面不长大、面门圆满，舌软美、舌广薄、舌红润、具象语雷音、音韵和畅、齿圆、齿锐、齿白、齿平正、齿细、鼻高、鼻清洁、目洁、目广、眼毛美好、目黑白分明色美如莲瓣、眉如初月、双眉嫩柔，眉毛齐平、眉色润泽、百轮厚长、耳齐平、耳聪、额广、额宽平正、头如摩陀那果、发色绀青如蜂王、发柔软、发美、发蓬松、发整齐、头发香馥、手足如吉祥结坚固（手足有吉祥纹）。

③"到七岁时……其父达布王又去汉地五台山"与达布王传记所述有不相符处。达布王传中载，达布王先娶妻，有儿子仁钦白桑，之后出家，闭关11年，而后任直贡寺住持，最后来到五台山。

们不必悲痛，要祭祀山河土地，广作福寿法事。在我的影子的心口施灸法。这样我的病就会好。”众人唯命是从，按教导作了一切该作之事，至尊的病也就像月亮战胜罗睺一样痊愈了。此时，直贡地区的万众，仿佛找到了命根子，像孩子得到了自已心爱之物一样，欢天喜地，以唱歌跳舞来表现欢乐之情。当时至尊清楚地感觉到主地区的所有地方都是吉祥山，而自己又变成了夏瓦日大自在[①]。与此同时，前方空中出现了八十四位成就者，异口同声地说：“你这位勇敢的善男子，本来在吉祥山上，担负着为众生谋利益的责任。现在上部地区的人心被欲天所控制，没有真实享用佛法精要的缘分。但只要见你身，闻你名，也能饶益许多人，你要继承和发展法嗣金鬘，这样，今后逐渐使精要密法得以发展弘扬。”说完隐化不见了。阿阇黎莲花生大师的授记也与之相同：“夏瓦日巴变化为人身，智慧勇敢生在牛年里，在那德仲直贡大地上，就有名为热那之法王。”[②]如此，这位圣贤是为了继承直贡法嗣金鬘，才显人身的夏瓦日巴大自在，这是无可置疑的。这样15岁前生活在扎曹甲嘎岭琼瓦，学习文字、算术等一切学问。

15岁那年，由师君三尊带头，直贡地区的所有人一致同意，把至尊仁钦白桑迎请为三世怙主的政教狮子座座主。此时，出现了彩虹飞舞，天落花雨，神乐自响等不可思议的祥兆，令众人神往。因无人担任贡巴职位，所以至尊一身兼任政教两职[③]。为了给众化机播洒解脱之种子，率众徒来到北方羌地，野营传法。因即将

---

①夏日瓦：山木自在尊者。印度八十四大成就者之一，传为麦哲巴（弥勒巴）之师。

②热那：系梵文，意为宝，即藏文仁钦之意。此句意为名为宝字带头的法王。

③在《西藏王臣记》中载：“在曲杰仁钦白桑布时，把上师的教务和长官的政务合而为一，掌握政教全权。”（该书第111页）

衰微的直贡法嗣又获新生，因此，众人见到至尊仁钦白桑就如渴得水，如饥得食，心情激动不已，满面横流着敬信之泪水，频频注视着至尊的尊颜，毫不吝惜地供奉财物。在此，至尊以耳濡目染，心念身受来让众人获得佛法要义，而后返回直贡。为了不虚耗这些三宝财物，为了广积二资粮，把雪域高原所有的佛说部甘珠尔，用金液写在蓝纸上，造成卷帙，历时三个月，并举办庄严的开光仪式。此后，想驾驶闻思之小舟，横渡佛陀经教之大海，但那些鬼使神差的上首近侍，接近一位名叫仁钦沃的邪见上师，而远离那些清净善知识。那些圣贤之人是不会被邪见之人所迷惑，那是理所当然的，至尊仁钦白桑怀疑这位邪见上师所示见地与理相悖，所传生圆次第的诸义也不符合诸续部经典所说①。于是唱道歌告诉众近侍："想修我们实修派的法，但是母亲等诸上人，强迫让我接近邪见师，他所开示诸见要旨处，违背先师成就者的见，他所传授胜乐金刚法，与我本人所生二胜乐，罗刹时相出现时不同，我的心思犹豫难决定，只因不离诸位证果者，对那原义坚信不怀疑。但若不依具德之上师，便会事业狭小故说此，你们不要将之告他人。"唱完道歌，还说："当我修胜乐金刚生起次第时，右脚踏在坐那山上，底下出现仰躺着的时相女，稍微收缩的左脚踏在曲盆山顶，底下出现俯卧着的黑罗刹，抬脚跳噶尔舞时，在胜乐曼荼罗中频频出现世间界；诸勇士和瑜伽母亦在会供曼荼罗中。而这位阿阇黎所说的胜乐修法，是右脚下压着罗刹，左脚下压着时相。后

①在《贤者喜宴》里记载："此时，师君三尊等有人都持至尊宗喀巴之传规，其上师讲授闻修时，至尊了知所讲见修和生圆次第等非经续之义。"（该书1351～1352页）以下所述与此相同。

来我听了一段世间怙主文集中的教言，对心识很有益处，见地和生起次第方面也随之明白显现，与诸大证果者所言相符。哈哈，这一切像是在开玩笑。唵嘛呢叭咪吽”。说着说着就翩翩跳起噶尔舞。

彼时，至尊既没有兄弟姐妹，亦没有别的家族后裔，因此，娶了阿里王公主曲杰桑姆为妻，生长子王仁钦曲吉杰布。又娶一噶尔家族的绿度母化身的具相女子，生公子仁钦曲吉坚参。此后，驻锡在次乌卡德丹殿。此时，噶举派大成就者黑如嘎的得道弟子瑜伽自在甲木格顿贡布前来向至尊求示有关见修方面的要义，并多次禀报要恢复实修派传规的想法，使至尊心生欢喜。后来被那些魔使发现了，不让他再接近至尊。之后，有一个名叫觉巴朗喀多吉的人，他能够观想至尊手上的瘊子就消除至尊的病痛，同时，他还向至尊请求恢复噶举派教法的传授。但那些魔使异口同声地说：“如果法王舍弃第斯职位而去寂静山岭，其后果由你负责。”这样严加管束，使觉巴朗喀多吉只能用观想来给至尊治病，而没有接近至尊，规劝至尊的机会。其结果，使得实修派的诸法以及自从至尊尼涅巴开始流传的许多续部修供仪轨都长期失传。至尊心想，久住世间也没从事听讲佛法的对象，并说：“我的寿命长也是 49 岁，短也是 49 岁。”让能工巧匠乃乌琼巴·索朗杰以七宝塑造与人身等量的遍主金刚持像，于鼠年夏日两个月内完成。同时，用宝物和药粉、绫罗塑造了佛陀及十六尊者像[①]，并使之坐落于金殿前厅，至尊带领卫地眷众比丘按本续部传规进行开光。之后，莅临伦珠林寺，某日开大喜筵，至尊坐在筵会中间的狮子法座上，显出惊讶的样子，把旁边的盛满水的瓷碗用力掷到墙壁上，结果水未洒一滴，瓷碗也完好无损。如此，显示修证标志后迅速从狮子座上起来，对马夫说："去把马备好鞍牵来。"在他骑着马往次乌卡奔驰的途中亲见无量静猛相神的曼荼罗，于是把意誓宝珠的线弄断，把珠子抛向空中以供养众神。刹那间到达次乌卡德丹殿，自语说："是否是众生惹你生气了。"至尊心想，浊世众生总与甚深义理背道而驰，只满足于美好的外在。他感到此肉身所要调教的化机已完，于是于牛年(即土牛年，1469 年)昂宿月十九日使身曼荼罗收摄于法界之中。年届 49 岁[②]。彼时出现天降花雨等许多异相。

---

①十六尊者：十六阿罗汉。受释迦牟尼佛之命，住持佛教的十六阿罗汉。即：1. 因竭陀(支生)，住冈底斯大雪山，共住 1300 罗汉；2. 阿瓦多(不败者)，住仙山晶石，共住 100 罗汉；3. 伐那婆斯，住匕叶窟，共住 1400 罗汉；4. 迦里迦(时相应)，住赤铜洲，共住 1100 罗汉；5. 伐阇罗佛罗(金刚媳子)，住僧迦罗，共住 1000 罗汉；6. 跋陀罗(贤善者)，住亚母河流洲，共住 1200 罗汉；7. 迦罗迦伐磋(金犊)，住迦湿弥罗，共住 500 罗汉；8. 迦诺迦跋黎堕阇，住西牛货洲，共住 700 罗汉；9. 巴沽巴，住北俱卢洲，共住 900 罗汉；10. 罗怙罗(罗睺罗)住止洋果耶洲青蓝苑，共住 1100 罗汉；11. 注荼半托迦(示小路)，住灵鹫山，共住 1600 罗汉；12. 宾度罗跋罗堕(受施跋罗堕)，住东胜身洲，共住 1000 罗汉；13. 半托迦(示大道)，住三十三天，共住 900 罗汉；14. 那迦希(龙军)，住须弥山侧，共住 1200 罗汉；15. 苏频陀(隐形)，住毗胡拉山，共住 1400 罗汉；16. 阿秘特(不变者)，住雪山王，共住 1000 罗汉。藏地十六尊者之塑像，始造于 10 世纪末大喇嘛贡巴饶色之弟小鲁梅。

②《贤者喜宴》说："虽有 67 岁寿命，只因没有能接受噶举教诫之对象，故因悲痛，49 岁时收摄化身。"(该书第 1353 页)。另外《直贡法嗣》和《贤者喜宴》等史书都未说他出宗受戒。

十四、仁钦曲杰白桑布传

对于浩瀚经典之修次，
现起亲见智慧及证悟，
同时获得自在及成就，
仁钦曲吉坚参我顶礼。

第十四任住持仁钦曲吉坚参白桑布的历史如下，这位至尊又称法王曲吉久阿巴。出生在续堆主的一个叫扎西丁卡的寂静处，此地风景优美，殿堂富丽堂皇。其父为以上所述第十三任住持法王仁钦白桑，母为索朗卓玛[①]，于阴土蛇年（1449 年）[②]，在诸多奇兆伴随下降生人世。正如授记所云："金刚手子续父业。"人称他是金刚手化身，取名仁钦曲吉坚参白桑布（宝法幢祥贤）。不久成长得很健壮高大，能以威严制伏众人。在以上所说的那位邪见阿阇黎仁钦沃座前学习文字等，因与此师太熟，无缘再依止其他清净善知识，只是在私下悄悄依止过一些成就者。直到 20 岁，过着世俗生活。此后，对轮回感到痛苦，表现出厌离之心，于是迎请曲隆寺僧人，在亲教师西年桑布尊前剃度出家，受沙弥戒。此后，本想作闻思佛法之事，但由于那些影响至尊仁钦白桑事业的谋士仍在，所以在闻思佛法方面的收获甚微。到 21 岁时，其父法王仁钦

---

①索朗卓玛：即上文所说的噶尔家族的绿度母化身之女。

②王森先生作生于 1446 年，《贤者喜宴》说："39 岁龙年收摄化身"（1353 年）。

白桑往生净土，至尊广作丧葬法事，铸造了超过人身的白银寝宫像①，并进行开光。

之后，带着少数随从来到工域地区的白隆等地。当来到布琼寺庙时，发生大水灾，当地众人祈请至尊救灾，至尊身着极怒装束，以忿怒观想法，瞪着大眼，手结期克印，来到江畔。结果大水突然改变流向，远远地流向他方，使得当地众生从水灾中得到解救。此后前往沃续，行至渡口时，突然不知从何而来一只无人掌舵的大船，先后三次把至尊的随从渡过了河，最后把至尊渡到彼岸时，船也消失得无影无踪。在场的众人异口同声地说："这是幻变呢还是水神所作，也许是众护法在迎接。不管怎么说，这位法主肯定是一位功德深厚的成就者。所以我们都该皈依他，请求他护佑。"当地所有人对至尊产生了无限敬信，对至尊给以侍奉承事，并献丰厚供品，请求至尊赐示佛法。至尊传授了观世音修持法，讲授了业力因果等，把众化机引向解脱道。之后回到直贡，为圆寂的父亲铸造合量的金铜能仁像并给予开光。在曲科岗下部建造了大土石灵塔。此时，直贡地区的众上人一致要求至尊为了继承和发展血统世系，娶妻生子。正如婆罗门其乌噶玛传记所说，至尊把娶妻生子当作有益于众生的事业，于是舍三学而还俗，娶了达孜宗本②桑珠的女儿仁钦白姆为妻。此宗本为直贡万户府属下的噶隆巴家族人，其女儿美貌好似天女，德相具足，风华正茂。于龙年生公子仁钦朗杰，长大成人后入赘到帕木珠巴，为掌管帕珠康萨尔的囊苏贡巴。羊年生杰旺贡嘎仁钦，狗年又生曲吉杰布丹巴坚参，又生公主卓沃卓玛，她长大后嫁至达隆世系后裔。

---

①寝宫像供于其寝宫内的身像。

②达孜宗本：达孜是地名，亦是县名。在拉萨市的东面拉萨河沿岸。大司徒·绛曲坚赞建立帕珠政权后改旧有豁卡为宗，建派遣宗本之制。宗本就是负责宗政府事务的官员，相当于县长。

此时,迎请兄长王仁波且任住持,遭兄长拒绝,于是至尊自己被授为直贡寺住持,使庶民百姓过上幸福安稳的生活。这样过了数年后,一些鬼使神差的主要近侍,在乃乌宗内商量断绝佛法传承的种种阴谋。为了断绝吉祥主巴噶举之传承,准备取下其座主之头,对第斯[①]帕木珠巴也作了许多丢人的丑事;还同准备毒死噶玛·德行协巴的刽子手聚在一起,作了许多不可告人的丑事[②]。他们虽然不敢加害这位至尊,对其子女们也被至尊悲力所致不敢加罪,但至尊目睹了这一切,心中悲痛万分。心想,浊世众生被魔所惑,不管怎样作有利于众生的事业,都无益于那些无缘的愚昧之人。为了将来弘扬佛法,加被诸血族后嗣,自己早些收摄到变化界中。正如所想,于阴木龙年(1484 年)氐宿月[③]十五日示现诸神变,把自身放回法界,年届 36 岁。之后 49 天内,光明常驻直贡上空。遗体宝火化时,天降花雨,乐声自鸣,彩虹成帐。出现了心舌等难以记述的舍利;还出现了舍利带到哪里,那里就覆盖着虹帐,灵骨抛洒后多年不受冰雹灾害等无量稀奇之事。这位至尊本来是无比王仁钦曲杰布的弟弟,因任寺院主持,所以放在兄长前面来叙述。

---

①第斯:藏文音译,又译第悉,第司。义为地方行政官,与第巴相同。旧时,在西藏政教合一制度下,代表法王管政务者。

②噶玛·德行协巴只活了 32 岁,在《青史》和《贤者喜宴》等史书中只是说他患了急性重病圆寂,其他史书中也没有被毒死的记载。但从《直贡法嗣》的这段文字看来,确实有人想毒死他。

③氐宿月:藏历四月氐宿出现,故名氐宿月。相传释迦牟尼于藏历四月(藏文音为萨噶达瓦)十五日降生、成道和圆寂,藏俗在此月中,宗教活动极为频繁。

世族后裔王仁钦曲杰传

对于三乘①广漠之法地，
用那智慧同时被胜伏，
颠倒之识②束缚在地下，
无比曲吉杰布我顶礼。

王仁钦曲吉杰布的历史如下：这位至尊虽然未曾登上法座任住持，但对直贡法统却有大恩。这位至尊出生于续麦卡妥豁卡，其父为第十三任住持法王仁钦白桑布，其母为阿里王公主度母化身曲杰桑姆。于阴土龙年(1448年)降世。逐渐成长，精通文字读写等学问。13岁时，想研习总的佛教和直贡这一传承的实修派佛法，从曲隆寺大亲教师尼玛坚参处，在陆希巴传承的胜乐曼荼罗中，听了陆希巴、黑行者和铃尊者三个传承的胜乐金刚成熟灌顶，还聆听了时轮修曼荼罗仪轨教授、密集续注疏等，并学习琵琶、黑白数术等世间诸学问。20岁前一直跟随这位善知识，不离左右。

正如以上所述，从法主善知识顿珠杰布(第十一任住持)在位时期起，直贡大权旁落魔掌，讲听佛法的事业难以得到发展，除了一些经藏义理得以传播外，直贡派的密法基本上失传。这位至尊为了恢复和发展实修派传承，派使者去四方寻找纯法亲族和誓愿清净的阿阇黎。过去法主尼涅巴仁波且的亲炙弟子，具有诸多功

---

①三乘：声闻乘、独觉乘和菩萨乘。

②颠倒识：邪智，七种心识(伺察、记忆模糊、重悟知、颠倒识、疑虑、现量、比量)之一。对各自知觉外境起错乱心识，如执声为常之分别心与见白海螺为黄色之根识。前者由愚痴等不能如实知事物本性之长时错乱因，后者由患胆病等之临时错别因，觉有实际无有如其所觉之自然，故名颠倒识。

德的法主朗卡坚参传出弟子持律阿旺坚参，阿旺坚参的弟子达隆巴·阿旺扎巴①是位誓愿清净、有学有修的贤哲。使者详细了解了这些情况，并把达隆巴所住地点以及他的历史禀报给至尊仁钦曲吉杰布。至尊不顾面子，抛弃虚荣，立刻前往达隆巴尊前，这位圣善知识也欢迎和侍奉了至尊。至尊向达隆巴顶礼，并请他坐主座，使得所有属于直贡管辖的人，尤其是那些被神使鬼差的无缘之辈，极其忿怒，叫骂不绝。至尊置世间八法和声誉于不顾，在这位圣人尊前聆听了敬信命轮、大手印五具、那若六法和三世怙主的甚深法要，大乘佛法心要、正法一密意趣、达布噶举诸师文集、印藏诸贤哲传记，以及甘珠尔、丹珠尔等，而后返回直贡。另外从一些上师处听了许多噶丹派教法，成为有学有修的贤哲。此后娶了一位贤德美丽的达隆巴世系女子和一位商贾家族赤康的女子为妻妾。在卡妥谿卡，持守隐修者戒行，进行修证密法。没有留下血统后嗣。修持圆满，具有幻变无碍的神通。一日小偷偷了袈裟，至尊了如指掌，让小偷发誓今后不作偷窃之事。小偷羞愧不已，并对至尊产生了信仰，主动修缮了破败的大神殿的上上下下，使之成为堪与尊胜宫(帝释天宫)媲美的无量宫。当其弟弟仁波且曲吉坚参往生净土时，众人祈请他登坐狮子宝座就任住持，他始终没有答应。仍以出世戒行，持守卑贱处。当他自己所得的藏北帐篷和卫地谿卡②等被一些倒行逆施的人占有享用，而且对他

---

①达隆巴·阿旺扎巴：(1418～?)为达隆寺第十二任住持。1461～1473年在位。有关他精通直贡噶举教法以及直贡王·仁钦曲吉杰布从他学法等历史在《达隆噶举传承》中亦有相似记载，并说："总之，当时直贡教法之所以未断，全是这位怙主(阿旺扎巴)的恩惠。"(见西藏民族学院油印本第340页)

②谿卡：系藏文音，即庄园，旧时，领主占有的成片土地、百姓连同住宅在内的地产。

亦有欺侮言行时，内部人都请求他治办，可至尊已修证灭世间从法，心中没有亲仇恩怨之别。因为这位至尊承袭了汉地皇帝所封阐教王名号，故人称之为阐教王卡妥巴。

当至尊准备铸造高十二米的能仁王释迦牟尼金铜像时，从尼泊尔来了数名无人召请的化身天匠。本想设立炉灶开工，只因至尊看到直贡地区多数人都被持邪见的师长所控制，条件不具备，故率野营僧队前往楞布方向，驻扎在扎西曲隆寺。建炉立灶那天，天降花雨，虚空出现了彩虹帐幔。当地众人对至尊产生无限敬仰，向至尊贡献无限财物。不久造像完毕，返回直贡，把佛陀像迎请到大神殿内，并圆满完成装藏等余事。迎请噶玛巴·曲扎加措[①]，于猴年六月十五日按大续部举行开光仪式及赞颂喜宴。至尊王仁钦曲吉杰布是一位对佛法的闻思永不满足者，因此，又在胜曲扎加措尊前聆听了大乘佛法心要、那若六法等佛法精要及诸论典。因时值噶举派佛教衰微时期，所以胜噶玛巴·曲扎加措为了使至尊对修证产生信念，让至尊认识本心，并赐经卷，认真教导至尊恢复直贡佛教势力，并进行交换亲教师和轨范师，传授教诫律义等事项。至尊亦向胜噶玛巴供奉阐教王袈裟等堪夺毗沙门天王之心的礼物，使胜曲扎加措心生欢喜。至尊又一次在白纸上缮写雪域所有翻译经典，造成卷帙，并给予开光。

某时一个想根除佛法，追随持邪见之师长的人，在内供中放入合毒，端来让至尊用。一位像耆婆一样高明的医生识别出病情，并请至尊服药治疗。但至尊拒绝用药，他不顾危险，使病痛转为道用，压制病痛。七天七夜期间，全身在火堆中燃烧着，病相慢

---

①噶玛·曲扎加措：噶玛八祖之第七祖。生于木狗年（1454 年），卒于火虎年（1506 年），其详史见于中国人民政协德格县委员会编《噶举历史新编》第 102～111 页。

慢外露，最后在脚底沸腾，从头发和全身毛孔中逼出毒水，此时至尊唱歌说："由于至尊圣师之恩惠，病痛如何剧烈和难挡，但当二取[①]大结解开时，无二大明光芒闪又闪，我从五毒[②]魔掌解脱时，怎能让毒危害这世间，为此拿来宝贝一器皿，病毒吐出之后见分晓，能使诸位坚信而无疑。"唱完后把病毒吐在铜盘里，又把铜盘扣在浅锅上并用泥封住，最后用火烧，结果铜盘和浅锅都断裂，至尊也像日月百脱曜一样从病魔中得以解脱，身之威力大增。此后，驻锡在直贡寺内，把这一实修派的一切教法以及续部诸教法和显密论典等甚深甚广义理全部传授给杰旺衮噶仁钦，并委托他掌管弘扬佛法之事。此时，了义精要之直贡教法又圆满完足。此后，至尊来到卡妥谿卡，心想，到别的界土去利济众生要紧，于是经过数次吩咐，把左右随从弟子分派各处。于阳木鼠年(1504 年)六月二日把肉身收摄到法界中。此时，出现了许多令人神往的奇异征相。

十五、衮噶仁钦白桑布传

修行传承心要之太阳，
被那论议之云稍遮挡，
汝施慈悲之风驱云雾，
胜王衮噶足下我顶礼。

---

①二取：有二义，即执著常、断二边，执著于主客观分离。

②五毒：五烦恼毒：贪、瞋、痴、慢、疑。贪瞋痴等诸惑可烦心恼身，其性如毒。

第十五任住持胜王衮噶仁钦白桑布的历史如下：在伏藏等经典的授记中，没有把觉依巴和法王达布王列在住持之内，因此这位至尊应该是第十三位住持，但按以上所述次序，我们把这位第二佛衮噶仁钦白桑布作为第十五位住持来叙述。这位至尊是无比觉巴仁波且为重新弘扬佛法而按意愿来到人世间的化身。正如三世怙主曾说："当这些像牙签一样的树长成斧柄粗时，当一些畜牲和留长发的贡巴把持寺杖时，我再次来到直贡寺。"这位至尊出生在主扎西登卡的一座优雅的宫殿内，其父为以上所述第十四任住持法主仁钦曲吉坚参白桑布，母为达孜官人的小姐仁钦白母；生于阴木羊年(1475年)。此时，大地震动，彩虹成帐，天降花雨，直贡寺金殿内的法主宝仁钦白的身像放射五色光芒，一直连到主扎西登卡宫，出现了如此多的贵贱众人有目共睹的奇兆瑞相。一位名叫扎西加措的善知识，为至尊举办了明咒诞生庆祝仪式，并取名仁钦伦布。至尊逐渐成长，经常玩要建造寺院，向周围的孩童和石子堆讲经说法，修建身口意所依等游戏，表现出超乎一般儿童的特点。他还说一诵文殊名号心中就能获得力量。到7岁时，从阿阇黎晋扎学习藏文读写。某时，直贡和达隆之间发生械斗，护法神大将军变化成孩童，把很多死兔头堆放在至尊面前问："还要杀吗?"至尊心生怜悯说："够了!"这样我方军队战胜了对方。

到10岁时，父亲仁钦曲吉坚参白桑布往生他界，至尊规劝母亲不要悲伤，吩咐众人作好父亲的丧葬法事。此时至尊微患小恙，亲见前方虚空中出现的药师佛，并感觉到药师佛所发射的光芒融入自己身中，于是疾病得到痊愈。到11岁时，想为了利济他人而闻思佛法，在前往直贡寺途中，由于前世因缘，竹杂地方的孩童手捧供品来迎接至尊。此后，在法主王仁波且尊前听了甚深甚广的教授。到12岁时，胜噶玛巴·曲扎加措来到隆续苏日扎西塘，至尊随带众眷属前去拜谒，并献丰厚的财物，求听大乘佛法心要等教诫甘露。又重返法主王仁波且尊前，勤奋闻思修于至尊三世怙主的一切法库深义。尤其是经过对甚深五具的闻思修，获得了大手印四瑜伽之究竟证悟。某夜梦见从自身中流出许多黑血，此事向法主王仁波且请示，王仁波且说："这是你的业惑识的障碍得到清除的征兆。"到14岁时，法主王仁波且铸造能仁王释迦牟尼像迎请在大神殿内，并邀请噶玛巴·曲扎加措举行开光仪式。彼时，至尊衮噶仁钦白桑布看到虚空中众天神载歌载舞，奏着乐器，在沸腾的彩虹中出现了能仁王及声闻眷属，并一齐融入到能仁王身像中。当时至尊从噶玛巴处听了一些教法，并互赠丰厚的礼物。后随野营僧队外出时，至尊又遇到了胜噶玛巴。噶玛巴看到至尊是真实的至尊觉巴三世怙主。

到17岁时，由曲隆寺的衮噶洛卓为亲教师，由洛卓旦巴为业轨范师，由雷巴仁钦为掌时师，在如数比丘中同时受近事男戒和沙弥戒。取名衮噶仁钦曲吉坚参白桑布(众喜宝法幢祥贤)。又从衮噶洛卓亲教师听了密乘诸随许，从业轨范师洛卓旦巴学习了《戒律根本经》等，并作承事侍奉，使亲教师、轨范师以及众比丘感到欢喜。此后，在隆续邦上谷的一个叫卡宗的寂静处，在绛央白典仁钦巴尊前聆听了那若六法并加以实证，生起殊胜的暖乐禅定，亲见前方空中静猛神会众。某次观修护法五轮的晡坐间，克珠热钦巴看见至尊真的变成了智慧护法神。聆听护法神诸修法时，出现了成就功果诸相。当至尊到18岁时，帕木珠巴康萨囊索的一个官人去世，至尊也被邀参加丧葬法事。在至尊讲经或作回向[①]时，以同时宣讲供施赞语和回向诵词来显示身之变化。此后返回直贡。到19岁时，在查瓦喀寂静处，从藏巴阿阇黎学习了诸

①回向：转变、增长是回向义。转变轮回因力之诸善根本成为大菩提因，增长有尽之善根成为无尽。亦即欲求转变、增长自他三世所积一切有漏无漏福泽皆为无上菩提之因。回向有多种，主要有把所作功德施向众生，把所作功德作为成就佛果之因等。亦是大手印五支加行之一。

法和随许的诸会供和甚深道金刚瑜伽六支经验传授,通达如来八贤德和瑜伽十象征,产生诸多感受。从胜达顿旺波大师学习俄氏六曼荼罗①等密宗诸曼荼罗的灌顶及其注解,并闻思通达。木虎年,即20岁时,迎请曲隆寺僧。在亲教师、轨范师和屏教师等如数上师及比丘中受圆满比丘戒。又从此亲教师,学习了吉祥时轮金刚本续及其注释。当年,这位至尊登上狮子宝座,就任直贡大寺住持,兼管政教。当时,出现了难以描述的奇异祥兆。

在很长时间内,除了传播一些经藏原义之外,直贡噶举具有的密法基本上绝迹,直贡寺衰落得濒临消亡。此时正值如授记中所云,“至尊觉巴亲自转世来到直贡,恢复和重振政教事业”时期。如上所述,至尊衮噶仁钦从无比王仁钦曲吉杰布学习了直贡诸密法。到21岁时,在金殿内,召集如海僧众,用无畏的梵音,讲说由无比的觉巴仁波且师徒按甚深甚广的佛经义理转化成的直贡噶举诸深奥密法。当年,又在康萨大殿内传授冬令法——那若六法。100多名布衣成就者在大静殿内脱去布衣,至尊也在广众面前只穿单布衣,显示大暖功德,还显示出大河冰消融,直贡寺旁边的河水解冰,天气回暖如夏季,天空出现彩虹帐等证道相。此后常住次乌卡德丹殿,召集缮写人,把雪域所有的佛教经典用金银液写在蓝纸上,一个月内写完。当举行开光仪式时,出现了天降花雨,彩虹成帐等祥兆,令人神往。此后在康萨殿内转动甚深法轮时,在此聚集听法的人大多数都发誓终生闭关修持,或闭关三年零三个月。为此,在直贡替寺的上部新修了名叫达杰孜(昌盛

①俄氏六曼荼罗:玛尔巴译师之徒俄·曲吉多吉所传示曼荼罗仪轨。即:1.喜金刚九尊曼荼罗;2.无我母女神十五尊曼荼罗;3.四座多尊曼苯罗;4.智慧自在女曼荼罗;5.大幻五尊曼荼罗;6.宝帐怙主曼荼罗。这六曼荼罗获自玛尔巴译师。加上从弥底所得文殊密聚曼荼罗,共称俄氏七曼荼罗。(见《贤者喜宴》第777页)

顶)的50个禅定小屋,由超胜于众师徒的成就大自在热前·仁前加措(或名热前热那)任说法师,由噶久巴·崔成加措朗扎任寺院上下的仪轨执行和念经供佛等法事的轨范师,重建至尊尼涅仁波且在位时流传的续部仪轨。在寺院下部,创建了宣讲一密意趣的传规,传授至尊金刚瑜伽母曼荼罗、敬信命轮教导、胜乐怙主的道次第明灯等。此后,从上阿里地区来了众多种姓高贵的师徒,从下大都宫殿也派来以多吉坚参为首的众人,送来丰厚供品。此时,从各方云集在直贡寺的比丘达1000多个,为此又修建了名叫塔尔巴朱钦(解脱大舟)的禅院,有300多个禅定小屋。

猴年,吉续地方流行瘟疫,天又久旱不雨,庄稼干枯,因此,地方官仁蚌巴·顿月多吉①同时邀请了红帽系曲吉扎巴②和至尊衮噶仁钦到吉续。途中受到了扎嘎地方官吏斯久的广大承事侍奉。

---

①仁蚌巴·顿月多吉:仁蚌巴是14～16世纪中,后藏一个地方政权名。1374年～1440年囊喀坚赞受帕珠第五代第斯封赐,领有仁蚌宗,兼任萨迦本钦及曲米万户长。其后仁蚌·衮桑为萨迦派施主,于1449年,在哲孟雄建杰莫采讲经院,1478年,又建达纳土丹朗杰寺,其子顿月多吉于1481年进军前藏,取代帕珠大部分政权,1490年资助红帽系建羊八井寺。至1565年仁蚌政权被其家臣辛夏巴所推翻。关于顿月多吉,在《新红史》中记载:"顿月多吉哇务仁蚌巴之总管,此人颇有权势,其命令可远达卫藏之大部分地区。"

②红帽巴·曲吉扎巴:噶玛噶举黑帽系第三代活佛壤迥多吉之弟子扎巴僧格(1283年～1349年)曾得元帝所赐红帽,其后代称为红帽系。曲吉扎巴(1453年～1524年)是红帽系第四代转世化身。他10岁时曾到青海西宁一带,并从西宁北上去蒙古地区云游。返回西藏后,又曾到康区、工布及前藏各地。后来得到仁蚌巴·顿月多吉的大力支持,于1490年在拉萨西北的羊八井地方建立羊八井寺,从这时起红帽系的主寺就从乃囊寺迁到了羊八井寺。

至尊在朗惹时，这两位地方官派使者捎带口信说："现在浊世时代，由于追求贪欲者，毫无忌惮地沉浸在烦恼五毒之享乐中，所以整个国土，尤其是吉续地方，瘟疫流行成灾，使众生痛苦不堪。天又久旱不雨，庄稼不能成熟，使众人陷入灾荒的痛苦之中。请您大发慈悲，解救苦难。"于是，至尊衮噶仁钦向维护佛法的世间诸神委托大事，以妙欲使龙神感到满意，依其意念之功施以加被，立刻使瘟疫绝迹，天降滂沱大雨，庄稼大获丰收。使众生从福薄命浅的痛苦中得以解放。地方官主仆前来恰蔡岗，毕恭毕敬地欢迎至尊，当夜下榻于门仲庄园。翌日，从门仲庄园前往拉萨礼拜大昭寺，途中受到手捧供物无量，奏着乐器的男女众人夹道欢迎。恰好，红帽系曲吉扎巴也刚到大昭寺门口，两位至尊相互礼拜。诸施主和福田相聚在大昭寺的大围廊内，举办广大的喜筵法会。当至尊次第朝拜释迦牟尼佛像等诸像塔时，出现了释迦牟尼像胸间放射光芒，融入至尊心间等诸多奇异征兆。至尊向诸像塔献涂金、佛灯、哈达和袈裟等如云供品；对地方官主仆，也以甚深法给予满足。在至尊红帽系曲吉扎巴尊前学习了密乘诸曼荼罗和灌顶教授。又在大围廊内，地方官主仆向二位至尊敬献代表身口意的、堪使毗沙门天王感到羞愧的不可思议的内外财物，并欢送到恰蔡岗。在堤坝上，至尊衮噶仁钦往水中一抛洒花，真实龙王出来接受，使在场贵贱众人大开眼界。

此后返回直贡，住在金殿，为有缘弟子转动法轮。某时，亲见以虚空中出现的从金刚持到帕木珠巴间的噶举派诸祖师。其中无比的岗布巴手捧珍珠一掬说："这是你的僧徒。"这就是授记至尊衮噶仁钦所传弟子都是自性清净，能利济他人者。一次冬令传法时，至尊梦见直贡平川变成为有许多灯心的酥油灯盏，点燃了一支灯芯，所有的灯都自动点燃。这就是显示至尊悲力广大、使众徒弟获得乐暖功德的迹象。前往寺院上部达杰孜禅院的前一天夜里，至尊梦见自己给身着无垢袈裟，在一个百花争妍的地方，有的花已开放，有的花正含苞欲放。这就意味着在禅院修行的禅师已经获得或正在获得验证功德。此时，北方贡穷众人间发生争执，由于至尊的悲力宏大而得到平息。此后，遵循父辈先师传规，往三圣地派去许多山岭修行的密宗师。某时，在次乌卡的平坝上传夏令法，当讲授护法五轮见时，对五法源的所缘次第稍起疑心，这时一个黑色的人说："是这样。"不障蔽身曼荼罗而显示五法源重叠的庄严。当传师法时，众空行勇士和空行母变化成雄鹰前来听法。至尊驻锡金殿时，曲盆山上着火，至尊手结期克印，熄灭了大火；在大水之旁抛洒青稞就使水远远地流向他方。如此，能随意控制四大种。另外，多次亲见智慧护法主仆。

此时，担任贡巴职务的至尊的母亲仁钦白母，因年事过高，无力继任。于是卸任旁坐在隆续孜瓦庄园。由西藏法王后嗣、直贡阿阇黎传承后代阿阇黎绛央仁前的侄子衮布坚参担任贡巴职。此人系智慧护法之化身，有缘有福、不舍旧规，给至尊当仆人，并遵从至尊指示，修缮了直贡寺内的诸圣所依以及次乌卡殿的破落之处。此后，至尊衮噶仁钦派人去迎请佛宝肢性红帽系第四代转世化身曲吉扎巴。当这位胜曲吉扎巴前来时，至尊亲自率徒众前去迎接，在赞塘相遇。渐次来到次乌卡殿。胜曲吉扎巴向至尊赠送诸多礼品，并向直贡寺的诸所依给予不可思议的供养，向师君三尊为首的众比丘赏赐丰厚的财礼。两位至尊又回到次乌卡，至尊衮噶仁钦从胜曲吉扎巴听了胜乐陆希巴和铃尊者传规的生圆次第诸教诫，以及所有译成藏文的续部经典。向胜曲吉扎巴奉献丰厚的财礼，并广作侍奉，陪伴远送胜曲吉扎巴。无比王仁钦曲吉杰布示现收摄身曼荼罗相时，至尊迅速广作丧葬法事，并铸造能仁王像，供在大神殿以作内供。

于猴年(1512 年)，至尊率僧营，前往尼洋地区，行至孜巴喀尔时，一位身着瑜伽装束，具有脱尘出俗之戒行的人向至尊奉献许多宁玛派的教授和护身秘诀，而后即刻隐化不见了。至尊把他看成是莲花生大师的化身。前往桑僧岗的途中，一些被教派成见所束缚的庸愚人，对至尊表现出种种不明智的言行，但是至尊只是以慈悲相待，而不去战胜超越他们。然而，众护法神完成事业情景如下：当至尊的母亲在隆续孜瓦庄园逝世，至尊作善后法事时，某夜，在卧处，阳光照射的推动下，至尊从口中飞出三只神变乌鸦，当时至尊心生慈悲，把两只乌鸦重又咽到肚里，另外一只展开羽翅飞往东方；与此同时，桑僧岗地方起大风，吹倒房屋，阎魔护法神的像也掉入隐穴中。出现了如此多的不吉祥的兆头，当地居民痛苦万分，以武力打败了那些有教派成见的庸愚人。至尊在次乌卡潜心修证甚深瑜伽的一个早坐期间，一位桑耶寺的财物保管人，身着密咒师装束，带着一名身穿薄布赤黄衣的徒弟，按嘎布贡扎授记所说，前来迎请至尊衮噶仁钦，去为修缮后的桑耶寺开光。至尊说："这次我不能亲自前去，但我可以从这里加以开光。"于是至尊就坐入禅，给桑耶寺开光，并嘱咐二人要维护佛法。

羊年(1511年)，至尊想把雪域所译佛说宝经造成卷帙，召集400多名缮写人员，择吉日良辰开始，在蓝纸上写以金银混合字，并很快地准备好经书夹板、经书带子以及包经书的布，选黄道吉日举行庄严的开光仪式。对众刻写人也赐以喜宴和酬金，使他们得到满足。在次乌卡旧护法殿内观修智慧护法时，亲见了主从诸尊。此后，为了不把四方信徒所献无量财物供品无意义地浪费，打算把所有翻译的佛经注释论典造成卷帙。于是在鸡年(1513年)神变月(正月)召集众缮写人员，用金子写在蓝纸上，出现了水土变暖，树叶茂盛等瑞相。不久修造经典的工作完成，择黄道吉日，举行开光仪式，当时天降大花雨。并对缮写人员赏赐丰厚的财物，使之心满意足。

此后，于鼠年(1516年)卫藏间发生战乱，直贡佛教也受到损害。因此，至尊率徒众来到乌如噶蔡寺，亲见了威坐在天空彩虹光芒中的千手千眼十一面大悲观世音菩萨。至尊从世间和出世间两方面陈述直贡寺与帕木珠巴邓萨梯之间的友好历史，但只是有助于我军顺利分散，而没有取得实质性的效益。此后返回次乌卡。不久乃东巴举大兵，由噶丹巴任吉硗盆三地的军官，在雅隆南北以及沃卡等地部署大军，直逼墨竹地区。我方由至尊的主要干事人员摄政衮布坚参任首领，迅速带兵前去迎战。此时，对方已经摆好阵势，大军人数多如繁星，白铠甲、黑战马、各色队一行行，像道道闪光；鼓声、号角声、喊叫声混成一片，似隆隆雷声；箭矛刀枪、石头等武器飞舞，如天降冰雹，显得极其威武。但我方士兵毫不畏惧，奋力参战，使得噶昌地区人马尸首满山遍野。此后我方大军开往乌如噶蔡，贡喀尔已经被乃东兵占领，因我军英勇作战，不费吹灰之力就把贡喀尔抢夺过来。又乘机打败了噶蔡周围的噶丹巴军队，使该地区变成为今后三代人时间都像鬼界一样，满山遍谷是白骨的地方。彼时，最初发生战乱时，在至尊衮噶仁钦的观想中，祖母护法曲吉卓玛变化成至尊的母亲阿达杰母，以无畏的言语来安慰至尊，与此同时，当至尊调遣护法神时，从卧室上方窗户，看见祖母护法曲吉卓玛身着雄鹰皮衫，鞭策坐骑，驰向敌方。这就是去完成威猛诛敌事业。如此，我方大军歼灭了对方军队。知三世邬坚大宝授记道："舅氏不和卫藏大分裂，各处地方带来诸灾难，大日如来不动常坚固，所言即是直贡十三世。"至此这个授记得到验证。

兔年(1519 年)，至尊年满 45 岁。为了谒见一切知红帽系曲吉扎巴，前往德庆羊八井大寺①，途经隆续时，受到从达隆来的曲吉枯温的侍奉供养，一路顺利。还受到了以温布多吉坚参为首的

①羊八井寺：羊八井是地名，在拉萨西北部即当雄县西部。1490 年噶玛噶举派红帽系四世曲吉扎巴在仁蚌巴·顿月多吉的资助下修建了羊八井寺，成为红帽系的主寺。

诸上师善知识和琼结达孜囊索·仁钦杰乔等上人的欢迎。二位阿阇黎在诸多吉祥圆满的征兆中相见，至尊衮噶仁钦向红帽上师曲吉扎巴广作供养，对众僧也广放布施。至尊在这位胜红帽巴尊前聆听了密咒诸灌顶随许。红帽巴也给至尊回赠了许多礼品。此后，至尊被迎请到扎荣地区，各地方官都敬献力所能及的供品。渐次回到直贡。某时，至尊因染邪气而患了瘟毒天花，当左右人不知所措时，某一午坐期间，至尊右边坐着一位与7岁儿童等高的黑如嘎(胜乐金刚)，左边坐着一位年满16岁的妙龄少女，都身着本尊神装。他们向至尊赐予整个四灌顶①，至尊体验到了这一切，于是疾病也就不治而愈。

此后，至尊打算铸造一座如来殊胜身语意所依，具有至尊觉巴仁波且所造吉祥塔特点的吉祥多门大塔。当时，一个名叫多吉坚参的、堪与神变工巧天毗首羯摩天神相比的工匠住在甲域地区。因没有派人去召请，所以来得迟了些。某夜至尊梦见工匠来到至尊座前，说："现在，我和眷属在七天之内赶到您尊前。"果然，过了数日工匠到达直贡，符合至尊的梦境。为此至尊说："这位工巧天是位如前世之愿而前来帮助我们办事的菩萨。"至尊亲自带着工匠来到替地。为了铸造比以前所造吉禅塔更殊胜而有层级的塔，在量高度时，出现了天降花雨，彩虹成帐等祥兆。于金蛇年(1512年)三月在大神殿内起灶开工。至尊为众工巧明作了禳解

①四灌顶：即密宗无上瑜伽部四种灌顶。即宝瓶灌顶、秘密灌顶、智慧灌顶和句义灌顶。宝瓶灌顶，简称"瓶灌"，包括水、冠、杵、铃灌顶及阿阇黎灌顶等内容。受此灌顶，可修生起次第。秘密灌顶，简称"密灌"，主要从徒弟尝受上师所授"菩提心甘露"而得名，传授修气、脉、明点的总方法及"双运"道。受此灌顶，可修圆满次第。智慧灌顶，简称"智灌"，主要依"双运"，指示对"俱生智"的认识。句义灌顶，简称"句灌"，主要对修圆满次第达一定阶段的修习者，指示"光明"。

病魔和防灾护身的法事并赐护身轮，向众护法神委托加以保护。此时也天降花雨，所有众生敬生信仰。由于各方面的上师、俗官、贵贱众人以及弟子、施主等都络绎前来敬献礼品，因此，铸造此圣塔的物质条件完全具备。

某时，沃卡达孜宗本带领大军来侵犯直贡地区，当他们准备在离直贡替不远处安营扎寨，逐渐逼近直贡替寺时，我方摄政衮布坚参率卫地和我万户府军队，前去迎战。卡孜瓦的军队从隆续纠集过来，作为后备军。为了预防反扑，我军准备夜间行军，此时两个自称是娘布喜囊的人匆匆赶来说："我们的大部队从工布途经娘布上谷而来，所以，你们只与沃卡军队交战就可以了。"说完隐化不见了。这就是我们的护法神在显威力。此后，我军举兵进攻，对方在幻觉中看到我们的大军由僧人带领，人数多得不敢正视。当他们变得胆颤心惊，不知所措时，我方大军已把沃卡瓦军队人财俱获。于是带去一些主仆作为人质。我方获得了极高的声誉和许多财物。至尊衮噶仁钦开玩笑地说："我派去了由祖母护法带头，红色敌咒神打前锋，智慧护法作后备的大军。你们不要因上了战场而夸功。"彼时，敌方士兵看见摄政衮布坚参是个有四个臂手的黑色人，一个叫吉巴洛萨的士兵，亲眼看到祖母护法骑着战马带领军队。此时，至尊感觉到，沃代贡杰[①]神身着红装，给至尊面前献来许多羊群。这与我军大败敌方，我方事业完成的事实相吻合。又某时，以第巴衮布坚参为首的我方军队去帮助盆域卡孜瓦，过了数夜后，当至尊坐半时座时，祖母护法曲吉卓玛阴着脸说："自己的佛法事业要得势获福时却不珍惜，而被政事所拖累。"此后卫藏间缔结条约，大军也解散了。

---

①沃代贡杰：山南地区桑日县沃卡地区所属雪山名，亦是藏区九山神之主尊神。

至尊到50岁时，来到邬坚大宝(即莲花生)的修行处德仲扎嘎殿，为自他两利而修持佛法精要。当时，从谷如仁波且(即莲花生)的身像中放射出五种光芒。一个两手持有钩和绳索的人给至尊赠送一条宝珠，宝珠上的珠子与至尊的岁数相等，至尊看见师尊父母端坐在虚空光帐中。此后，在返回途中洗温泉澡，浴池就变成郁金红花颜色，散发馥郁的香气，飘溢四方。至尊说："如此无上的空行药供养，真难得。"当至尊回到次乌卡时，工匠师傅多吉坚参和司茶松达尔都身患重疾，久治不愈，至尊赐施加持，两人的病立刻得到痊愈。吉祥多门圣塔也得以继续铸造。众工匠无灾无难，每月吉日还得到宴请和布施，他们也抛弃悠闲散漫和骄傲自满的敷衍行为，努力工作，避免差错。所造吉祥圣塔，外形象似无量宫，高6层，正侧长短错落有致，中间还有柱子支撑，饰有凸出的大宝装饰。还铸造了师承诸成就瑜伽、四续部的所有天众，以及其誓愿的众护法神等3200多尊像。称为日月大灵塔的，闪着光芒的宝物中间，塑着有背靠法座的曲吉喇嘛(即仁钦白)银像。内藏装有佛、菩萨、声闻、别解脱、上师、本尊、护法神等各自的名号真言和密法精要，还有如来舍利、大成就者底洛巴的手指，以及圣地印度和雪域西藏的诸上士灵骨、头发和袈裟等不可思议的加被依处。于木鸡年(1525年)室宿月①圆满完成。由至尊担任轨范师，召集50名身披袈裟的比丘，按大续部传规举办了符合典籍中所说的开光仪式。对众比丘举办开光喜宴，对众工匠赏赐堪与毗沙门天王的享乐相媲美的财物，使他们心满意足。自他各方众生唱歌跳舞，同奏乐器，显示出一派令人神往的欢乐景象。当时出现了天降花雨，彩虹成帐等诸多瑞应祥兆。如此，至尊的诸愿已遂。

---

①室宿月：藏历七月十六日至八月十五日，望在室宿。

以前，山居噶丹派[1]与直贡派之间，在政教各方面的关系都很密切，只因摄政衮布坚参把彭域地区收归我方，使克珠·门朗白瓦不满，故有噶丹派僧兵的进犯；而且直贡与帕珠之间也出现了许多相互抱怨之事；我万户府内的一些要人也多次挑动战乱，让格鲁派诸寺改宗[2]。这一系列的事，使至尊心灰意冷，决定往生他界。于是，在夏令传法和冬令传法期间，传播了所有教法。向首要法太子杰旺热那和师君三尊、众徒弟传授了最重要的秘诀心要，并作嘱咐。至尊由于无常和厌离所促使，郑重教导徒众要勤奋修习佛法心要，使得聚集在场的众人对世间俗务事业深感焦虑不安，对至尊产生极大的敬信，而泪流满面。此后去洗温泉浴，虽然身无疾病疼痛，但显得身体无力，食欲亦不佳。洗温泉浴期间，时时仰望天空，嘴边露着微笑，滔滔念诵嘛呢真言，并唱道情歌，使得尊前的徒众不禁产生无限敬仰。此后来到次乌卡，虽然没有任何疾病疼痛，但因食欲不佳，身体变得极其虚弱。但是，在二十九日的朵玛节那天，他仍旧前往旧护法神殿，夜间布置供品时虽体力不支，但用念力把一切安排好，而且心念不显得疲乏。之后，

[1]山居噶丹派：即指格鲁派。因藏传佛教格鲁派的祖寺噶丹寺，建于拉萨东郊卓日沃切山上，故有此名。

[2]关于直贡派强迫格鲁派寺院改宗的情况，在许多史书中有记载。在《西藏王臣记》中载：“原先直贡派与噶丹巴(即格鲁派)两派，在政教方面有着密切联系，但是这位住持(即衮噶仁钦)迫使直贡属下的格鲁派寺院的僧人改变僧帽(改黄帽为红帽)，并武力威胁其他寺院，几乎无时不兴兵作乱，对直贡噶举没有作什么有益事就圆寂了。”(该书第111页)。东嘎先生说：“1526年，止贡禅师衮嘎仁钦督率工布和雪卡士兵，抢占了在止贡和墨竹地区的属于甘丹寺的庄园，因此，止贡派和格鲁派之间爆发了战争。”又云：“1537年，……止贡派夺得了格鲁派在止贡和墨竹一带的18座大小寺庙，并改变了这些寺庙的教派和僧人帽子的颜色。”(《论西藏政教合一制度》汉译本第80～81页)

至尊对第巴衮布坚参作了详尽的教导，最后说：“檀香所成的十二宏化①像，虽欲速成，但可能会延迟。十二宏化像完成后要请住在金殿，还要给曲吉仁波且（至尊仁钦自）的像献上莲座。我所修造的所有所依都要收放此处。尤其是要完成好修造金伞金顶的事。”如此留下了大遗言后，于阴火猪年（1527 年）九月六日上午，把灵识归入大灭法界。年届 53 岁。此时，天降花雨，五色彩虹成帐，铺开四方；无身众神魔向遗体宝巡礼膜拜祈求，并变化成兔子来叩拜。此等祥瑞异相为众人亲眼所见亲耳所闻。另外，众殊胜弟子亲眼看到，在虚空彩虹中，空行勇士和空行母等手捧供品献给至尊。自他各方的无量比丘，按照续部海传承，举办供养曼荼罗仪轨，得到了广大丰厚的供施品。我寺设露天宴，发放大布施，给大小诸寺，也一视同仁发放布施。在冈斯山修舍利塔，供祭诸大圣地。如此，所作丧葬法事难以描述。遗体大宝装藏在三宝盒内，安放在次乌卡寝宫内如云供品之中，达一年。

此后，遵照至尊的遗言，完成了十二宏化像、金伞和金顶等，并塑造了至尊的香泥寝宫像和绫罗像等。尤其是修造了安放遗体大宝的白银菩提塔，并饰以天人诸宝，把遗体完整地安放在塔内，把塔请住于金殿内。出现了不可思议的尿液所生的舍利和右旋法螺等。这位至尊对直贡派有着无可比拟的恩典，其详细历史在别处还有许多章节。

从第一任住持堪钦·古热瓦到这位至尊衮噶仁钦之前的诸上师的弟子情况不见文字记载，因此不敢把所有一切写进此书中。从这位至尊开始要把弟子的情况作个大概介绍。热前·仁前加措是一位具有二次第诸功德，持修行胜幡的讲说教法、指点心性的轨范师。负责修建了塔尔巴朱前禅院和森康玛布大殿。

---

①十二宏化：释迦牟尼十二行：1. 离开天堂；2. 住入母胎；3. 圆满降生；4. 精晓技艺；5. 受用妃眷；6. 从家出家；7. 行苦难行；8. 生菩提心（或说趋金刚座）；9. 降服众魔；10. 成正等觉；11. 广转法轮；12. 入大涅槃。

作了修建帮吉普隆山间小寺等承事佛教的伟大事业，名为直贡热前巴，或称森康巴。以前有详细的传记，但现已失落，故难以详述。阿阇黎绛央仁前出生于高贵的吐蕃法主后代世家，在至尊衮噶仁钦尊前出家，对直贡的共教法和从诸善知识处聆听的教法广作闻思，并修造了直贡大寺护法神殿内的骑着坐骑的护法神曲吉卓玛像。另外修建了许多三佛田。任直贡寺下院轨范师，倡建森康依的拉章，故称之为依巴。在至尊尼结仁波且在位时，从阿阇黎仓钦巴·扎巴坚参开始，在直贡寺中盛行一些宁玛派的传规①。从此流传着由直贡寺下院的轨范师举办次乌卡的春季朵玛食子供养会、祭祀四臂护法神朵玛食子和回遮仪轨以及金刚橛根本羌姆舞等传规②。至尊热那时期佛教得到了大阐明，这位绛央坚参

①关于直贡噶举内流传宁玛派密法，在《土观宗派源流》中云："此后依次出现了很多法位传承系统。惟传至后来仁钦彭措与却季扎巴时，二人又变成了为宁玛派之大持咒者，第五世达赖亦曾大加赞扬。可是到了晓仲米龙巴时，他竟把噶举教授放置不修，却专门去修宁玛的铁蝎诛法。"（刘立千先生汉译本第70页）。王森先生的《西藏佛教发展史略》中说："16世纪后半叶，止贡派人又特别重视宁玛派的密法。"在《直贡法嗣》中载："（至尊仁钦白）虽然没有讲说旧密乘之甚深法，但也说一些普通善知识修持八心脉上安排善逝八大法行众神之密法。"这就说明早在直贡仁钦白（1143年～1217年）始即直贡噶举开创时就有宁派密法流传在直贡寺内。其主要原因在于仁钦白本来是一位宁玛派咒师后代，自幼学过宁玛派教法。《直贡法嗣》又载："于猴年（1512年）至尊（即衮噶仁钦）率僧营，前往尼洋地区，行至改巴喀尔时，一位身着瑜伽装束，具有脱尘出俗之戒行的人向至尊奉献许多宁玛派的教授护身秘诀。"说明尼结时期（1284年～1350年）又有宁玛派密法传入直贡噶举内。

②至尊尼结在任时，扎巴坚参不仅在直贡寺内传播宁玛派密传，而且跳噶尔羌姆，从此，噶尔羌姆跳神舞便传入直贡寺内，并形成独具特色的直贡噶尔羌姆。

阿阇黎在直贡寺下院建立了春季朵玛食子供养仪轨和八大法行善逝集的噶尔羌姆仪轨，为佛法广作事业。堪钦·衮噶加措修建了续地珠岗大寺，并在森康玛布修造了三世佛像。事业广大。另外，有班钦·多吉坚参、饶绛巴·洛追加措、查瓦卡的喇嘛索朗加措等精通二次第、具备诸功德的弟子，但不能详述其历史。有关曲国瓦的情况，在讲述至尊觉巴仁波且的弟子时提及过，之后有了历代师承，在至尊衮噶仁钦之前，修建了曲国拉章，有不可思议的三佛田，这一系统也作有广大事业。以后，诸喇嘛之间不和，尤其是同依轨范师的关系不断恶化，因此拉章也被拆毁，把其中的三佛田分放在直贡寺的上下禅院内。曲国喇嘛流亡在外，此师承也消亡了。

十六、仁钦平措曲吉杰布传

莲花生师大悲光芒照，
解脱利他法门百瓣开，
广作正法蜜饯喜筵斋，
仁钦平措足下我百拜。

第十六任住持胜者王仁钦平措曲吉杰布的历史如下：这位至尊先后受生为圣地印度的大婆罗门萨乐和、法主达摩阿修嘎、持明师吽迦热等和吐蕃的天子木迪赞普、库敦等印藏诸法主班智达。尤其是在直贡寺，先后转生为至尊觉巴仁钦白的近侍京俄·谢饶迥乃，对重建直贡寺有大恩的久尼巴仁波且，至尊衮噶仁钦之兄长贡巴·仁钦朗杰等。有关再次转到直贡寺的情况在《持明莲花池秘密授记》中曰“印度持明吽迦热转生直贡之热那”又有：“历经诸世最后末法时，雪域北方直贡山岭中，调教愚野众生具菩提，是受大悲加持之善男。”正如诸授记中所云，出生在续地区的古尼岗地方，其父为至尊衮噶仁钦之弟曲吉杰布丹巴坚参，母为索朗卓玛，于阴土蛇年（1509 年）降生。当时，其母梦见一位穿白衣服的人，带着三朵花，对她说：“好好生育他吧！”又梦见来到极乐世界，见到一棵像盾一样大的莲花茎降生时非常顺利，没有头脚倒置等情况，没有让母亲感到痛苦。在母胎时所听到的自他各方事，降生后能忆起并能说出来；听到人家念诵经文就在心中想诸多词意。如此，在无限奇异征兆中长到 5 岁。此时，直贡万户府摄政贡布坚参为了争辩这位至尊是否真是至尊曲吉杰布之子，在夏拉康寺乱发誓，故意刁难。因形势所迫，至尊需要暂时出外躲避。于是，至尊偕少数随从前往雅隆，途中受到尸林之神①的迎接。前往雅温时，受到了乃东贡玛·曲吉杰布的正当侍奉承事。平时无人陪伴时，总有一位惹人喜爱的孩童和两名小女孩作伙伴，并成为难舍难分的朋友。

此后，被嘎布衮扎迎请到昌珠寺②，为寺院修缮开光喜宴的首席客人。当时天降花雨，白哈王③也发誓要保护昌珠寺。而后前往吉祥噶译师所开圣地扎西多吴喀，拜谒大堪布·索朗扎西。实修派宝的甚深密法，曾由至尊三世怙主仁钦白传给京俄·扎迥和依顿等，他们又传给了一些邓萨梯寺的京俄；另外，由法主尼涅巴传给门贡·沃色僧格等，之后由誓愿清净者继承。这位大堪布索朗扎西是怙主帕木珠巴的化身，掌握着以上传承的纯真诸法。至尊在大堪布尊前聆听了吉祥胜乐铃尊者传承的俱生五尊和智慧

---

①尸林之神：尸林主。状如一对男女骷髅的鬼物。

②昌珠寺：7 世纪初，松赞干布为镇压古堪舆家所说罗刹女左肩所倡建的寺庙，在今山南乃东县境，为西藏最早寺庙之一。

③白哈王：被莲花生大师降伏后为西藏地方政府崇奉的一位主要神祇。

护法修习仪轨。另外，听了许多噶举派的深奥密法讲解和灌顶。接受达玛护法神灌顶时，至尊看见大堪布有三只眼。当至尊同邓萨梯的诸山岭修行者结法缘时，天降花雨。年满 8 岁时，在邓萨梯，屏教师和如数比丘中接受近事男戒。取名仁钦平措曲吉杰布（宝满法王）。在卫藏发生动乱时，由于乃东贡玛的促使，至尊举办众护法酬补仪轨①，当时，有只大乌鸦叼来一个装满血和各色土的大皮包，放在至尊座前，结果邪恶势力遭到挫败。同红帽四世前往琼结②。在红帽师尊前学习了新密乘③的续部集等密宗诸法和吉祥时轮大灌顶等许多灌顶和随许。在雅温、琼结和乃东孜等处住了 4 年。而后暂住直贡。后又途经崩珠宗、雅尔宗、扎西多喀、斯拉山等地来到堆龙德庆和羊八井，在无比的达磨给迪④尊前听了吉祥时轮金刚圆满次第，现前青烟等十象征，亲见不备法器的时轮八勇。尤其是，当日夜现证如无云虚空境时，某次前往郭热邬坚林钦，拜谒莲花生大师修行处，确认自性光明，并生起如无垢虚空的自性验证。出定起坐时在洞上留下足印。又某夜梦见自己戴着莲花生帽，并获得了一些先圣本生诸授记。13 岁时，念

---

①酬补仪轨：一种酬谢恩泽以娱神佛，弥补祭祀亏缺以消罪过的宗教仪式。

②琼结：县名。在西藏山南地区。

③新密乘：藏传佛教在密宗方面分新旧密乘，一般都以大译师仁钦桑布为界，在他之前即 7 世纪到 10 世纪末翻译过来的密宗经典为旧密。从 11 世纪的仁钦桑布以后所译密法为新密。噶举派创建于 11 到 12 世纪，所奉行的主要是新密，但从《直贡法嗣》中可以看出直贡噶举吸收了许多宁玛派教法——旧密。尤其是十六任住持和十七任住持期间，极其推崇宁玛派教传，《土观宗派源流》中说“椎传至后来仁钦平措和曲吉扎巴时，二人变成宁玛派之大持咒者。”（见第 126 页）

④达摩给迪：系红帽系四世曲吉扎巴的梵文名字。

修佛母如意轮，获得了如意圣宝诸口诀。这样，在羊八井驻锡七年之久，依止至尊红帽四世和诸经师，听了密宗灌顶、随许和噶玛噶举红帽系、黑帽系历代祖师文集，还听了许多教授。精通新旧密乘的生圆次第的无边曼荼罗仪轨、灌顶羯摩等，对金刚阿阇黎所作事业和声明学集分论①以及时轮金刚历算等世间学问，只要别人略示大意就能掌握。

至尊16岁即猴年(1524年)返回直贡寺，在无比第二佛至尊衮噶仁钦尊前听了敬信命轮灌顶教导秘诀和大手印五具。冬令传法时，聆听了甚深妙道那若六法的讲解并脱去布衣。对实修派道法，进行亲自体验，获得本性证悟。至尊衮噶仁钦说："徒儿，你作佛法之主吧!"并把所有教法付于他。在前后动乱时，亲见护法神完成护法大业的情景。年满19岁即猪年(1527年)，胜者王至尊衮噶仁钦示观身曼荼罗收摄法界，第十天夜晚，一束五色彩虹融入至尊仁钦平措曲吉杰布胸间，获得恒常不变的修证。此后，广作先师的丧葬法事。尤其是为了建造银塔，至尊亲自率徒众前往俄杰续等上康区地方传法，得到了不可思议的供养。此后返回直贡，迅速完成铸造银塔和遗言所托诸事。

20岁即鼠年(1528年)，由大堪布·扎巴坚参当亲教师，由索朗白桑当轨范师，由主钦·次平桑布当屏教师，在如数比丘中受比丘戒。又从大堪布·扎巴坚参听了一些深奥密法。在康萨殿的祖母护法府库内念修祖母护法神曲吉卓玛时，出现了许多奇特的征兆。有一次，在德仲修证时，梦中见到至尊衮噶仁钦身着莲花生大师的装束，带着数随从出现在空中，以韵文向至尊赐示诸授记。此年，升座直贡寺政教狮子宝座，任住持。他委派人，轮换

①集分论：系古印度声明四论之一。公元前三四百年时印度梵文学者六面童子著。

在冈底斯山、拉齐山和杂日山等三大圣地修行的密宗师。遵照旧规，继续举办夏冬两季传法会，并使之得到进一步发展。在至尊仁钦时期，直贡佛法得以恢复，而这位至尊又重开至尊觉巴仁钦白的不共本尊胜乐金刚俱生五尊的曼荼罗仪轨；刻印正法一密意趣，使之得以弘传，为佛法作了伟大事业。在次乌卡修智慧四臂护法、佛母如意轮、力士黑天等本尊护法时，出现了许多与经典所说相符的征兆。尤其是，从加顿温布·仁增桑瓦听了文殊大威德①方面尽其所有，念修时现前如理征兆，多次亲见到了文殊大威德真实面，大大阐明了四业②心要法，从此在直贡内开始流传大威德教授。某次，至尊觉巴仁钦白出现在虚空中，赐示许多不使大威德法失传的授记和教导。

阳水龙年(1532年)，汉地永乐皇帝③派其大臣正使仁前坚参

---

①大威德：作怖金刚。以凶暴威猛的姿态慑伏一切魔障。无上密乘一本尊名。有伏恶之势谓之大威，有护善之功谓之大德。其正法轮身为文殊室利菩萨，故全称文殊大威德怖畏金刚。是格鲁派主修的本尊。大威德金刚又从其身色分黑色大威德和红色大威德。详见《吉祥大威德怖畏金刚法源流》。

②四业：息灾、增长、收摄和降伏。是密宗四部之事部所修法。息灾：大至天地变异，小至一身之病难灾难等，皆能使其止息之法。增长：大者增盛国家民族之福利，小而增进一人之官位等即得幸福之法。收摄：摄召一切人使归伏之法。降伏：大而国家之怨敌，小而一人之怨敌，使舍其恶心而降服之法：都是现世祈祷法。参见王宏愿著《密宗纲要》第七章，第110页。

③如在讲述第十二任直贡寺住持历史时所述，阐教王赐封于永乐十一年(1413年)。但此处不应是永乐皇帝，而是正德皇帝。《明实录藏族史料》载："正德十三年七月丙午(1518年8月14日)遣大护保安寺番僧觉义领占札巴等充正、副使。率其徒27人入乌思藏国，封其酋人阐教王。"(该书第945页)。明史也说："正德十三年遣番僧领占答巴等封其新王。"但从时间上看1532年已到明嘉靖十一年。

和副使仁前桑布及其随从，送来难以计数的财物，并封赐至尊仁钦平措为阐教王。至尊以红黑金刚诛敌法，惩治一切对直贡政教怀有仇恨的蛮横未驯者，根除征候，防患未然。从大成就者杂哈比的亲炙弟子拔杂那塔上师聆听有关风息方面的秘诀并加以修证，使身成为本尊，亲见前方虚空中的四客①会众。出现了通达六道众生之所作及其心性等的奇特征兆。正如莲花生大师对拉赛②所说："我所传授贪婪自解脱，不可缺少摄风之传规，拉赛历经数世遇此法，能寻与我无二大成就，印度持明大师杂瓦日。"有关风息教导修法，以后作为极深密经的长寿修法的一部分。至尊曾获授记云：如果不剃发就能长寿并能事业发达。彼时，因需要顺应他人的看法，数次剃了头发，因此多次产生诸空行母表示怨恨的观感，尤其是身患重病，使生命垂危。于是梦见邬坚大宝现佐给③装束相云："你想具备长寿的条件，就要念诵佛语，百供红黑金刚亥母，满足护法神的愿望，打开德仲会堂的空行秘密天成的洞门，在那儿修一个月的长寿仪轨，这样就能战胜危难。"至尊按授记所说作了一切，在会堂的顶屋修长寿仪轨。第七夜，由一个邬坚大宝的化身小咒师作缘，在光明中见到了众弟子和一切众生的各自所作所为。之后小咒师指示在一座众人聚集的城中，有一个彩虹形成的无量宫，其中有一位叫作仁增钦布的大持明，身着咒师装，其每根头发的尖上，住有不动佛，中间住有马鸣菩萨，根部住有红

---

①四客：上客、下客、中客、圣客。

②这里所说的拉赛（天子）是指赤松德赞之子牟迪赞普。在《莲花生传》中有："此后阿都梨莲花生准备前往西南调伏罗刹时，拉赛牟迪赞普等诸王道……"（四川民族出版社出版《莲花生传》藏文版，第148页）。在《拔协》中称牟尼赞普为赛、称牟迪赞普为拉赛。

[14]佐给：古印度一个教派名。

③指红帽系五世贡觉延拉（1525年～1583年）。

黑金刚亥母，小咒师说："头发有如此因缘。"讲了许多这类传奇故事，旋即，所有一切消失得无影无踪。之后在朗马龙地方修证楞伽热夏，获得大印境界，现证暖热象征。

此后来到直贡替。某时，至尊衮噶坚参变化为咒师前来，用韵文给予授记，并说："如果放弃无检无束的法座，脱离世俗事务去利益众生，就会对佛法更有益。"于是，遵从授记，把至尊仁钦朗杰授权为法太子；请他登坐狮子宝座，并举行投花庆祝仪式；向他传授噶举派的总别灌顶和教法等，并委托他住持直贡寺。至尊来到续麦卓隆地方，住在父亲所建的宫殿内。此时年届26岁。弘扬佛法关键在于僧众，为此，至尊倡建无比直贡寺的附属寺院杨日噶尔的娇扎僧院；给胜乐怙主的仪轨工序的正文添加曲调，使配有曲子的噶尔舞得到盛行。不久率僧营，前往杰续、阿拉俄岗续等地，当地居民按自己的经济情况，奉献无量供品。至尊赐以各自所需教法甘露，使众人得到满足。来到达衮寺，修缮该寺，弘扬实修派传承。此时亲见莲花生大师和罗睺罗等面。后被迎请到嘉顿寺，以法主为首的嘉顿寺众僧供奉无量财物，至尊亦向他们赐授新旧密法，使众有缘人得到成熟解脱。返回直贡后，向直贡替寺的诸殿堂给予供祭，向住持朗杰为首的众人，赠以大量财礼。在德仲的扬温仲山谷修建了斯木吉寺院。把至尊觉巴·仁钦白的文集用金字写在蓝纸上。此后来到堆龙德庆，向红帽系五世转世化身献上丰厚的财物礼品，在羊八井寺，向吉祥曲吉扎巴的银灵塔广作供养。当时，仙人无垢善真实来到虚空，以净相传授大悲秘密圣道的教授。当近修罗支巴拉时，在印象中来到聚集山，仙人作了许多过去、未来、现在的授记和教导；多次亲见仙人面，并出现了许多观感，尤其是忆起至尊以前虎年降生情况，转生为圣印度的法王、学者、成就者等情况。还产生了此身能够化身前往各佛土等无量奇异。向红帽系转世化身[1]传授诸多噶举派的总别教法及新旧密乘的许多灌顶和教法。某时在净相中获得脐火突发的口诀。当时，从羌朗东扎岩石中挖掘了伏藏[2]

此后回到直贡，在仲乌斯木吉闭关修习，获得诸多观感。某时从藏加扎岩山挖取伏藏。30 岁即土狗年(1538 年)室宿月[3]上弦空行聚集的大节日那天，从空行秘密圣成洞，迎请了正法极深密经。先后从阿里持明堆穷多吉处，听了年氏传承八大法行善逝集，上师密意集和北方伏藏等；从嘉玛·米久衮噶白桑听了八大法行及四心滴[4]等；从阿里大班智达听了许多旧译教法，尤其是听了八大法行善逝集灌顶修行猛戏噶尔羌姆舞。从此成为佛法二时[5]的主人。近修蒙那江赤哈热、白哈、夜叉珊瑚、罗睺罗以及 18 名傲慢咒主诸勇武护法神，并役使这些护法。

某时，除了一些急需外，把所有财物、庄园及所属领地都赐给直贡万户府的寺院和村庄，自己想前往印度。由于以住持仁钦朗杰为首的我万户府大小众人恳请留下，未能遂愿。为了在直贡寺新建胜乐、喜金刚、密集、时轮金刚和普贤密意集等的曼荼罗仪

---

①伏藏：从地下掘出的佛教经文。莲花生大师等人，因时机未到不宜宣示；而留待后世有缘者获取，特将密宗秘诀埋藏于山岩、水边、森林等处嘱托空行暂为守护以待未来成就者发掘，而后转述为文字的极密经文。有“上部伏藏”、“下部伏藏”、“南藏”、“北藏”等。

②室宿月：藏历八月。

③四心滴：系宁玛派教法。即空行心滴、空行要滴、上师心滴、上师要滴。

④二分时：佛书所说人世的法、财、欲、乐或道德、财富、享受和安乐四者之中，只有具备二者的时代。期间为八十六万四千年，有贤劫第三佛迦叶出世。

⑤白若杂那：8 世纪中，藏族大译师。生于尼木更甲巴郭，是吐蕃赞普赤松德赞最初命藏族出家时选拔的预试七人之一。

轨，把自己拥有的所有财物贡献出来，以作顺缘。前往堆龙德庆，某时身体患有小恙，由于具信者进行祈祷，使身成为如授记所云的持明咒相。应尼木玛坚妃末世斯康玛夫人的邀请，来到尼木，传授了许多灌顶和教法，至尊真实见到斯康玛夫人身上燃烧大火。在巴郭洞中亲见白若杂那①，获得无量观感。斯康玛夫人也看见至尊身变成为光明堆。在传授灌顶时，变成诸本尊身等，见到了诸多净相。她答应至尊作修建夏惹木禅院的施主。至尊传授灌顶和教法，使当地众生得到满足。之后来到拉萨、桑耶等地，礼佛供神，为弘扬佛法、利乐众生而诚心祈祷。在桑耶，从阿里大班智达，听了《大方等大集经》等旧密诸灌顶和密法，而后重返尼木，为修建夏惹木禅院而划土加持。此时，由于斯康玛夫人成为至尊的根本施主，使仁蚌官员和法主其美巴大为不满，为此，其美巴多次举办威猛伏魔法，加害至尊。仁蚌巴也制造种种障碍，使修建夏惹木禅院的时间一再拖延，尤其是把斯康玛夫人逮入监牢，作尽坏事。于是，至尊举办回遮火刀诛敌法会。不久，诛法产生效应，仁蚌巴发生内讧。此时至尊对轮回世界产生厌离之心，故现证大手印无修瑜伽，究竟证悟，诸地道功德圆满。

水兔年（1543年）猴月（即藏历七月），在德仲大殿内，至尊和部分师徒实证风息教导，十日夜晚，至尊在光明定中来到西南拂洲莲花光宫殿，在谷如马头猪面父母明王和勇士空行的会供中，广作会供曼荼罗，谷如向至尊传授三尊的施食法和灌顶，以及有关经卷及其修证器物等方面的加持、祈祷和嘱神②等仪轨。谷如

---

①嘱神：嘱托护法神守护教法伏藏。

②镇肢镇节寺庙：古堪舆家说西藏地形为罗刹女仰卧状，松赞干布时为镇压罗刹女而修建四镇肢寺庙和四镇节寺庙。四镇肢寺庙为昌珠寺、藏章寺、噶蔡寺、准巴江寺。分别镇压罗刹女的左右肩部和臂部。四镇节寺庙为布曲寺、孔廷寺、绛真格杰寺、绛札冻则寺。分别镇压罗刹女的左右肘关节和膝盖。

马头猪面又现示莲花生大师真实相，作了无量教诲和授记。尔后，顷刻间返回大殿，从梦定中醒过来。不久，把有关正法极深密经逐次确定下来，对静猛大天、空行心滴、那若六法、杂哈比的风息修持法等作了注释；造了四臂护法神的施食回遮法等许多了义和不了义的论典。至尊经常率领少数师徒，化装来到拉萨，为藏区的安宁，给拉萨河的水坝进行开光，以制止水灾。请求释迦世尊久住世间，对桑耶等诸镇肢镇节寺庙①给予开光供养，并作祈祷。尤其是在桑耶寺曲均的促使下，启开修心曼荼罗，传授修持灌顶，产生了梦兆等诸多观感。多次莅临堆龙、羊八井和尼木等地，满足众具敬信者的愿望。后前往觉摩龙地，驻锡在桑普下谷，哲蚌巴因嫉妒而作了许多故意刁难至尊僧营的不适宜事。但至尊却毫无亲敌之偏袒。在乌如噶蔡、堆龙德庆、拉顿德吉闷巴堆等地，把八大法行善逝集大修灌顶与药修相结合来传授，出现了不可思议的奇异征兆。应蒙古准噶尔邀请，数次来到当雄和扣察第等地，为了建立直贡和蒙古间的供施关系，为了防止外寇，举办了忿怒施食回遮法会。正如秘密授记所云，在嘉玛赤康，娶商贾种姓的仁增布赤为妻，生出血统后嗣无比贤圣曲杰平措。在德

①曲均：即神谕。在《藏汉大辞典》中曲均条说："护法神。履行誓词，如法保卫佛教的天神"。但此处所说桑耶曲均并不是指护法神，而是指代表保护神预卜人间之事者。因德尔·马里克《西藏历世达赖喇嘛》中说："负责降神的在西藏地位显赫，所有藏人将他的预言作为解决日常问题的玉律。人们对此习俗深信不疑。政府也对降神者所作的预言奉为至高信赖并给予高度重视。"（该书第10页）。莲花生征服了西藏本土的诸神灵，迫使他们从此捍卫佛教，并规定最后征服的白哈杰布王为全部保护神的首领。后建桑耶寺，并将神圣器皿置于寺内，通过这些器皿就可以与白哈杰布神接触。12世纪末叶建乃穷寺主供白哈杰布，一些神圣器皿也从桑耶寺转移到乃穷寺，这座寺院也就定为西藏最高级曲均的驻锡寺院。

仲、查乌等圣地留下手足印迹；在羊八井留下坐骑蹄印。驻锡嘉玛赤康时，显示出持握太阳等诸多奇异神变。从德查·衮噶坚参听了佛说部甘珠尔经；向现任座主仁钦朗杰、班钦白吉加措以及师君三尊和众师徒，时常赐示直贡派的深奥教法和不可思议的新旧密乘的灌顶、教授。

某时，前往羊八井，遇见了前往后藏的胜王噶玛巴八世米久多吉①，当时出现了刹那间度过三个日夜等诸多奇异征兆。白玛林巴的心传弟子达瓦等许多贤哲都来追随至尊。某时，直贡巴和雅曲②间发生冲突，朗塘寺被吉雪军所包围。至尊从政教两方面进行调解，使其获得安乐。又某时，雅隆·扎西孜巴成为第斯帕木珠巴的内臣，为此诸小部代本不满，致使发生纷乱。乃东派人迎请至尊，于是至尊来到颇章孜，对贡玛及其上下人作了适当的教导，对诸小部也作了相应的训导，但收效甚微。于是把贡玛迎请到温的杰桑，由贡噶晓仲任颇章座主③，于是暂时偃旗息鼓，得到安宁。贡玛赐给至尊一些殊胜的三所依（经塔像）、灌顶物、汉蒙的乐器、锦缎袈裟、华盖帘子等诸希罕的供物和绫罗、药物、粮食、马骡等无法计算的财物。至尊对贡玛上下人给以法财两方面的满足，而后返回直贡。

某时，至尊召集缮写人，把佛说部甘珠尔，包括宁玛派传承的

---

①米久多吉（1507 年～1554 年），噶玛噶举派黑帽系第八世转世化身。

②雅曲：藏文音，可能是雅郊巴。东嘎先生《论西藏政教合一制度》中说：“当时西藏地方有雅、衮、藏三大强大的第巴。在山南上部，第巴雅郊巴势力最强大；在山南下部塔波、工布、聂、罗若、加日等地区，第巴衮绕巴势力最强大；在后藏，第巴藏巴势力最强大。这些都是噶举派的施主。”（郭冠忠、王玉平汉译本，第 81 页）。

③是指帕珠贡玛·卓哇衮波的儿子晓仲·阿旺扎巴。

经典写在白纸上，造成卷册。为了在同乌如[1]噶蔡寺如拉克寺[2]有联系的噶当派寺院的旧址上，修建我们传承的寺院，为了修建尼木的夏惹木禅院，于木兔年(1555年)从杨日噶尔派去精通教证的喇嘛曲迥仁前及僧众。同时，因年波桂宗的禅院，在一段时间内僧人离散，无人住持，故派去密宗师桑杰洛珠及僧众。另外，修建了扎饶扎西曲宗、德仲、扎西岗惹、桑耶萨布、常波乌坚曲宗等地的禅院和直贡寺西边的杨日静等诸多禅院。火龙年(1556年)氐宿月(即藏历四月)，在直贡替寺前面的平坝上，召集直贡寺和杨日噶尔以及来自四方的信徒，把八大法行善逝集的修持灌顶，从破土仪式到点灯祈祷间的详细实施过程，结合药修来讲授。此时，至尊产生了亲见曼荼罗众神等无量观感，并出现了天降花雨，彩虹飞舞，药香四溢等不可思议的异兆，在场人都耳闻目睹。此后，在拉塘传授夏令法，把所有教法毫无保留地传授，并郑重教诲众徒弟。平时也亲见佛土和胜静猛神的诸曼荼罗。四臂护法和保护佛教的罗睺罗等诸护法神，前后完成护法大业之事，多得无法计数。本来这位至尊的寿命为88岁，但因错过因缘，所以在拉塘传夏令法时，至尊自己说："寿命长也不长四十九，短也不短四十九。"对众徒，尤其是对杨日噶尔的众僧，给予认真的教诲，让他们尽力多作有益于佛法的事。在卓隆时，示现身患疾病之相。来到嘉玛，坐在赤康围墙的一个叫卓沃龙的垛子上，对近前徒弟留下遗言，并作许多教诲，显示奇异无比的身庄严。于火蛇年(公元

---

①乌如：松赞干布时期划分的五大翼之一，以拉萨小昭寺为中心，东至桑日沃卡，南至玛拉山脉，西至尼木，北至朗玛一带地区。

②如拉克：五大翼之一，以哲地的杜瓦纳拉为中心，东至绛纳札，南与尼泊尔的朗纳接界；西至拉更亚米，北至杰麻拉恩一带地区。

1559年)神变月下弦望日黎明时进入涅槃①。年届四十九岁。当时大地震动,彩云满天,降落花雨,乐器自响,等等异兆瑞相难以言表。遵从遗言,三年间秘不发丧,以办祈祷法会为名,举行了隆重的丧葬佛事。三年后,如果按照遗言,把遗体存放在乌如噶蔡寺的龙王殿内,就会完全成为藏区福利安乐的根本。然而,由于替地区众人的一致要求,遗体从嘉玛恭请,存放在直贡寺的康萨尔扬衮殿内,装藏于金银法轮塔中,头发、袈裟等部分遗体装藏于乌如噶蔡寺的灵塔吉祥放光塔内。这位至尊对直贡的政教两方面都有大恩,其详细历史另有记载。

这位至尊有难以数计的弟子,其中最殊胜的有政教法太子圣贤仁钦朗杰扎巴坚参白桑布、班钦·索朗白吉加措和血统后嗣圣贤曲杰平措等,他们的历史在下文详述。关于枯沃仲钦仁波且·绛巴曲吉坚参雷丹白桑,只有生于帕木孜,卒于嘉玛赤康的记载以外,不见详传。仲巴·仁前白出生于苏日江吉官宦之家族,幼年时候就从至尊出家,爱护戒律之所有微小的条款,成为著名的持律者,在至尊和诸智贤处,聆听了许多新旧密乘的教法,研习一切显密诸明。在直贡替寺和德仲等处修行,成为通达二次第、智慧无比者。任杨日噶尔和乌如噶察等寺的上师,成为无比的曲杰平措、那若尼巴、扎西平措等诸佛学家的根本上师。这位尊者另有详细传记,但笔者未见。

洛巴·平措朗杰出生于洛扎,在至尊座前出家,从至尊和诸智贤听了新旧密乘的许多教授;研习并精熟甘珠尔和丹珠尔等显

①涅槃:系梵音。意为脱离忧苦,旧译为寂灭、尽灭,新译为圆寂。是佛教修习所达到的最高理想,一般指熄灭生死轮回而后获得的一种境界。大小乘的具体解释,差别颇大,小乘以“灰身灭智;捐形绝虑”为涅槃,大乘以诸法实相为涅槃,具有常、乐、我、净四德。

密经论。任杨日噶尔和乌如噶蔡等寺的亲教师；护养达普坚桑和曲桑等寺院；被授记为正法深密意的法主，是索布拉和一切知隆钦布的最末转世化身；具有无碍神通。前往达孜时，被坐骑摔在乱石中，身受重伤。尊者以风息神变方便，使身体当夜恢复健康。能让大水听从命令，以免水灾；在绛域把菩提子念珠洒在地上，生长成大树；在供施净水时，杂木玛尔夜叉献来金墨线；给弟子传授灌顶时，净瓶跳跃到空中。总之，具有如此不可思议的通达二次第之功德。成为至尊那若尼巴、红帽六世等诸无可辩驳之圣贤的根本上师。多次前往多康等地，为直贡替寺的康萨尔殿修造金屋顶；在果芒殿内修造大能仁像；在温地修建仁钦扎寺院，为佛法作了广大事业。喇嘛曲迥仁前被授记为如意圣宝经的法主，具有二次第诸功德；负责修建夏若木禅院并且任三年一换的静修上师。不见详细传记。加当多吉白拔出生在章达，在热钦热那尊前出家，曾依止过至尊衮噶仁钦、成就者卫巴年巴等诸有学有修圣贤。在邦吉普隆、查乌、德仲等寂静处潜心专意修行，现证无修瑜伽；显示腾空飞行等神变。后追随至尊，成为至尊的殊胜弟子。任杨日噶尔静修上师九年，后又在查乌修行，故又叫查乌多白。另有详细传记。至尊还有克珠·绛巴白瓦、朗色瓦·扎西加措、喇嘛藏巴、平措饶央巴、典吉巴·益西多吉等通达教证之弟子，但其历史不见文字记载，亦不在此赘述。

十七、仁钦朗杰曲吉扎巴坚参白桑布传

您虽无因但爱众有情，
虽无祈请但为众有情，
常降正法甘露永不断，
请求仁钦朗杰解救我。

第十七任住持仁钦朗杰曲吉扎巴坚参白桑布的历史如下：如上所述，第十四任住持至尊仁钦曲吉坚参白桑布之子仁钦朗杰入赘帕木孜，任帕珠贡巴。这位至尊的父亲就是仁钦朗杰之子绛巴曲吉坚参雷丹仁钦桑布，母为吉雪扎噶瓦的女儿索朗卓玛，于阴土兔年(1519 年)鬼宿月(即藏历十二月)下弦空行聚集的大节日出生在拉沃堆地区的朗色林颇章，具备相好。在母胎期间，母亲常作美好的梦，出生时，真实出现了大地震动，水土变暖，树木花草茂盛似夏日，直贡替寺的迥仁波且灵塔层级上盛开伏魔树的花朵等等不可思议的异兆。人称他是迥仁波且·多吉扎巴的化身。少年时的所作所为就超越于一般世俗行为。亲见大树上住有三部怙主[①]，梦中又亲见至尊觉巴仁波且。当身患疾病时，一修胜乐金刚，就恢复健康。精通文字读写，对甘珠尔和丹珠尔等佛经，一见其词便通达其意。少年时，就能够同卫藏大善知识议论佛法，具有通达无碍的智慧。满 10 岁时，从曲隆寺教师扎巴坚参白桑布受沙弥戒，取名仁钦朗杰曲吉扎巴坚参白桑布(宝胜法称幢祥贤)，听了诸多灌顶及密法。在叔伯胜王仁钦平措尊前，聆听了吉祥胜乐金刚、至尊金刚瑜伽母等的灌顶，以及大手印五具、深奥妙道那若六法、三世怙主仁钦白的甚深法、智慧四臂护法和曲吉卓玛护法的修习传承等。在噶玛八世米久多吉尊前听了俄氏七曼荼罗；在红帽五世贡觉延拉座前听了金刚鬘和历代噶玛巴的文集。另外，在伏藏师喜波林巴、堪钦衮噶扎巴、堪钦·扎杰瓦、朗色·扎西加措等诸大师处，听了无量新旧密乘的灌顶和教法。

之后，遵照其叔伯至尊仁钦平措法王的命令，这位至尊于木马年(1534 年)九月十八日黄道吉日被授权为三世怙主仁钦白佛

---

①三部怙主：密宗事部三怙主：佛部文殊、金刚部金刚手和莲花部观世音。

教的狮子座座主，当时年仅16岁。出现了诸多祥兆瑞相。任住持后，严肃了直贡寺的戒规，对百姓也以十善法①来约束，政治势力得到了发展。扩充了隆续孜瓦萨丹多吉波颇章殿左右内外，并驻锡此处。18岁即火猴年（1536年），迎请曲隆寺亲教师衮噶朗杰白桑，在如数比丘中受比丘戒，并在此亲教师尊前听了一些教诫。当年，把胜噶玛巴·米久多吉师徒从工布延请到直贡，至尊亲自率弟子至甭塘来迎接，直贡替寺的上下院众僧组成僧队夹道欢迎。噶玛巴师徒僧营，在直贡替寺前方安营，在替顿、查瓦卡、苏日扎西塘等处住了一年。至尊及其随从，以及直贡寺的上下院众比丘，在胜噶玛巴尊前听了许多甚深甚广的教法，尤其是听了那若六法的讲解后，有1000多名布衣修行者在鬼宿月望日脱去布衣②。至尊对噶玛师徒大僧营赐予堪夺毗沙门天之心的礼物和祈祷酬劳。噶玛巴也回赠了一些汉地物品后途经隆续返回。至尊陪送噶玛巴，并顺便朝礼热振寺③等圣地后驻锡于孜瓦。那些贡马匹等物品的贡使和卫藏的茶商等人向至尊奉献丰厚的供品。于猪年（1539年），在直贡替寺的金殿内，向众僧赐示敬信命轮、深奥密法和胜乐金刚陆希巴传承的大灌顶等。于鼠年（1540年）鬼宿月，在康萨尔扬衮殿内传授冬令法，在大静殿内脱去布衣，广办会供曼荼罗喜筵。继承旧规，举办夏冬两季传法会；维修了替寺

---

①十善法：1.不杀生；2.不偷盗；3.清净行（此三为身善）；4.不妄语；5.无离间语；6.无粗恶语；7.无绮语（此四为语善）；8.不起贪心；9.无瞋心；10.无邪见（此三为意善）。

②噶举派本来只穿单布衣，而修持那若六法之拙火定后获得暖位功德，可脱去布衣，赤身御寒。连布衣都脱去，标志修行获得结果。

③热振寺——系噶举派第一寺院，由噶当派创建人仲敦巴建于1056年。至1738年七世达赖将其赠给自己的老师噶丹赤巴·阿旺乔登，从此，阿旺之历代转世皆称热振活佛。

金殿、世界饰果芒殿等身语意所依。在直贡寺的达杰孜新建白色寝宫;维修了次乌卡殿;委派三年轮换的直贡寺属下禅院的亲教师、轨范师、住持以及冈底斯山、拉齐雪岭、杂日山等三圣地的密宗师、各寺院的上师等;继承和发扬六日定期大法会和春季供施朵玛食子法会等旧规。

在次乌卡殿、直贡替寺的白色寝宫和扬衮殿,查瓦卡的德庆顶、沃那等寂静处验证本尊神二次第,获得了在西南拂洲莲花光无量宫中亲见莲花生大师的观感,并亲见胜乐金刚、智慧护法等;亲见了上师、本尊和护法三者面。某时,一个身色紫红、极其威武的人说:"如果结束闭关,对众生更有利。"正如所言,身觉不适,于是结束闭关修持。诸净业弟子看至尊时,或见是至尊米拉日巴,或见是智慧护法神。某时,雅隆巴、桑耶和吉续巴等举大兵,来进犯我方,我万户府大军彻底消灭了敌方,并夺了桑耶杰钦巴的羂戈。当时,古饶第巴率军前来,要把吉日达孜献给直贡万户府,但是至尊没有接受。

至尊年满 30 岁时,率随从僧众前往北方左斯、保荣、贡德等地,各地给至尊师徒广作侍奉承事。至尊应机行化,以教法和财物使众人得到满足,而后返回直贡。不久又前往多堆阿拉俄等地,当时预知有带着圣旨者从汉地来,于是显示在险峻得连飞禽都难以逾越的山上骑马奔驰等奇异神变。至尊前去迎接,以誓言约束凶狠的汉地魔妖。不久汉地皇帝派来传圣旨的正副使和随从驾到,正使途中去世,留下遗言云:"我拜谒到了在空中骑着狮子前来迎接的直贡法主,他具有圆满相好。"当副使主从拜谒至尊时,所见与正使所言相同,对至尊产生了敬信,献上诏书。至尊师徒欢迎并侍奉承事副使主从。此时虽正值寒冬腊月,但出现了彩虹满天,雷声隆隆等异兆。在此,至尊给汉皇使者赠以丰厚的礼物,并接受诏书,还派人把汉皇帝皇送来的礼物送到直贡。至尊师徒继续前往玛察、阿拉、杰续、雅恩宁斯等诸地区。阿拉的一个凶狠的土地神给至尊师徒马队大放洪水,树木花草、山石峭岩等被水冲倒,但对至尊师徒毫无损伤,未被凶神所制伏。各地向至尊奉献不可思议的供品,至尊向众人赐示灌顶教法,使得众化机的见闻觉知都赋有意义,而后返回直贡。大明嘉靖年间,汉地曾出现饥馑等不祥之兆,经五行算卦,得到西藏四王①中有一位菩提萨埵,若是给他加封赐诏,能吉祥安乐的预测。于是,把写有直贡、帕珠、萨迦、噶玛等四王名字的标签甩出以演定该向何人赐诏,结果甩出的标签上写有这位至尊的名字。于是大皇帝派来正使、副使及其随从,送来诏书和诸多供物,行至俄地时,遇到至尊,把诏书赐予至尊。所献供物有以水晶印章为主的服装、绫罗绸缎和金银珠宝所造的贵重圣物②。至尊举办喜筵,赠送财物,使汉皇使者心满意足,并给大皇帝带去丰厚的礼品。据传,此后汉族各地吉祥安乐。

猪年(1551年),从彭域、肖巴和直贡下属地区召集缮写人员,把所有甘珠尔以金字写在蓝纸上,把丹珠尔以金银相间写成卷帙。同时,制作了佛本生、圣十六罗汉以及历代住持传记等的卷轴画;铸造了上师、佛、菩萨等的金银像。又以金字蓝纸造了噶举派历代祖师及噶玛巴·米久多吉的文集。至尊对众缮写人员和画师多次举办喜筵款待他们。不久,甘珠尔、丹珠尔等经典的夹板、带子等备好,其他事情也按期完成。至尊率领众僧举办开光仪式,对缮写人员和画师赐予连毗沙门天王都感到羞愧的财物报

①西藏四王:即指明朝所封西藏境内的阐化王、阐教王、辅教王和护教王。

②指佛像、佛塔和供神器具等。

酬；把甘珠尔和丹珠尔请住在次乌卡殿；把噶举派诸先师请住在果芒殿。当时，卫地区的贡玛钦布的后嗣觉摩隆巴枯温被吉续噶丹巴所监禁，由于至尊的悲力宏大而获得释放。对贡玛钦布也给予必要的保护，并让他暂住直贡。如讲述至尊仁钦平措时所述，贡玛钦布·阿旺扎西扎巴坚参被吉续巴、雅郊巴和贡噶瓦等诸部，从乃东孜宝座迎请到温杰桑，把贡噶晓仲·阿旺扎巴迎请到颇章，任贡玛。由于贡玛钦布之子，邓萨梯寺的京俄等人的诚恳请求，至尊为了请贡玛钦布重任旧职，率领师徒从温上谷来到杰桑，朝见贡玛。前去朝拜邓萨梯寺，受到僧侣行队的夹道欢迎。至尊会晤京俄，向诸所依献酥油灯、哈达等供品，对众僧发放大布施，结法缘，驻锡在杨衮孜，让各部军队解散。之后至尊和红帽五世来到颇章孜，让晓仲·阿旺扎巴住贡日噶布，把我方军队布置在颇章上下，然后迎请贡玛钦布，登坐宝座。大厅内设有数座，中间坐红帽五世，右边坐这位至尊，左边坐贡玛钦布及觉摩隆世系诸亲，还有众多上师和官宦就坐。举办喜筵，进行祝福，互赠丰厚礼品。之后详细朝拜桑耶圣地等后返回直贡。

不久，古饶巴和泽当瓦、琼结巴等用兵包围了颇章孜。为此，我万户府大军向雅隆进发，但相互没有发生大的冲突。为了立结和约，至尊前往雅隆，我方大军穿甲戴胄，威武无比，在年波码头迎接至尊。至尊来到颇章孜，对各部给予严厉教诲，应允立约。由于时代所致，众生被五毒所沉迷，很难遵守誓约，但暂时使当地得到安宁。至尊在昌珠寺，同贡玛官臣和各部官员立誓盟约，而后返回直贡。此后，应藏北羌地霍尔的邀请，来到修闷宗热。霍尔噶玛白和绰杰崩不和，至尊进行调解并让二人立誓。后来霍尔绰杰崩因践踏誓约，没有多久就离开了人世。至尊受到各部欢迎，获得许多供品。此后返回直贡。

木牛年(1565 年)让弟弟班钦·白吉加措任住持。当时，觉隆巴又像以前一样，被吉续噶丹弄得不得安宁，向直贡请求支援，于是我方大军途经彭域开往觉隆。当时，至尊看到祖母护法神曲吉卓玛，身大无比，美丽动人，向着我方微笑。果然，吉续噶丹军队被我军挫败。我军还在熏吉扎修建城堡，如了觉隆巴的心愿。为此，噶丹巴的第巴不甘心，准备向直贡发兵，至尊把第巴主仆请到直贡，给予设宴款待并赏赐财物。至尊力陈利害，认真告劝他们不要发动战争，对方佯装答应，但不久，纠集彭域、达孜、吉续等地方的军队，前来进犯直贡①。当我方军队开拔到彭域时，敌方军队上下夹击，把我方军队困在中间。此时，敌我双方众人都看见满山满谷都是戴海螺巾的妇女，其中四个妇女用晒垫裹走了达孜将官。于是我方士兵趁势攻打对方，使得对方士兵，有的被杀，有的被俘，有的丢掉甲胄武器仓惶逃跑。我军大胜。当我军准备占领吉日达孜时，噶玛巴父子、达隆法王等诸大师派人来缔结条约。至尊获得了我方和他方奉献的丰厚供品。

此后，邀请胜噶玛八世米久多吉往生他界后的转世化身噶玛九世旺久多吉②和红帽五世贡觉延拉③到直贡，至尊亲自率众前去迎接。噶玛巴父子④在扎西蔡安营，驻锡 3 个月。至尊给 2000 多名僧众以诸多赏赐并广作侍奉。从噶玛巴父子听了灌顶、密法

①应在 1570 年，据才旦夏茸先生的《藏族历史年鉴》中说：称为“直达战乱”。

②旺久多吉：系噶玛噶举第九世转世化身。1556 年生于多康支麦达桑。10 岁时途经羊八井来到浦寺。于 1603 年圆寂。

③贡觉延拉：噶玛噶举红帽五世化身。1525 年生于工布。1583 年圆寂。以上诸师历史详见于《噶举历史新编》。

④噶玛巴父子：指噶玛噶举红帽系五世贡觉延拉和噶玛噶举黑帽系九世旺久多吉。

及一些零星教授。噶玛巴僧营前来朝礼直贡替寺时，受到直贡寺僧侣的夹道欢迎。噶玛巴父子详细朝拜直贡替寺后在大静殿，与直贡寺的僧众结法缘，并向僧众发放大布施，而后返回扎西蔡。至尊和噶玛父子互赠丰厚礼物后分手。至尊又把巴窝·祖拉成瓦①和伏藏师喜波林巴迎请到直贡，从他们座前听了诸多灌顶和密法。法主班钦仁波且往生他界后，至尊广作丧葬佛事。至尊衮噶仁钦的弟子丹玛·衮噶扎巴在冈底斯山任密宗师时，曾到过芒域拉达克，成为芒域②王的应供上师。后来其子嗣衮噶曲杰前来直贡追随这位至尊，从此，芒域王国成为直贡寺的主要施主。在芒域修建了许多直贡属寺。

某时，这位至尊在阿阇黎伟那的后林园安居僧营，给数百名比丘讲解五具。某夜天降暴雨，大发洪水，令人生畏，当洪水快要冲到僧营时，至尊抛洒青稞，喷吐口水，不让洪水伤害僧营，显示了如此不可思议的奇异神通。于阴火鼠年(1576 年)四月下弦八日(即四月二十三日)的黄昏，在次乌卡融归解脱大灭。年届 58 岁。寺中僧众广作丧葬佛事。从大小便中生出无数舍利，遗体宝完整地装藏在银塔内，请住在果芒殿。这位至尊有法主乔来朗杰、朗色瓦·衮噶其乔、岗噶尔热钦、丹曲至尊兄弟、崩荣法主等我方和他方的无数弟子。

---

①巴窝·祖拉成瓦(1504 年～1566 年)，噶玛噶举黑帽系八世米久多吉的弟子，是乃囊寺巴窝第二世。曾主持洛扎拉隆寺。有《八行论大疏》、《历算论》、《贤者喜宴》等书传世。

②芒域：西藏阿里地区普兰县至后藏昂仁、吉隆等县一带与尼泊尔接近的地区古名。

十八、索朗白吉加措传

具有圆满菩提之心愿，
学富清净三学和诸明，
以那教理利爪和尖牙，
击碎野兽之头无不胜。

第十八任住持班钦仁波且·索朗白吉加措的历史如下：这位至尊是第十七任住持之弟。出生于朗色林，父亲为绛巴曲吉坚参雷丹白桑，母亲为索朗卓玛，于阴火猪年（1527 年）降生。出生时出现了彩虹满天，异香满地的祥兆。取名仁钦旺吉杰波。因他常说自己是印度班智达当巴桑杰和嘎玛拉希拉①，所以众人又称他为班钦仁波且。他逐渐成长后，学习文字读写等诸世间学问和甘珠尔、丹珠尔等经典，并能够熟练掌握所学东西。年满 7 岁时，把伯父第二叶嘎热仁钦平措曲吉杰布迎请到帕木孜，从他出家并受沙弥戒，取名仁钦索朗白吉加措（大宝福祥海）。到 18 岁时，在个叫卓宗的寂静处，在支乌·曲吉加措尊前聆听了大手印五具，证道功德圆满，获得诸多奇异观感。后又偕母亲和一些亲戚来到卓达那，在支乌仁波且尊前听了无量教法。前往热振寺朝拜时，亲见觉沃吉白丹阿底峡等噶当派诸先师。在支乌·曲吉加措等如数师徒中受比丘戒，学习了戒律等诸显密经教。在至尊仁钦平措尊前听了大手印五具、甚深妙道那若六法、觉巴仁波且所造甚

①嘎玛拉希拉：译言莲花戒。约于 8 世纪出生在东印度，是瑜伽行中观自续派论师。应吐蕃赞普赤松德赞之请入藏，以菩提萨埵等人所持渐门之见，与持顿门见的汉僧摩诃衍进行辩论，获得胜利。

深大乘佛法心要、正法一密意趣、敬信命轮的灌顶教导、正法极深密意等直贡派总法库，还听了俄氏七曼荼罗。火龙年（1556年），在直贡替寺前面平坝上，聆听了善逝集八大法行之灌顶大修及其分支甘露药修等诸多新旧密法。另外，依止了兄长仁钦朗杰、胜噶玛父子、巴窝·祖拉成瓦、朗色瓦·扎西加措、仁增来绰林巴、觉丹堪布·伟色隆阳、格顿加措等约20名经师，听取各种法要。33岁时，即阴土羊年（1559年），在直贡替寺的达杰孜禅院进行实修，修持圆满。亲见出有坏①吉祥胜乐金刚所有主眷神，并在明相中，胜乐主尊将把虎皮献给至尊；亲见莲花生大师、西方极乐世界等无量庄严佛土，以及智慧四臂护法、曲吉卓玛护法等出世间众护法神。修满5年，37岁即水猪年（1563年）结束闭关修行，来到帕木孜，向在此聚集的众人赐示许多甚深甚广之佛法。

39岁时，即阴木牛年（1565年）心宿月（即五月）上弦三日木星会鬼宿的好日子②，升坐狮子宝座，任直贡寺住持，一切吉祥圆满。举办夏令传法会，在以无比的法王平措为首的如海僧众中，传授五具讲解，并把大乘佛法心要作为五具之依靠法来传授。在大静殿内举办冬令传法会，转动那若六法和正法一密意趣等法轮。当500多名布衣修行者显示其修行功德时，天降花雨，彩虹飞舞，寺院前面的冰雪融化。如此，时刻专心于转动法轮，为佛法广作有益之事。那些世间的傲慢凶狠的人，一见到至尊的面就不由自主地产生信仰，向至尊忏悔，祈祷，并发誓戒恶从善。对那些弱小无能的人，至尊总是赐以教法和财物来护养之；对那些因俗

---

①出有坏：即世尊佛的别号。“出”谓超出生死涅槃二边；“有”谓有六功德；“坏”谓坏灭四魔。

②七曜有七个成合：太阳会轸宿、月亮会牛宿、火星会娄宿、水星会房宿、木星会鬼宿、金星会奎宿、土星会毕宿。占星者说为大吉。

事上得势而骄傲自大的人，至尊连瞧都不瞧一眼。维修了世间饰殿和金殿等。到43岁，即土蛇年（1569年）鬼宿月（即十二月）传冬令法时，至尊示病相，来到次乌卡。众人举办祈福祝寿法会并给予医治，但无效。至尊自己说："我的转世化身很快就会来到。"于马年（即金马年，1570年）神变月（正月）十四日把身曼荼罗收摄到变化法界中。此时，出现大地震动，天降花雨，彩虹飞舞等奇兆。遗体火化时，从灵骨中出现了文殊、观音等的像。期间，寺中广作丧葬法事，建造三世怙主仁钦白的超过人身量的像，以作内所依，请于金殿内。以上所述的第十六、十七任住持的弟子，亦是这位至尊的共同弟子，另外尚有数弟子，在此不赘述。

十九、乔烈朗杰传

远离贪瞋痴等三种毒，
充满智慧功德亦圆满，
不被分别心所给动摇，
乔烈朗杰请救当今世。

第十九任住持乔烈朗杰的历史如下：这位至尊出生在朗色林。如上所述，绛巴曲吉坚参雷丹白桑有三个儿子，长子为仁钦朗杰，幼子为班钦仁波且，次子就是金蛇年（1512年）出生的帕木迥仁波且，在帕木地区如法护政。他娶了霍尔妃崩吉，生有乔烈朗杰和噶玛·米旁旺杰二子。长子乔烈朗杰在伯父仁钦朗杰曲吉扎巴坚参白桑布和叔父班钦仁钦·索朗白吉加措尊前出家，取名乔烈朗巴杰瓦（众胜），聆听了大手印五具和甚深妙道那若六法等直贡总法。另外，从一些善知识听了一些新旧密乘教法。于阳金马年（1570年）的黄道吉日，从帕木迎请到直贡寺，授权为无比直贡大寺高大狮子宝座之座主，并广办喜宴，进行庆贺。生有兼管政教的后嗣米旁·仁钦曲杰。曾维修了果芒殿。如上所述，法主仁钦往生他界时建造了吉祥灵塔并饰以宝珠，以作内所依。对直贡寺作了伟大事业。任住持数年后，于23岁时，在伦珠林圆寂[①]。其灵塔成为伦珠林寺的主要所依。这位至尊只有一些零碎记载，而不见详细历史。其子帕木晓仲米旁·仁钦曲杰有二子，即吉普巴和5岁时夭折的弟弟，吉普巴有个儿子于土蛇年生，据说后来前往绛地[②]是至尊曲吉扎巴的转世化身噶瓦旺波之父。

二十、曲杰平措扎西传

犹如透亮晶石明镜上，
清显外界诸事之道理，
诸法视作如幻示神变，
曲杰平措扎西我顶礼。

第二十任住持无比曲杰平措扎西白桑布的历史如下：正如《启请宝》所云，这位至尊曾转生为圣地印度萨霍尔国的持论王等，雪域地区曾先后转生为松赞干布之子、囊日贡赞、佛化身比丘阿噶尔玛底、拉赛牟迪赞普之子、杰色拉杰、伏藏师尼玛僧格和乌坚林巴等，还转生为汉地永乐皇帝，经过这么多的转世后，又在嘉玛赤康投于拉赛尼巴·仁钦平措之妻——商人后裔仁增布赤之

①这位至尊的生卒年代无记载，但从于阴金马年(1570年)任住持及“任住持数年后，于23岁时，在伦珠林圆寂”的记载看，约出生于1550年，约卒于1573年。

②绛地：今云南丽江一带地区古名。从《直贡法嗣》看，直贡噶举之师徒常往云南丽江一带，并建有寺院，可能始于此时。

胎。当时，父亲梦见有一位妇女献来一只幼狮说："请好好抚养他。"又给妻子献文殊名号经函和右旋海螺。当火羊年（1547年）降生时，伴有诸多异兆，并从天空中响起"罗布"的声音。于是母亲等人喊他为罗布（宝贝），父亲为他取名为曲杰平措扎西（法王圆满吉祥）。在喜巴林巴的授记中云："叫作修的好地方，名唤扎西羊年生。"又："乌如噶蔡地的不远处，名叫扎西左腿有伤痕"①。在正法极深密意中云："世系教法政事之后嗣，曲吉杰布持守佛要旨。"如此，在许多正规的伏藏授记中反复称赞过。其头顶生有肉髻和"啊"字。幼年时就精通世间诸学问。玩耍时，显示出使死的无尾地鼠复活，瓷碗扔在石板上而不碎等神通。

年满7岁时前往卓隆，当时天降花雨和彩虹雨，亲见天空中的至尊觉巴仁波且及噶举派诸上师，并亲见诸护法神，受到了以直贡金殿主为首的众上人的迎接。众人簇拥着他并供养无量供品。在至尊热那尊前听了直贡噶举的总教法和不可思议的新旧密乘的灌顶教授。在拉顿德吉闷巴平坝上聆听了八大法行善逝集的灌顶和教理。此后驻锡在嘉玛。11岁时，至尊热那示病相，并在加日卓窝隆闭关修持。他见到祖师热那②体质极差，不禁流泪。祖师安慰他说："我会很快恢复健康。"后来至尊热那圆寂时，至尊曲杰平措扎西白桑布的母亲保守秘密，不让他知道。因至尊见天降花雨，就跑到卓窝隆来，看见祖师已圆寂，心生难以忍受的痛苦。此时，立即想到从前诸胜者是如何作丧葬佛事，于是进行供祭并按七支法作善后事，使周围的人惊奇不已。遵照祖师遗言，三年内秘不发丧。12岁时，念修胜天文殊印怖畏，亲见阎摩敌（大威德）父母子三者和邬坚仁波且（即莲花生大师）、诸祖师等。

---

①意即是以左腿上的伤痕为证。

②热那：藏文仁钦之意，这里指第十六任直贡寺住持仁钦平措。

当念修极深密意三护法神仪轨时，真实见到玛萨多三护法神①，他们赞美至尊并答应听从命令，保护佛法。此后，在伯父仁钦朗杰尊前受近事男戒，并在以前名字的后面加上白桑布（祥贤）三个字。在洛巴京俄·曲扎坚参尊前听了许多新密乘的灌顶和密法。此时，祖师爷圆寂已过三年，办好丧葬佛事并铸造银灵塔。之后母亲又去世，至尊亦办好善后事。不久，第巴喀则瓦向嘉玛用兵，至尊因心情不佳，来到噶蔡寺。某时，向噶蔡寺巡礼时，玩耍着在石头上留下手印。不久祖师灵塔造好，至尊前往直贡替寺，当时坐那山神变成一条黑蛇来迎接至尊。当朝拜直贡宝寺的诸殿堂时，金殿内的曲吉仁波且仁钦白身像心间发射光芒，融入至尊的身中。迎请岗布京俄·扎西朗杰为灵塔开光。此后在噶蔡寺又修造了扎西伟拔尔灵塔，并新开禅房。

某时，至尊身有不适之感，当时天空中出现至尊觉巴·仁钦白、佛陀、无量寿佛、祖母护法神、多闻子等。其中坐着祖师爷，手里拿着长寿宝瓶，向至尊赐甘露。于是至尊的病痊愈。此后，至尊建立了尼木禅院等静修院三年轮换禅师的新规。并向当时聚集的众人赐示大手印五具、那若六法、极深密意的见导和圆成次第等新旧密乘的许多灌顶和教法。在贤哲江吉巴·仁钦白座前听了直贡派传承的灌顶密法无量。另外，从喇嘛绛巴白、德查·衮噶坚参、昌德西伟巴等诸经师处汲取了诸多佛法甘露。在隆续达布尔塘举办大法会，讲授八大法行善逝集大灌顶修行。继后朝拜热振寺。在直贡次乌卡，从班钦·白吉加措听了大手印五具的

①玛萨多：三护法神。“玛”即玛母，本是八部鬼神之非人，宁玛派之“八大法行”中有差遣非人，即指玛母护法神。王辅仁先生说：“非人（玛母）就是苯教里的一尊凶神，宁玛派的人对此并不否认。”（《西藏佛教史略》，第103页）“萨”即凶曜，原亦是八部鬼神之一，藏文又常作章松（大仙），可能与“神仙五曜”（除七曜之日月以外之五曜）之说有关。“多”即当坚多吉雷巴，译作护法大将军，或骑狮护法。莲花生大师收伏的一位护法神。

讲解，产生了奇特无量的证悟，把轮回和涅槃诸法视作梦幻，现证大无戏论瑜伽。此后在直贡替寺，从班钦听了那若六法的冬季讲解，方便道圆满。有500多名布衣修行者身着单衣显示暖乐，大冰融化，彩云满天。前往德仲时，出现了亲见莲花生等许多观感。

某时，前往查乌，在法座上看见虚空中的噶举派诸祖师，至尊显出惊讶状，在石头上留下手印。喇嘛多吉白拔尔对至尊产生极大信仰，并追随至尊。在卓隆遇到率大僧营的噶玛巴父子，在红帽系贡觉延拉尊前听了金刚鬘，并应邀表演了八大法行噶尔羌姆舞。此后，由杨日噶尔巴作随从，来到工布地区。在年波寨显示惊讶状，在石头上留下手足印迹。途经喜囊、仲朽、桑僧等地来到隆波，在此调停争执。期间，修建贡衮禅院。莅临卧塘时，应众人请求赐示丰收成就法，因而该年卧塘地区五谷丰登。快到布曲时，遇到水灾，至尊一施青稞，水就立刻改变了方向。因此至尊在石头上留下足印。朝拜布曲寺①的觉沃释迦牟尼佛像时，天降花雨，彩虹成帐。前去朝礼嘉拉圣地时，因人多声杂，使坐骑受惊，把至尊摔在石头上，至尊在石头上留下手足印。朝礼时获得诸多观感，出现天降花雨，彩虹满天的奇景。继后莅临杂囊，出现了那有加持力的佛塔跳跃摇动等奇景。在雷隆拜谒莲花生大师修行过的岩窟时，在险峻难行的一块岩石上用手凿捏出一环柄，现称此岩洞为“留有直贡大师手印的岩洞”。此后至尊来到岗布，受到僧队夹道欢迎，得到了侍奉。与京俄·扎西朗杰相见，并听法结缘。在茅庵内亲见无比仁波且·达布拉杰。如此，达、隆、工三个地区的人，都供养无限财礼。至尊也广施法之甘露，滋润菩提幼苗。后返回直贡，给诸所依献供品，对伯父仁钦朗杰和众僧赠赐厚礼。

此后来到桑耶，受到桑耶曲均的欢迎，倍受尊敬，还向至尊赐

①布曲寺：7世纪初，吐蕃赞普松赞干布为镇压堪舆家所说罗刹女右肘而倡建的寺庙，在今西藏林芝境内。

示了许多未来的授记，并告诉至尊头发留成辫子有助于长寿。至尊向桑耶寺诸殿堂广作供养。桑耶曲均又邀请至尊在兔年来给桑耶寺开光。而后返回直贡。至尊热那的弟子阿里仁增·堆穷多吉前来供养丰厚财礼，至尊在其座前听了许多北藏①的旧译密法；又从伏藏师喜波林巴听了许多密法。前次去工布时，从隆布娶了一位叫罗布卓玛的女子为妻，生了一个儿子，但是才过 13 天就夭折了。不久孩子的母亲也过世。好在娶罗布卓玛之前已经娶了吐蕃法王的后嗣阿尔布巴第巴的千金阿吉央苦。不久她生了一个儿子，取名那若尼巴。至尊于兔年（1567 年）应邀前往桑耶，为诸殿堂给予开光。龙年（1568 年）被邀请到琼结，参加第巴·霍尔随巴的丧葬佛事。来到钦安达孜，建立供施关系。此后驻锡在直贡寺。马年（1570 年），摄政第巴·衮布白久被天空中射来的花箭所中，多方阻碍至尊的事业，甚至准备伤害至尊的性命。至尊事先预知这一切，前往藏北拔荣躲避。直贡地区动荡不安等不好的消息到处传播②，至尊说："我再也不回直贡。"然而，直贡替寺等我方的贵贱上下一致恳请至尊，因此，在黄道吉日被授封为直贡大寺座主。此时，金殿隔屋内至尊觉巴·仁钦白云："那不安宁的西方，成为你的化土。"正如这个授记所云，第巴吉续巴成为直贡寺的施主。

如此，至尊登坐高大坚固的金刚顶座，兼管政教。年到 37 岁时，一个被欲界天所诱惑的人给至尊端来有毒食物，虽然至尊预知这一切，但为了满足对方的心愿吃了有毒的食物。结果疼痛难忍，我方所有人都痛苦不堪，一心为至尊祈祷。至尊说："邬坚仁波且说我有一次病痛，但不会死。我会好起来。让我的妻子央苦和具誓愿的弟子祈祷我长住世间，这是因缘。"众人遵从至尊所言，照办一切，至尊的疼痛就立刻消失了。当时至尊亲见护法神，

---

①北藏：北部伏藏。掘藏师仁增果登发掘的四业诸法典。

②即指第十七任住持仁钦朗杰时发生的"直达战乱"。

至尊还说忆起了许多宿世的事情。

自从贡巴·仁钦朗杰到帕木入赘后，直贡地区的贡巴叫作妥康囊索，帕木地区的贡巴叫作康萨尔囊索，两方为同一个氏族的亲戚，故合称为直贡康妥。至尊仁钦朗杰、班钦·白江兄弟等都同生在帕木地区，因此形成了虽然生在帕木，但可以担任直贡寺座主的传规。当第十九任住持乔烈朗杰往生他界时，嘱托让他的儿子帕木瓦米旁·仁钦曲杰作直贡寺的住持，而实际上却把直贡寺的法座授权给这位至尊，因此，帕木康萨尔和直贡妥康之间时时发生争执。某一冬天，至尊驻锡孜瓦时，帕木方面偷偷向直贡用兵，当帕木军队逼进直贡时，左右随从对至尊说："如果帕木军队在夜里通过结冰的江河来进犯，我们就防不胜防了。"当夜，至尊显示脐轮火成就，使帕荣以下的河水厚冰完全融化。众人也不再畏惧帕木的威胁，都称赞至尊。又某时，帕木大军包围了颇章，情况十分危急，至尊指挥众护法神，将敌方士兵弄得神志不清，又给以突然的威吓，使敌军乱嚷乱叫。某次举办春季施朵玛食子仪轨时，至尊亲自发放朵玛和回遮的神饮咒箭，射中了协地上谷的一只蝙蝠。彭域囊巴辛卧巴邀请至尊为佛经开光，因故不能亲自前去，就抛洒青稞，为彭域新造的佛经开光，众人都亲眼看见青稞落在盆域的开光法会上。红帽五世示寂时，至尊说："红帽五世已圆寂，他在印度某地坐在茅棚里。"此后，红帽五世来到至尊的卧室天窗上，对至尊说："请给我借宿。"于是至尊说："红帽五世的化身已经来到这边。"果不其然，红帽系五世不久就转生为至尊的后嗣噶尔旺曲吉旺久。在次乌卡，给 5000 多名信徒传授金刚鬘灌顶，当众徒接受灌顶时，一些业清净的弟子看见至尊被众空行母迎请在绢桥上。又有一次闭关静修时，司膳前去侍奉，发现至尊不在坐垫上，刚想看至尊是否出去了，准备往外走时，至尊却坐在坐垫上，对司膳说："你没有看见我吗？"司膳回答："没有拜见到。"至尊说："我去制伏蒙古兵了。"如此，显示了许多奇异的神变。

至尊前往拉萨时，天空中亲见十一面观音。噶玛巴率僧营前来直贡时，像往常一样前去迎接拜谒，并赏赐众僧。当时雨水过多，大水威胁着僧营和拉萨地区。经噶玛巴和第巴吉续巴的祈请，至尊只是在心里发愿，雨就停止了，水也改变了方向。于是成就者的美名到处传扬。某时，噶玛巴率大僧营来到直贡，认定噶尔旺曲吉旺久为红帽系转世化身。噶玛巴向至尊供养厚礼，请求准许把化身带走。但是，直贡替寺等我方的所有人不让把噶尔旺曲吉旺久带走。至尊说："噶举派内部要和睦，化身不管在哪儿都是为了众生利益。现在可以带到其他寺院住上数月，以后在直贡寺抚养数年。"赠送不可思议的坐床礼品和离别赠品。噶玛师徒率众前往羊八井，至尊在孜瓦给众合格弟子转动法轮。于金虎年(1590年)生子嗣当巴贡觉仁钦，木羊年(1595年)生贡觉平措。应霍尔噶玛白父子邀请，多次前往藏北。某次前往藏北时，在背拉母依的山顶，为制伏和阻止外寇塑有一些石头神。至尊在神像上放着青稞，走到离神像很远的地方，从坐骑上抛掷花，恰好落在石像上，使霍尔蒙古都产生信仰。曾去德仲温泉，天空中亲见莲花生大师及其八大随从弟子，获得许多观感。因喀孜瓦第巴去世，把喜喀部落的全部土地、财产献给至尊父子，至尊曾数次前去喀孜。

某时，勇唐那古瓦到打箭炉去买茶叶时，遭到当地兵的威胁，至尊把一切看得一清二楚，并心中发愿，使买茶人从畏惧中得以解救。藏北主子扎西多杰父子、主巴米旁·丹巴尼玛、曲隆寺大亲教师强巴曲杰等诸多大师都追随这位至尊并请教佛法。昌都杰仲·丹巴加措献来诸宝物和汉地、霍尔地的器具绫罗等。

金鼠年(1600年)夏日，在孜瓦法台羌斯玛搭起威慑三界的帐篷，召集以至尊的子嗣为首的诸上人和各方的无数僧徒，举办极其隆重的法令，把年氏传承的八大法行善逝集大修行灌顶与药修相结合起来传授。当时，五色彩虹成帐，天降沾有檀香粉的奇特花雨，天空中众天神奏起神乐；当讲授药修时，药房内响起铃声，药物香气四溢；当传授灌顶、跳噶尔羌姆舞时，有缘弟子看见至尊足不着地的行走，天龙八部[1]等诸大力都变化成人相，坐在接受灌顶的行列中。出现了如此超人意料的奇兆。于阴金牛年(1610年)，在续麦普古东修建宗萨扎西粗殿并加持净地[2]。为此，直贡替寺的一些上师和僧徒心里不满，寺院内部相互埋怨。由于至尊悲心浩大，不久又和好如初。

此后，至尊感知此界所需要化度的化机将尽，而且对无间的散动产生厌烦，于是对杨日噶尔的众僧给予郑重的教导和规劝后闭关修习，获得诸多观感。此后示现病相，于水虎年(1602年)室宿月[3]二十七日上午，在禅定中把色身影像收入无戏法身界。此时，大地震动，彩云满天，天降花雨，云层中众天神露着半身来供养，众人有目共睹。拉萨的觉沃释迦牟尼像、热振寺的文殊菩萨像和直贡寺金殿内的诸法主像，都流泪致哀。总之，连马骡等畜牲都表示悲哀。遗体宝在宝箧内保存了一年半，供养无量。之后迎请红帽系六世·曲吉旺久[4]为众仪轨首席，迎请达隆·衮噶扎西为平坝布施法会首席，举行丧葬诸法会，并迅速铸造了与人身等量的寝室金像，铸造高二层的金银和好灵塔，其凸出部分画有果芒殿图案和至尊的本生传记图以及续部众神，饰有诸宝庄严。于龙年(1604年)角宿月由大亲教师那木迥巴把灵体进行火化，出现了许多奇异祥兆，吸引了天人众生。心舌眼和头发等未被火化的殊胜宝物保存在直贡寺康萨尔杨衮护法殿的和好灵塔中，有诸

---

①天龙八部：八部鬼众，冥部八众：1. 天；2. 龙；3. 夜叉；4. 寻香；5. 非天；6. 金翅鸟；7. 人非人；8. 大腹行。八部中天龙之神验殊胜，故名天龙八部。

②净地：修建庙宇等建筑物之前举行的一种密宗净地仪式。

③曲吉旺久(1584～1635年)：噶玛噶举派红帽系第六世转世化身，系直贡第二十任住持平措扎西的儿子。

④指第二十任直贡寺住平措扎西的4个儿子：即那若尼巴·扎西平措扎巴坚参、曲吉旺久、贡觉仁钦、贡觉平措(又名仁增曲扎)。其中二子曲吉旺久为红帽五世之转世化身，其他三个儿子先后任直贡寺住持。

法主后嗣举行开光。这位至尊另有传记。

其弟子多如繁星，其中无与伦比的有至尊的四位后嗣①，我方的三位法主在下文讲述。喇嘛桑杰仁钦生在琼结，在至尊热那座前出家，住在杨日噶尔觉扎僧堂，从仲巴·江吉巴仁钦白听了许多正法。另外俄止达布·扎西朗杰、红帽·贡觉延拉、阿里仁增·堆穷多吉、德查·衮噶坚参、洛巴京俄·阿旺曲扎等无可争辩的圣贤，修习所有显密，护惜一切细微的戒条，成为著名的持律者。在夏惹、德仲、岗布、邓萨梯、噶蔡等处修行，获得一味[12]证悟。后追随至尊曲杰平措，求得许多灌顶密法。二次任杨日噶尔的掌堂师，任夏惹禅院的禅师六年，在纳木措的斯母朵修习三年。后定居苏日本仲宗。无比的曲杰平措往生他界时，帮助处理灵体，并为铸造银塔测量尺度，成为至尊三兄弟的主要上师，向三兄弟传授诸新旧密乘的灌顶和密法，80岁时圆寂，另有传记。

堪钦·朗迥平措无疑是堪布·古热瓦的化身，在至尊曲杰平措尊前出家，从至尊和诸贤哲听了许多灌顶和密法，证悟殊胜。任杨日噶尔的亲教师多年，多次前往多康等地，使众生趋于成熟解脱。刻印大乘佛法心要，为至尊那若尼巴、贡觉仁钦、曲吉扎巴三人的师父，获得“金刚持”的美誉，是至尊贡觉仁钦受比丘戒的亲教师，故称为大亲教师。另外，还有班钦·白吉加措的化身丹增平措、那续喇嘛释迦仁前、俄喇嘛达瓦·扎西达杰、冈底斯密宗师阿旺朗杰、拉齐雪岭密宗师衮噶白丹、噶尔·丹增平措等通达二次第的弟子。

---

①一味：即噶举派大手印四瑜伽之第三一味瑜伽。由悟心境一味，名为一味，又分下中上三品。

二十一、扎西平措扎巴坚参传

智慧又获悉地殊胜身，
在此化土经常来示现，
解救化度有情之众生，
扎西平措扎巴最殊胜。

第二十一任住持那若尼巴·扎西平措扎巴坚参白桑布的历史如下：这位圣贤的父亲是无比法主平措扎西白桑布，母亲是具备智慧空行母相的央苦，于木狗年(1574年)十一月诞生在续麦卓隆寺附近的林苑，出现了圆满吉祥瑞兆，与净饭王子释迦牟尼的功德相及随好相同，不管谁见了，都能产生愉悦之心。此后至尊逐渐成长，常有数名佩戴装饰品的青年陪伴玩要，平时只作超群脱俗的殊胜事，如讲经说法，跳噶尔羌姆舞，唱道歌，传授灌顶等，对文字、经论等诸学问一学便通，智勇双全。尤其是自幼从阿阇黎贡觉旺布学习并通达所有经典的读写方法和真言的拼读法等；对世间一切学问，甚至弹奏弦乐器等，无不精通。人人都承认他就是圣地印度转动成就大轮的那若巴的化身。在其尊父法主尊前听了直贡寺的总法库，尤其是听了深奥五具法，现起证悟义。另外，听了金刚鬘曼荼罗四十五尊，与药修相结合的善逝集曼荼罗等新旧密乘教法无量；从阿里大持明堆穷多吉听受了北藏等旧译诸法；从仲巴·仁钦白、洛巴·平措朗杰等处也汲取了法之甘露。之后，在无敌岗布巴·芒噶[1]尊前出家，取名扎西平措扎巴坚赞白桑布(吉祥圆满称幢祥贤)。

从8岁到16岁期间，在直贡替寺验证有戏无戏二次第，誓愿

---

[1] 芒噶：系梵音，藏文扎西之意，此处指岗布寺京俄·扎西朗杰。

圆满。16 岁时，前往桑耶寺，供养三所依，为众生祈祷，受到了曲均的欢迎和尊敬。当时应邀前往琼结，得到了丰厚的馈赠品，至尊也以世间出世间两个方面给予回报。在返回途中，又被第巴吉续巴迎请到扎噶庄园，获得很多赠物，至尊也以灌顶和密法使之满足。此后莅临杰钦孜，喀孜瓦等彭域地区的上下所有部主都来行茶送礼，至尊传授了诸多灌顶及密法。不久应邀前往达隆，以达隆寺的亲教师和轨范师为首的众僧俗人骑马设灶前来郊迎，众比丘排着长队夹道欢迎，与法主阿旺朗杰相见，一起论说佛法。在法会上，至尊转动了甚深甚广之教法及其讲解之法轮。法主阿旺朗杰说："如此年幼，却有这般讲授佛经的智慧，一定是前世所学。真令人佩服。"在场众人惊奇不已。此后在孜瓦陪伴在父亲左右。不久，喀孜瓦第巴的父子去世，其妻子大臣眷属把领地全部献给至尊父子。至尊向杨日噶众僧传授了觉巴三世怙主仁钦白的甚深法等许多灌顶及密法。此年冬季回到直贡寺，住在妥喀金殿，向聚众赐示诸灌顶教导经教，严格安排直贡寺的诸事项。

此后，择黄道吉日率众多师徒前往喀孜，受到挥旗吹号的马队欢迎。在此住了很长时间。彭域一带的所有官宦门阀都来献礼延聘。至尊根据不同对象，从世间和出世间两方面使众人得到满足。此后返回直贡，当时在父亲座前有众多献礼和拜谒的人，至尊给他们赐以灌顶和密法，使他们得到满足。此时藏北仁增·阿旺驾到，至尊从他那里听了一些教法。此后来到喀孜，当时帕木瓦等举兵包围了喀孜，每日都在试图进攻，使得我方众人恐慌胆怯。至尊总是说："我们不会受到伤害。"来安慰众人。尤其是一次交战时，一位叫拔雷瓦的尊者在军队后面抛洒朵玛食子，念诵咒语，十分恐怖。众人都说："他是达隆法王的上师，具有巨大的威慑力和本事，如果不好好去侍奉，那就糟了。"至尊说："不要紧，这样有利于我们的名誉和权势，而他自己不会有美满的幸福。"果然，敌军中出现了各种不祥的兆头和变化，而法主拔雷瓦在当月离开了人世。如此，敌方未能征服我们，而我们却像月亮战胜罗睺一样战胜了对方。

金鼠年(1600年)，至尊在孜瓦从尊父学习了八大法行善逝集的大灌顶修行及经教等。此年冬，随尊父来到喀孜，与红帽系殊胜化身相见，吉祥美满。阴金牛年(1601年)新春，至尊父子三人相见，人们挥舞旗幡，大奏乐器，赛马，跳鼓舞，举行庆祝会。此时，天空中出现了五色彩虹射到柱子上等瑞应，瑞祥吉利美满。同时诞生了至尊世系后嗣具相好的公子，至尊红帽·曲吉旺久给他赐名为丹巴罗布。四处流传着："诞生了一位奇异的后嗣"的佳话。我方众眷属在堪与三游戏场所[①]的地方举行了喜筵欢庆会。此年，在续麦普古东动工修建了宗萨扎西粗殿。至尊父子为此进行加持净土。不久，尊父曲吉杰布的色身影像从这众生世界隐化。这位至尊为报父恩，决心完成一切眼前和长远的事。完成了供奉遗体，建造银塔等丧葬佛事。于水兔年(1603年)登坐直贡大寺的狮子宝座。短期内建好了宗萨扎西粗寺，其寺规模庞大，造型精美，尤如无量宫落世间；在达东孜大殿上面修有杨柳宫似的寝宫，寺院四周筑有围墙。同时完成了这一实修派的历代传承师的卷轴画，并同寺院一道举办开光喜筵。

不久，蒙古军官卡丹巴土从藏北率领辉特部[②]的大军而来勾结霍尔堆(西蒙古)，妄想统治整个西藏。当他们途经隆续，靠近宗萨时，以霍尔本噶玛玉杰为首的我万户府大军给予坚定勇敢地回击，打败了对方。至尊也多修威猛诛法，击退敌方。人们看到在直贡大军后面有许多妇女，成群结队的犬狼在嚎叫；敌方军营

---

①三游戏场所：指帝释、猛利和娄宿子三神层次形成之天堂，即三十三天。

②辉特部：厄鲁特蒙古四部之一。

上空降落霹雳，帐篷内毒蛇游窜，在敌军中出现了诸多不祥之兆，而且罪魁祸首的敌方头目被恶性瘟疮夺走了性命，使得整个敌军溃不成军。

某时，至尊为直贡大寺立下严格的清规戒律，而且遵从旧规，冬季传六法，有150多名布衣修行者在大静殿内脱去布衣，以示脐轮火成就功德。诸如礼拜祈请，设会供曼荼罗，发放布施等事宜也作得很好。有一次莅临拉萨时，因藏堆王的谋士为了显示崇高，把藏达云钦波的身像竖在觉沃释迦佛尊前，紊乱了神鬼诸部，掀起了五色狂风，天降石头雨。当大地将要遭到毁坏，花草树木将要遭到摧残时，当地众人就派来数名壮男子向这位至尊祈请，至尊一发愿就立刻使风雨停止，所行处，无不获得安乐，获得了“支配四大的真实成就者”之美誉。某时，委任二弟至尊贡觉仁钦为杨日噶的亲教师，派他率僧营前往康区各地。至尊来到德仲和查乌等地，留下了许多手足印迹。不久二弟率僧营师徒从康区返回，向至尊奉献大礼。至尊把轮换的禅僧召集在一起，向他们赐示了许多灌顶和密法。水鼠年(1612年)，在续达吴创建了桑阿乔珠林禅院，并派去50多名禅僧。有至尊的小弟曲吉扎巴担任僧营亲教师，率僧众经藏北前往康区。至尊则在直贡寺召集僧众，把年氏传承的八大法行的大灌顶修行与药修结合起来进行传授。当时出现了彩虹满天，天降花雨，药香四溢等许多异兆，使在场众人有目共睹。

此后把直贡大寺的政教大权交托给至尊贡觉仁钦，至尊以舍弃一切世俗的修行者身份，在德仲、卓隆、查瓦卡德庆顶等地进行修行，对具信众人因材施教，以佛法之甘露使之得到满足。小弟率僧营返回，向至尊奉献了连毗沙门天王都感到畏葸的财物礼品。至尊向聚集在宗古热等柳园内的寺院内外的无数僧徒传授金刚鬘的四十五尊曼荼罗的所有灌顶，消除魔障。某日，在卓隆念修无垢大仙时，第一夜先有大恐惧，旋即出现至尊仁钦平措在白色衣服上套着红色袈裟，头戴莲苞帽。无垢大仙在修长寿佛和财神。另外亲见了大仙的静猛诸应变相及邬坚仁波且(即莲花生大师)、历代无敌的诸法主等。又有一天，看见了天空中配有绸带、口黯花等的白瓶，旋即又变成了白螺。旁边有一只云雀鸟在鸣叫："作啥作啥，现在的紧要事是，把轮回事轮回事，嘀嘀嘀嘀，咽咽咽咽，坚决舍弃，坚决舍弃。"至尊知悉这就是无垢大仙的化身亲自来鼓动自己抛弃对轮回的眷恋。另外，平时常见到文殊大威德、智慧护法神和祖母护法曲吉卓玛等。

某时，一些被欲天迷了心窍的坏家伙，以丹巴罗布和姊妹崩萨平措二人的所为为借口，制造了内部不和。为此，诸官宦迎请红帽六世来给予善导规劝，但毫无效果。于是，让丹巴罗布担任直贡府的政教之职，至尊则前往年波哲等地。在卓隆再次向喇嘛朗色瓦等人赐示了八大法行的大灌顶修行。不久，藏巴第斯让至尊任职，至尊遵从第斯之请。此时，吉续第巴[①]阿白行贿我方四昆季之帕巴洛吉夏热，把他派往蒙古，调来辉特部军队，至尊被迎请到北方，后到蒙古。在蒙古住了数年，显示了诸多奇异的成道相，使得蒙古人也产生了信仰。不久，至尊决定显示入大涅槃的最后成道相。十土龙年(1628年)七月十三日示现诸神变，进入解脱大寂法界中。年届55岁。在蒙古，至尊的随从把一条羊尸当作遗体火化，仍出现了许多舍利，蒙古人争抢这些舍利。至尊真实的遗体由随从迎请到比日山火化，出现了许多异兆，后来，把舍利迎请到直贡寺，保存在殊胜银塔中，至今仍存放在康萨尔杨衮殿。

---

①东嘎先生在《论西藏政教合一制度》中说："当时西藏地方有雅、衮、藏三个强大的第巴。……这些都是噶举派的施主。其余地区势力稍强大的还有第巴拉加里和从拉萨曲水到墨竹地区之间的第巴吉雪巴。这二人是格鲁派的施主。"(郭冠忠、王玉平汉译本，第81～82页)由于直贡派与格鲁派失和，故亦常与第巴吉续和乃邬宗等格鲁派支持者产生磨擦。

直贡寺按旧规举办了丧葬法会。对于这位至尊，只有至尊贡觉仁钦所作的传记，没有别的详传。虽有无数弟子，因不见文字记载，故难以记述。世系后嗣丹巴罗布如上所述，于阴金牛年（1601年）降生在彭域喀孜，在至尊四兄弟尊前听了许多新旧密法，身着持密咒的白袈裟，平时潜心于修持，于木鼠年（1624年）示寂。年届42岁。遗体火化时，出现了心眼舌等舍利。除此之外没有详细历史。至尊红帽巴·曲吉旺久的历史另有记载。

二十二、贡觉仁钦传

汝之智慧所释大光芒，
满足众生愿望而启开，
第二龙足金刚语莲花，①
贡觉仁钦足下请护我。

第二十二任住持至尊贡觉仁钦的历史如下：正如圣观世音在无量光佛座前发誓，要在圣地印度和吐蕃地区化身为诸法王及善知识，亦正如在《国王全集》、《噶当书》、《直贡启白》、《莲花生大师传》、《饶绛杰瓦玛》等经籍中记载，当时知一切索朗嘉措②往生他界后又再次化身来到此界。这就是三世诸佛为了饶益众生，像天空中的一轮月亮，在水中却能变化成千万轮月亮一样，相应变化

①第二龙足：指直贡·仁钦白。此句意即弘扬仁钦白传下来的直贡教法。

②知一切索朗嘉措：（1543—1588年）是第三世达赖喇嘛。生于前藏堆龙。

为一系列化身;在同一个时间内,可以变化为数化身或以加持示现化身一样。在直贡,至尊曲杰平措和妻子央苦玛有4个儿子,长子为至尊那若尼巴,二子为红帽六世,三子为这位至尊。至尊清楚地记得前世中有清净智慧身前往铜色山莲花生尊前,以及如何投胎等情况。后在孜瓦萨丹多吉布宫投入母亲胎里,于金虎年(1590年)诞生。因在胎里只呆了八个月,生下来时被汗毛覆盖得连耳朵都不显现。当时虽是冬季,但出现了天打雷,降花雨等奇景。母亲和一些左右人说:"这个孩子可能不会长久于世。"尊父却说:"我梦见有人给我送白螺,孩子不会有事。"因早产,母亲奶水不足,所以喂牧区母犏牛的奶养大的。3岁时,因从寝室的天窗看见天空而亲见真实胜观智慧,当时清楚地知道宿住随念,获得宿命通①,因此断定是知一切的化身②。最初至尊的一些侍从献来手鼓、珍珠缨络、小幡③等随身物;后来又被管家僧格确认是知一切的转世化身。但因在蒙古又转生为云丹嘉措④,故前去蒙古认领。尊父也为了直贡佛法,想方设法阻止把至尊认作知一切的转世灵童而迎请到拉萨。至尊对文字读写以及显密诸明,一学便通。某时,把坐在正厅柱子前的父亲看作是真实观世音菩萨。龙

①宿命通:宿住随念智证通。六神通之一。如实能知自他前生生地、姓名、父母、业、命、资财如彼如彼等诸实况的智慧。

②知一切:即指第三世达赖喇嘛索朗嘉措。

③小幡:插于屋顶或抛施朵玛食子时手中执持者。

④云丹嘉措:(1589～1616年)是第四世达赖喇嘛,生于蒙古。关于三世达赖的化身转世在蒙古,在牙含章《达赖喇嘛传》中说:"云丹嘉措出生以后,首先由当地蒙古人认定是索南嘉措转世的灵童,而且主要是由三世达赖索南嘉措的管家班觉嘉措和云丹嘉措的师傅贡桑仔巴起了作用,并得到内蒙古王公、后妃和洪台吉等人的支持。"(第25页)在其他藏文史书中的记载也与此相似,并不见三世达赖的化身也曾在直贡噶举中转世的记载。

王试图与至尊较量，因至尊现示父尊忿怒相，龙王未能战胜至尊。

9岁时，在尊父曲吉杰布尊前出家，取名曲杰仁钦曲吉扎巴坚参(法王宝法称幢)，因众人难以记住，便改名为贡觉仁钦(至宝)。12岁时，从尊父听了八大法行善逝集的大灌顶修行，获得了奇异的观感。另外，听了许多新旧密法，尤其是接受胜乐金刚和护法神灌顶时，亲见了胜乐、护法二尊。13岁时，尊父曲吉杰布示病相，至尊前去服侍，见父亲体质虚弱，心生难忍之痛苦。父亲向至尊赐示莲花伏魔法等并说："我不会有事。"在父亲示寂和供奉遗体的同时，从克珠·桑杰仁钦处听了诸祖师文集、喜金刚、胜乐六十尊和阎罗铁蝎等新旧密乘的许多教诫。不久为父亲修造银灵塔。父亲的遗体火化时，至尊坐在一旁，随着一声"嗒"的声响，一片未被火化的父亲面颊落到至尊怀里。此后，为了安置和开光银灵塔，至尊那若巴尼巴来到替寺，至尊驻锡在宗萨，后被地方官贡布迎请到盖拉霍尔，顺便到苏日，在一条街市上，一位白发老媪直奔过来，抓住至尊的马笼头问："您衮噶罗布来了吗？"至尊把她看作是化身。在热早礼拜觉沃释迦佛时，亲见了十一面观世音。此后，红帽巴·曲吉旺久到直贡替寺来为灵塔开光，这位至尊也前去当助手，亲见金殿内的曲吉仁波且·仁钦白身像，露出微笑。而后返回宗萨。16岁时，在红帽瓦尊前受沙弥戒，取名曲吉迥乃陈烈朗杰(法源事业胜利)。从红帽巴听了时轮幼童入七灌顶、十二净续等许多灌顶及密法；又从桑杰仁钦处听了新旧密乘的诸教诫；从堪钦·朗迥平措听了三世怙主觉巴仁波且的甚深法、正法一密意趣和深妙道那若六法等，以脐轮火使修持圆满。

在孜瓦修持大威德时，一位裸体女人献来刺树果所作的念珠。此后到卓隆时，某夜在枕边送来了白响铜的十一面观音微型像和一块牛黄。彼时获得了圣观世音究竟宝方面的净相。17岁时，从兄长那若尼巴至尊处聆听了大手印五具的传授经验，现前本性证悟。不久，因母亲患疾，前去服侍，母亲病逝后，广办丧葬佛事。当近修红色威猛天时，某日天降冰雹，他诵咒止冰雹，亲见大如山的威猛天。当念修马头明王时，获得了坚固的生起次第，众人亲耳听到至尊头顶有马嘶声。向一些具信徒众传授狮面母灌顶时，出现了曼荼罗画片发出声响、喷出甘露等现象。此后任杨日噶尔的亲教师。

19 岁时，从大亲教师朗迥受比丘戒，持守一座食禁戒，身成究竟僧。某时念修护法神时，祖母护法曲吉卓玛把至尊授记为宾度罗跋罗堕阿罗汉，并作了许多空行母赞颂。另外，一位身披山羊皮的骑狮护法①子送来一团纸卷，说："这是铜色山的莲花生大师所赐。"打开看时，上面写有上师四身②修法。又某次看见空中至尊米拉日巴由五长寿女围绕着，从此获得了许多耳传甘露滴方面的深奥法的净相。不久，途经藏北前往霍尔各部和那续等地，把一位叫米龙东的凶残王入了佛道，向集聚的信徒赐示灌顶及教法。后又途经理塘前往达贡寺，在此向以嘉顿法主为首的所集众人传授了许多灌顶和密法。来到德邓、拔且寺以及仲巴③各部，各处获得了许多供品，至尊也向各处赐示密法。遇到了结营外游的红帽系化身，给具神力的苏多刹土神传居士戒。在蕃均衮噶有遭到蒙古人袭击的危险，因在僧营四周挂起紫色帷幕，不让蒙古人看见，故未受到伤害。逐次来到巴(塘)④上下，在巴塘上部受到丰厚的供品，于是至尊传授教法，并作护法四臂的朵玛回遮法以作敬事。调解了巴塘地区大小官宦间的纠纷，因下部官吏违背了至尊的教诲，结果诸部被水淹没。在查玛郭尔修持忿怒金刚吽时，

①骑狮护法：护法大将军。宁玛派开派祖师莲花生收伏的一护法神名。

②四身：佛所具备的自性身、智慧法身、受用报身和变化身。

③仲巴：旧名仲巴洛强。在西藏自治区西部，雅鲁藏布江上游。

④巴：即指巴塘。在四川省甘孜藏族自治州西部、金沙江东岸。

某夜刹那间来到西南方的拂州，看见此处正是在《启请落日》中所说的景象。又一次黎明时，亲见忿怒金刚。后途经毗日北路来到理塘，在噶丹唐结钦巴大寺等处，向所聚集的具信大众传授灌顶和密法，从政教两个方面使他们得到满足。此后来到噶芒达孜朵，在饶岗嘉母萨寺中念修威猛大师。寺后雅拉山的神是岗拉雪神，以前每次有上师传授灌顶及教法时，总会出现种种凶兆。至尊修威猛天时，每日总有打雷下雹现象，某日在至尊头顶盘旋着形如陶器的雷电，须臾间至尊把雷电甩向右边的一处岩石上，使得岩石摇摇欲坠。当夜，岗拉召集了众多天鬼大军，示现大神变，由于至尊以正见之生起次第逼迫对方，使对方难以招架。翌日夜晚，雅拉山神及其眷属前来，向至尊请求摄持授戒。当时虽在朵地盛行丘疹病，但至尊师徒未受任何灾害。趁来噶芒的机会，至尊前去朝拜理塘寺和崩雅区域的类乌齐、邦齐、乌那等寺。在各处得到了丰厚无量的供奉承侍。至尊也赐以灌顶教法以及财物，从世间出世间两方面满足众人。

回到直贡后，向直贡寺的大静殿内的贤昆玉尊者献上金银绫罗茶马等无量礼品，向各殿堂供奉酥油灯、哈达、旗幡等供品；向师君三尊等上人献上礼品；向众僧发放大斋布施。此后心想把僧营交托给弟弟，自己到杂日和冈底斯等圣地去专心修行。只因以至尊的兄弟为首的我方上下众人诚恳挽留，故在直贡替寺康萨江玛寝宫内闭关修持三年。冬季十二月时，被至尊那若尼巴的教导所鼓动，遵从以往传规，传授冬令法那若六法的讲解和达布会传的解说，出现了以其兄弟为首的单穿布衣的热巴 200 名和身着袈裟的热巴 300 多名，显示脐火轮功效。当时出现了寺院前方河水解冻，山间溪水解冻等奇兆。此时，岗布寺的至尊罗布坚巴也驾到，看到一群布衣僧，惊奇地说："噶举大宝的法流在此。"此后闭关静修，念修了胜乐、护法、白度母和极深密意诸尊等，出现了符合经典的征相。

将满三年时，由于至尊那若尼巴和大亲教师朗迴的诚恳请求，于木兔年(1615 年)六月十三日黄道吉日接受直贡寺住持之职，年 26 岁。以兄长和大亲教师为首的众人给予热情赞颂，我他各方上下众人献贡超过往常的礼品。不久被霍尔本噶玛玉杰邀请到藏北，获得了丰厚的供养和广大承事，至尊也从世间出世间两个方面满足众人。为了给诸祖师的岩画像开光，前往包拉母依山顶时，念青唐拉变化成大雕前来恭迎。之后返回直贡，向直贡寺的各经殿贡献供品，向众僧施放斋食。前往喀孜等处，传授许多灌顶教授，连龙王都恭敬信仰。此后驻锡宗萨尔。僧营也从多康地区返回。至尊聆听了至尊那若尼巴所传金鬘灌顶和密法。当时倡建金殿外屋的释迦能仁金像。至尊红帽六世率僧营从多康来直贡地区，驻扎在热地区，至尊按传规给予赏赐，并在红帽六世尊前听了胜者①所说甘珠尔等。后僧营返回，至尊在直贡替寺闭关静修期间，一些被欲天箭所射中的人，杀死了至尊的近侍格隆阿塔，至尊兄弟间发生了纠纷。至尊决定离开直贡，我方众人请来红帽化身，进行规劝，众天人也都恳请至尊留下，因此，至尊把住持之职交托给丹巴罗布，自己在替寺闭关静修。某时途经年波来到扎噶拉曲，此后又秘密地前往拉萨等地，而后继续在替寺闭关静修。某时蒙古辉特大军来到肖普，至尊被邀前往，受到敬仰。有一次后藏第斯派来代表人员，要法办以上所说惹事生非的祸根，至尊大发慈悲，使他们免受惩处。为此至尊那若尼巴也十分高兴。

之后，南方(即山南)曲杰颇章巴因一知事僧逝世而来迎请至尊，至尊朝拜了昌珠寺并出席了露天筵宴，陈设大供进行回向印

---

①胜者：佛的名号，因战胜天子魔、死魔、蕴魔和烦恼魔等四魔，故名胜者。

封，向聚集在此地的众人赐示了各自所喜爱的灌顶教法。朝拜了圣地西扎山。此时蒙古辉特军来到直贡，把至尊那若尼巴迎请到蒙古，为此至尊暂时不便回寺，于是仔细朝拜了吉祥帕木珠巴大寺、桑耶寺、钦普等圣地，并得到了曲均的过去和未来的授记。不久，藏巴第司的大军来到，使我万户府流散在外的臣民又能回原处。木鼠年（1624 年），在朗杰曲丁动工修建了连同禅院的大殿，并很快竣工，人称朗杰曲宗堡。此年，丹巴罗布往生他界，众僧按传规举办丧葬佛事。此后，至尊来到彭域萨丹地区，见到了其兄红帽·曲吉旺久并贡献财礼，听了些许密法。当时政教两个方面还是由这位至尊护理，为此至尊心想该把职位交给弟弟，自己舍弃一切专心修持。于是同兄长商议后回到直贡寺。于火虎年（1626 年）把住持之职授给弟弟曲吉扎巴。

某时，从汉地派来使者送诏书，至尊前往朗杰曲宗接受，应邀前去参加达隆晓仲·阿旺朗杰圆寂的丧葬法会，谒见到了晓仲巴侄子，朝礼达隆寺后夜宿热振寺，黎明亲见了觉沃至尊阿底峡。此后至尊回替寺，从班钦·白吉加措之化身班钦·丹增罗布处听了一些灌顶和密法。此后又前往叶巴、洛衮等圣地进行朝拜。行至洛衮下部时，见到布满彩虹的天空中，能仁、观世音、白度母、不动金刚和至尊曲杰平措等被诸静猛天簇拥着。在寸蔡受到了拉钦东推坚（螺额大天）的敬仰。此后应邀来到藏北，声明不办肉筵，霍尔人也立誓今后长时间不杀生，封山禁杀，接受六字真言。这样，至尊把本地众人引入解脱道。返回直贡不久，又被贡木地区诸部和寺院邀请，首先来到位处中央的霍尔部，得到各部供养，至尊也赐授各自所需教法。前住俄藏的途中，从蒙古传来了至尊那若尼巴收摄化身影像的消息。于是召集亲族诸寺的比丘 500 多名，举办了续部丧葬仪轨和供养布施法会，达七日。在一个叫扎高的地方，至尊在修持圣究竟宝七生丸中进行传授灌顶，使所聚广众得到成熟解脱。途经俄地诸寺来到达衮寺，向所聚信徒赐示金刚鬘曼荼罗四十五尊灌顶，修复了佛殿和护法神殿等，并建立了在法会上吟唱觉巴仁钦白道歌的传规。其后被迎请到囊谦①，朝拜了桑杰叶巴圣地后，在益古扎朵，向噶尔·丹增平措和囊谦地方官洛珠杰布等施主，传授了珍珠海灌顶；在杂西向所聚十万多信徒，传授闻解脱②灌顶，有许多人立誓要弃恶从善，又朝拜了东叶普寺③。囊谦地方官等人向至尊奉献无量供品，至尊也回赐了教法及财物，使众人得到满足。途经达纳④寺来到那续，向所聚众人传授俄氏七曼荼罗和那若六法等，给予因材施教，以佛法之甘露，使众人得到满足。修造了至尊觉巴仁波且的绢像，并与寺院的经塔像一同举办开光。调解了白贡两地之间的纠纷。

回直贡后，向直贡大寺供奉酥油灯、哈达等供品；向僧众发放布施。在宗萨尔，向兄弟仁波且奉献重礼。在杨日噶尔创立了每年神变月⑤举办胜乐修供仪轨的规矩。向轮换的禅师赐示了许多甚深甚广的密法。此后应邀参加岗布珠古·罗布坚巴圆寂的丧葬法事，于是途经甲域前往岗布。当见到岗布圣山时立刻产生了巨大的信仰，看到彩虹满天，云层中众多男女天神正在供奉。受到岗布寺僧人的夹道欢迎，并受到广大承事和无量礼品。至尊作众僧首席，举办了供养回向法会。向桑隆茅棚等诸所依给予纯净供养并进行祈祷。之后至尊来到大圣地杂日山，受到了刹土神贡噶旋努和圣地神、诸空行母等的迎接。在某一石头上清楚地留有

---

①囊谦：在青海省玉树藏族自治州南部，澜沧江上游南岸。

②闻解脱：藏文为脱卓，可能是指宁玛派的“巴多脱卓”：中阴救度秘法。即在中阴期闻上师指点而得解脱。

③叶普寺：是叶巴噶举之主寺，叶巴成就者益西孜巴倡建。

④达纳寺：系叶巴噶举之北寺。后成为噶玛冈仓噶举寺。

⑤神变月：藏历正月。相传为释迦牟尼于公元前511年示现神通变化降伏外道之月。

刹土神的坐骑蹄印。至尊从曲桑开始步行，在颇章玉措旁停住三夜，见到了在鸡蛋那么大的湖水泡中清晰住有胜乐俱生，供有许多湖中物品；在卡卓崩替闭关静修，获得了无量观想；在巴窝多推的一块石头上留下了佛珠的印迹，在湖畔留下足印。回来时，途经杰和墨竹来到朗杰曲宗。

此后，被第巴普多瓦迎请到彭域林周宗，参加第巴之妻平措病逝的丧葬法会。至尊为众僧首席，受到了丰厚的供养。顺便朝礼了夏热崩巴寺，向听聚师徒百姓赐示所需教法。前往叶巴，仔细朝拜了叶巴寺。在达瓦普洞中念诵圣母如意轮达七日，在洞上方有："真可惜，今天不能战胜"的声音，显然是前来较量的邪恶势力遭到了失败。结束闭关后来到拉萨，向以释迦佛像为首的众所依奉献金水、酥油灯和哈达等。至尊在释迦的二尊像前分别静住一夜，当准备在五位天成①像前静住一夜时，香灯师关门不让进入，于是就在门前静住。翌日清晨，门锁突然自开，至尊进去，立刻产生应向圣观音祈念《启白利乐藏》的强烈感觉，于是进行认真祈祷。朝拜小昭寺、布达拉宫等后回到朗杰曲宗。现在坐落在卓隆殿堂的主要佛像，有靠座的能仁王释迦牟尼像就是在那时塑造的。另外，至尊还塑造了佛陀空性法身的金线卷轴画等。有一次，至尊向直贡替寺、邓萨梯寺、岗布寺、楚普寺、色拉寺、哲蚌寺、甘丹寺等各教派寺院广放大布施。彼时，蒙古叶塔奇军队逼近直贡，但我方未受伤害。乔多王派人来到至尊尊前，送来浮雕花纹的铠甲和绸缎等许多供物。至尊以发愿回向和书函为回赐。囊

---

①五位天成：天成五位一体。传说拉萨大昭寺十一面观音像，泥像本身乃未经塑造、天然聚积而成；像内装有一躯蛇心旃檀树中天生观音像，以及松赞干布、文成公主、尼泊尔公主死时灵魂均没入其内。如是五种天然成就的事物，共聚一体，故名。

谦官员噶玛饶丹前来要求派一名管理禅院供养处的人，至尊任命天生聪慧又修习功德超群的洛仁波且·贡觉陈烈朗杰前往掌管。阴金蛇年(1641年)，由于吉续蒙古兵杀死了噶尔藏施主，发生了战乱①，德久绛巴等藏蒙大批人攻到直贡，朗杰曲宗完全被毁，一些蒙古人把主像有靠座能仁王像扔到江里，但未受丝毫损坏。此像沉在江水期间，天空中的五色彩虹射入像中。至尊把能仁王像迎请到卓隆，自己也定居在卓隆。修建了面积为36柱子的大厅，扩充了庄园。至尊认为今后的僧营经院可以定在此处。维修了直贡寺的金殿、康萨殿、果芒殿等。由于金蛇年发生战乱，加之马年(1642年)、羊年(1643年)连续遭到前所未有的霜灾，因此卫藏地区的大多数村落和寺院濒临灭绝。然而，直贡寺未曾受到丝毫的危害，全赖于这位至尊的大恩。

彼时，至尊的弟弟曲吉扎巴重受比丘戒，为了不让居惹家庭的血统断绝，至尊决定娶妻生子，但是，出于那些像欢喜王一样的

①此指固始汗率军入藏，消灭藏巴汗事件。后藏地方势力第巴藏巴(即藏巴汗)是噶举派的施主，常与格鲁派及其施主第巴吉续等发生冲突。1612年藏巴汗彭措朗杰发兵征服了彭波等地，统治了西藏全境。1617年应格鲁派之邀，廓尔喀蒙古却科尔汗带领3000多人的军队抵前藏，联合前藏原有兵力向藏巴汗反攻。第二年，藏巴汗带领军队一万多人，进行还击，摧毁了色拉寺和哲蚌寺，杀死僧俗5000多人。1633年，五世达赖的大管家索朗绕丹和蒙古的拉尊穷瓦洛桑丹津二人带领2000多蒙古骑兵，联合第巴吉续的军队反攻藏巴汗，藏巴汗兵败。1635年喀尔廓蒙古部首领却图汗，派自己的儿子阿尔萨兰，领兵入藏援助藏巴汗，但阿尔萨兰被谋害，之后固始汗领兵入藏，彻底打败了藏巴汗。1642年，廓始汗将西藏地方的全部政权献给了达赖喇嘛(详见东嘎先生《论西藏政教合一制度》)。

人大肆诽谤，使得居惹纯净无垢世系遭到断绝①。某次，向康区的杨衮寺喇嘛和杨日噶尔所聚会众讲授佛说部甘珠尔经。金兔年(1651年)动工修建了现称宁玛殿的经殿，尼泊尔的能工巧匠塑造二层金银大菩提佛塔。佛塔层级上塑有佛、菩萨、十六罗汉以及历代噶举诸师像。佛塔形似吉祥塔，由诸宝物装饰，8个月内，连同经殿、佛塔经等全部修造完毕。至尊带领众僧，依静猛种聚和胜乐仪轨进行开光，举办喜筵。对众工作人员赐以财物报酬，使他们得到满足。某时至尊在观感中受到三位女子鼓动，她们让至尊去观看生死涅槃明镜，并说："您如来与我们三个人一同前去，在形如人心的红岩下有个洞窟，洞中有形如明镜的金石，此金石有四方天窗，里面有金刚萨埵明镜。"至尊一看，清楚地见到了地狱、饿鬼、畜生等众恶趣所处。又见到在玛瑙盒中，圣地印度的金刚座中间，能仁王向声闻众人讲授因果法；见到阿底峡尊者在谈

①关于居惹家族断嗣，在《土观宗派源流》中载："可是到了晓仲朱龙巴时，他竟把噶举教授放置不修，却专去修宁玛的铁蝎诛法。……甚至对于达赖索南嘉措也用咒术伤害。达赖闭关七日，修大威德猛利幻轮法，使直贡众僧皆病，至尊觉巴血统的珍贵纽带从此中断。"王森先生《西藏佛教发展史略》中云："16世纪后半叶，止贡派人又特别重视宁玛派的密法，当时止贡与黄教为敌，加以止贡地区又有疾疫流行，寺僧多死，势力再削。……1653年五世达赖得到清廷的封号以后，止贡派也处于达赖管辖之下。大约在此时，这一派的首领也采取了活佛转世相承的制度。"(该书第133页)。确实，到了直贡替寺第二十二任住持时就断了居惹家庭血统，也开始了转世制。第二十三住持是第二十二任之亲弟，第二十四任是第二十二任之转世化身，开始了转世制。但断血统并不断传承，不能误作"这一支系在明朝中期以后，黄教兴起并与之进行斗争，才最终断了传承。"(张治江等主编《佛教文化》第230页)。值得注意的是直贡噶举活佛转世有其独特形式，那就是即任住持发现上任住持之化身并培养他，最后把寺座交给他。这样叔侄轮流式的转世有效地避免了因住持年幼而大权旁落等一系列问题。

论西藏品行；又见到在一北方自称是邬仗那寒林的可怖寒林中有大成就者铃足、胜乐父母以及无量勇士空行转动会供轮，示现身相神变；又见到在一岩洞中一个叫卓瓦衮觉的仙人（救众大仙）向至尊给予许多过去和未来的授记。如此获得了无量奇异的观感。这位至尊虽未长任住持，但他严肃了直贡寺和杨日噶尔的戒律，阐明了正法密意一趣之诸义，实践体验和发展了甚深妙道五具等祖师诸法，并造了世尊不动佛的仪轨、敬信命轮教导，以及有关怙主和护法神方面的论著。而且维修了直贡经堂的诸所依。总之，始终为直贡佛法作了广大事业。

此后，此身要教化的化机已完，于木马年（1654 年）十一月示病相，十二月三日初显水兽宫时[①]的上午，心识融入法界。年届 65 岁。于木羊年（1655 年）神变月五日由至尊曲吉扎巴任金刚阿阇黎，按胜乐五尊仪轨火化了遗体如意宝，出现了诸多异兆，产生出头脑舍利等许多所依。迎请了达隆晓仲·阿旺扎西白珠为众上人之首席，举办了丧葬法会，向所集会众广作承事并献无量礼品。此年年底，修造了金银灵塔天降塔，塑造了寝室金铜像，把灵骨请住在银塔内，置于直贡替寺康萨宁玛殿内、圣者自己的誓愿菩提圣塔之旁，广办开光仪轨。

这位至尊有许多的弟子，其中最殊胜者洛·平措朗杰的转世贡觉曲吉杰布诞生在墨竹巴饶。最初在至尊曲杰平措尊前出家，后在至尊贡觉仁钦尊前受比丘戒，并听了新旧密乘诸法。在接受极深密长寿灌顶时亲见长寿五尊。护理仁钦扎和曲桑等旧寺。此后再三强调他的化机在康区，数次欲往康区，但因被挽留未果。21 岁圆寂，遗体火化时，头颅中出现了诸多舍利。他的转世化身

---

①水兽宫：摩羯宫。十二宫的第十宫。按宫日计算的太阳平行度从第二十宿的 15 度起入摩羯宫。

洛·陈烈朗杰的历史见下文。巴洛巴·晋巴平措精通不可思议的理证学问,授记为上师四身密法的法主。任仁钦扎寺的上师,后成为至尊曲吉扎巴的经师,向至尊传授了新旧密乘的许多教诫,尤其是在传授了热钦·白久桑布传规的长寿灌顶时,使寿箭增长四指长,是至尊曲吉扎巴第二次受比丘戒时的亲教师。此尊者不见有传记,这里只是对一些史书中的记载作了些补充介绍。另外还有阿里杰赛·仁钦桑布、嘉顿法主仁钦曲杰、类乌齐法主措吉多吉等许多弟子,恐冗不赘。

二十三、曲吉扎巴传

施以希有智慧加持力,
成为金刚密乘之法主,
胜王莲花大师变化身,
仁增曲吉扎巴我顶礼。

第二十三任住持的历史如下:无比的诸明顶饰曲吉扎巴系胜者王热那的化身。热那虽在东方不动佛刹土妙喜世界成为胜者广弘佛,但是,为了护理直贡佛法又化身为至尊曲吉扎巴。大家确信这位曲吉扎巴尊者是阿阇黎莲花生的化身。在乌坚林巴的《大悲智慧殊光》中云:“现在化身拉赛牟迪赞,后在直地化身热那师,护理当地村落和寺院,若为魔之化身丧性命,末法时代会有我化身,继承伏藏众生结三缘,此人就是杰赛乌如云。”又至尊热那答阿扎上师衮噶扎巴问时云:“我将再次化身来此地,直贡胜人达磨护政教,这个时候很快会到来。”如此,曾多次被授记过。这位圣贤就是杰赛拉结之化身、无匹曲杰平措和至尊金刚瑜伽母化身央苦的四个儿子中的幺子。先是成为这对父母的一个女孩,长到

2岁时感到此身难以成就自他事业。所以，保姆背着她外出时，头碰上门楣而死。之后她又结生相续，不过数月又投到央苦胎中。在胎中就能知道外面人说的一切。于木羊年(1595年)鬼宿[①]月上弦诞生在坚固的多吉颇章宫，当时出现了许多异兆。

以后常住于平等性的禅定中，由祖母护法神曲吉卓玛当保姆，逐渐成长。当他玩要时，总有数名长相俊俏、穿着华丽的女子陪伴，不管他想干什么，不用言语命令，她们就会替他办好。当他的左右人来时，保姆和陪他玩的女子就立刻隐化不见了。此后在尊父尊前献发新，并取名贡觉平措(众胜圆满)。某时投进尊父怀中，清晰地见到了空中吉祥胜乐五尊曼荼罗。又某次，德仲地母给他献来天冠。5岁那年，在土猪新年(1599年)办喜筵时，见到大仙人罗睺罗在空中神采奕奕。尊父给他传授百来种俱卢洲[②]长寿灌顶时，亲见长寿甘露的颅器上住有大如拇指的无量寿佛；见到尊父身上红光闪烁，犹如大火燃烧。此后，在至尊无比的法王尊前，与三位兄长为首的自他各方所聚无量徒众一道聆听了八大法行善逝集的灌顶、大修及其支分甘露药成就法。当时，不显现彩粉曼荼罗，而亲见如虹的无量宫中静猛七百二十五天尊，清晰显露；有时见彩粉曼荼罗上空有如虹发光的大曼荼罗；见到在梵线上，众天子天女手持乐器，其中诸上师本尊空行在翩翩起舞，而金刚阿阇黎法王本人，变成真实的大持明金刚法身；在传授灌顶和跳噶尔羌姆舞时，见法王双足腾空、不着地面；当向大曼荼罗散花时，花变成各种颜色的花，并套在曼茶罗中间的主神颈项上；在药殿内响起诵咒的声音，并出现光和烟等；在灌顶席位上还来了空行八部的诸威猛神。如此，所得征兆和观感无量。又从尊父接

①鬼宿月：即藏历十二月。

②俱卢洲：系梵音，意即胜处。四大部洲之一，在妙高山北方海中。

受胜乐噶译师传规五尊灌顶①时，见到了尊父变成黑如嘎；接受洛支仙人的随许时，亲见了无垢大仙。当听受胜者王衮噶仁钦文集的经文时，尊父把昌都杰仲奉献的殊胜珍珠鬘戴在至尊的脖子上，这就预示将来把它当作尊父灵塔的装饰品。当尊父由于他因，身染邪气时，他就去侍浴，结果水都变成浴佛水。至尊用手捧水，反复往尊父头上浇，这就暗示他就是至尊热那的真身。不久，尊父曲吉杰布示病相，至尊不离左右，尊父从眼前和长远各方面给予仔细教导。当尊父示寂时，至尊向尊父灵体如意宝诚恳祈祷，祈祷能成就七支修和自他两利事业。迎请兄长红帽巴为众人首席，举办丧葬法事，并拜谒了红帽巴。

某时，前去朝礼苏日扎噶圣地，红帽巴六世给至尊赐名为仁增曲吉扎巴陈烈朗巴杰瓦德（持明法称事业胜利部）。此后前往孜瓦，听了遍主时轮幼童入七灌顶等。又在尊父的如意灵体旁，与兄长们一道从克珠·桑杰仁钦听了噶举派诸祖师文集等。最初读听牢记自己传承的诸酬补仪轨时，胜乐俱生数次出现；当讲听怙主赞东北林下篇时，亲见到文中所述主尊神；当念诵祖母护法神的速成法时，五位护法主尊徒步前来，主尊母把白晶石的佛珠献给至尊；当记诵刹土神的酬补仪轨时，刹土神父母眷从和两只猴子翩翩起舞，跳着噶尔羌姆舞。又有一次，母亲把尊父从雅觉官员逮巴绛续处得到的圣物——带鞘的小刀给了至尊。由于至尊把它视作宝物，因此某夜梦见一个可怖的起死复生的尸体发出“哈哈，嘿嘿”的恶音，并奔跑过来，要害至尊，结果在一个小岩石上，胜乐俱生主尊独自念诵着最心要的七字真言，使大地震动，那个尸体遭到失败。此后，由于至尊坚持念诵七字真言和查杰玛文赞颂，不久夜晚梦见：自己来到清晰完整的寒林曼荼罗之无量宫，吉祥黑如嘎勇士、瑜伽母主仆在转动广大法供曼荼罗，在如此

①五尊灌顶：即噶译师传规胜乐金刚五尊灌顶。

的神变曼荼罗中，给至尊传授圆满灌顶。

从至尊热那的及门弟子喇嘛塔耶平措处求问了阎罗遮阻的轨范仪则；从直贡替寺的阿阇黎格顿嘉措处学习了替寺传规的拼读法；从格隆·平措次仁处学习了新旧密乘的所有曼荼罗的划线法和彩粉曼荼罗的绘制法等。此后完成了尊父遗体火化及铸造银灵塔等事项。在兄长那若巴尊前，聆听了有关极深密方面的全部内容。当时，产生了谷如仁波且（莲花生）在中房的宝石地面上嘱托护法神祇守卫教诲的念相。某次，亲见了天空中的阎罗死主。在人称金刚持的、值得称赞的大亲教师朗迥处，听受那若六法，誓愿圆满。另外，从这位大亲教师听受闻解脱法的当夜，出现了阿阇黎莲花生真实降落智慧尊[①]的奇特观感。年满 11 岁时，从至尊那若尼巴处听了大仙洛支教法，并长期念修之，获得了无边观相。迎请至尊红帽六世到直贡，听了十二净治续。不久，与至尊兄长一道途经嘉玛来到桑耶寺亲见强久钦布（大菩提）祖师[②]。忆起曾在桑耶寺中房内师徒随从相聚时的情形和在海波日山修建当巴江寺等许多过去的宿住随念，在钦普忆起至尊红帽巴受到勇士空行众神的供奉之宿事；在吉吉岩洞忆起以前转世为米隆多吉成就者时的事情；在玉扎，喇嘛向之身像讲说大手印道歌并显示诸多身相；在扎杨宗亲见到了大阿阇黎被两位天女簇拥着；在温达仓洞内，自然响起狮面天母的咒声，至尊在一块岩石上留下手印；在桑日康玛尔，在玛吉拉准身像讲说韵文的般若教诫，妥云桑珠之身像发出微笑。此后前往普贤林吉祥帕木珠巴寺。茅庵内，在怙主仁波且像前摆有如来牙齿等带有盘架的殊胜所依。当这位至尊濯发时，出现了硬如金属物的奇特分髻。当行濯发礼

①智慧尊：元始已有，迎来融入三昧耶尊的出世间本尊。

②强久钦布：吐蕃师君三尊之希瓦措（寂护、静命）又称为强久钦布。

时，怙主像也脱帽致敬。而后在像前布陈干净无垢的丰厚供品，由红帽·曲吉旺久当亲教师，在轨范师等如数上师比丘中正受沙弥戒。从至尊红帽巴，学习了总义箴言诲；从管家德巴贡觉处，学习了旦志的诗律修饰①。又在至尊红帽尊前听受了金刚鬘中脉二十八灌顶和续部轨范仪则，以及佛说部《甘珠尔》经典。在邓萨梯寺驻锡五个月期间总是从事法行三轮。此后红帽巴前往苏普寺。

至尊驻锡萨布禅院时，桑耶寺的曲均前来说直贡寺内有些疑难问题，请求尽快返回直贡寺。至尊前去贡嘎朝谒红帽巴时，顺便前往森布日山朝拜胜乐像，当时胜乐像变成真实胜乐，向至尊给予密咒灌顶和加持。此后在贡嘎，从至尊红帽巴处听了剩余闻思方面的教理。而后前往拉萨去朝拜，释迦佛为主的诸天神像向至尊发射净光。在叶巴朝礼时，从净饭王子②身像得到了一个双垂璎珞宝；在觉沃阿底峡身像尊前，心中现起库鄂种三位③等许多过去的情形。前往彭域时受到了象鼻天神的迎接，亲见了山法之陶制像吉祥怙主四面护法之真神。在热佐，至尊认出了自己前世在印度塑造的十一面观世音像。回到宗萨尔，不久母亲病逝，至尊作了善后诸事。从克珠·桑杰仁钦尊前听了阎罗铁蝎法；在兄长那若尼巴尊前听受阎罗回遮利剑方面的仪轨。当实施此法时，

---

①诗律修饰：指古印度诗人及学者旦志综合古印度东南两派诗家相同的和不相同的修辞方法而著成作诗格律书《诗镜》，全书共分三章。最初由萨迦班智达贡噶坚参在其著作《智者入门》中译出部分内容，13世纪，由匈译师多吉坚参等在萨迦寺中把全文译成藏文，后曾有邦译师洛追登巴和夏鲁译师曲迥桑布等先后根据梵文原本校订改译。是西藏诗学方面的最早理论书。

②净饭王子：即释迦牟尼。

③库鄂种三位：阿底峡尊者的三位主要弟子：库·尊珠雍中、鄂·勒巴协饶和种·杰瓦迥乃三人的总名。

亲见了大威德，并出现了实施合乎标准的征兆。又同诸阿阇黎一道实施极深密意三护法神仪轨时，亲见玛萨多3位护法神。众人见到祭供玛母的朵玛食子上在滴血；祭供章松的朵玛食子上火星四射，烟雾腾腾；祭供当坚巴（骑狮护法）的朵玛食子长出长长的牙齿；在禅院内大火熊熊，烟雾弥漫。当念修八部神变和遍入天时，出现降服大仙主仆的征相无量。在四位阿阇黎共同实施煞毒利剑仪轨时，获得许多怖畏神变。在至尊那若尼巴尊前听了祖母护法神曲吉卓玛的灌顶修行全部并加以念修。日出时，唱诵《八瓣青莲赞》时，看见空中曲吉卓玛主从在跳噶尔羌姆，令人神往。从苯仲雪巴地的朗色老人和莱如堪钦的监理人学习了黑白历算[1]的诸大论。某次，在至尊那若尼巴尊前听了扰乱三界之业风[2]仪轨。当卡丹蒙古等一些藏蒙人侵害直贡政教时，至尊实施业风大轮仪轨，内外诸相现前。又当至尊那若尼巴、至尊本人以及众师徒举行四臂护法神的退敌诛法详广施朵玛食子回遮法会时，都看见直贡各处飞翔着喙和翅膀上火光闪烁的大如山丘的无数乌鸦。某次，至尊那若尼巴实施洛支巴拉的详广仪轨时，至尊当助手。另外，与至尊那若尼巴一同实施威猛诛法的诸仪轨。从大亲教师朗迥听了夏瓦日传承的旁脉耳传和杂哈尔比传承的风息教导并加以修证，成就虹体[3]金刚身。

当其兄长贡觉仁钦率师徒僧营从多康回来时，至尊前往次乌卡迎接，得到师徒所奉献的丰厚礼品。此后，至尊那若尼巴和大亲教师命令至尊任杨日噶尔寺住持，于是择黄道吉日在如海的僧

---

①黑白历算：是指来自汉地和印度两地方的历算。所谓黑白并无褒贬之义，而是因为藏文称汉地为“甲那”，称印度为“甲噶尔”。“那”即是黑意，“噶尔”即是白意，二者仅表地名。因此来自两地的历算合称为“黑白历算”。

②业风：业力所感猛风。中阴时所现恐怖景象。

③虹体：密乘所证转五蕴成光明身像的果位。

众会上出任住持。不久，至尊前往彭域，朝拜卡热圣地，创建了次曲浦洞圣地。把诸观相加以决定，留下了许多手足印迹。在朝拜杰堆妥里护法神殿和萨丹寺院时，因受到朝拜白典孜的缘起鼓动，来到白典孜，在那与众不同的护法神殿内，亲见护法神八兄弟主仆及其无量宫等，并获得了诸护法神的修行口授教诫及授记无量。在洛母杰寒林卫云茅棚中念修诸护法神，七个昼夜就现起所有征兆，最后一夜的初更，护法神八兄弟变化为佐给，把至尊迎请到乌鸦骰子[①]引石头上，转动广大会供曼荼罗，给至尊传授了教诫、授记和护法神八兄弟自己传规的灌顶教导羯磨集等。之后，至尊带着少数随从，以神变来到拉萨，朝拜觉沃释迦佛的身像时，释迦佛显出微笑相，在场众人有目共睹。在十一面观音像前，心中忆起宿世诸事。此后返回直贡。

年满 18 岁时，从曲隆寺亲教师绛巴曲吉嘉措受比丘戒，并从之听了许多新密乘教法，也向对方传了许多旧密乘教法。念修白文殊，实施玛夏仪轨，多次念修白妙音，对显密诸经没有不知不通处，获得了不忘陀罗尼[②]成就。此后率杨日噶尔的僧营，首赴热振寺，修习舌舐文殊金刚利剑法，获得了文殊菩萨成就。来到霍尔本玉杰的部落，福田与施主一道朝拜了纳木措，湖中清晰显现出莲花生手印。在噶洛洞中夜修时，净相中，大阿阇黎莲花生给至尊传授了罗睺罗长寿法，念青唐古拉山神也前来敬礼。会集霍尔藏众多人驻锡朵孜时，一个身着湖药天神装束的人，手持装满各种宝物的盘子，供奉一条大如小丘、佩饰有鞍辔、驮有如意宝的金鱼。当至尊从远处看斯母时，忆起曾经转生为京俄·西迥的往

---

①乌鸦骰子：一合石。形如骰子，大小约及藏制容量单位一合的黑色天然四方石子。神话说其为三十三天的神石。

②不忘陀罗尼成就：能记忆所得知识永不忘失的本领或成就。

事。在杂德，向毗沙门天神之子满贤药叉传授近住戒[1]。在当雄改加下部，福田和施主一同安营扎寨。在直贡和霍尔的福寿法事上跳了四臂护法神的朵玛食子回遮和八大法行善逝集的噶尔羌姆舞。彼时，还授记霍尔本将有两个公子。

此后，由霍尔本诸贤人陪同来到俄地。在杰扎杂，向下部俄地人传授八大法行善逝集的修行大灌顶时，某日有些师徒巡礼曼荼罗，不倒灌顶刚要完成，至尊向师徒进行介绍，这时，无倒瓶在至尊头顶跳跃肘长，旋即稳稳地落在架子上。同时出现了天降花雨，彩虹飞舞，咒语声自然响起等许多奇异的征兆，使在场的有缘众人大饱眼福。有一夜黎明，梦见在普贤宫中，尊父曲吉杰布身成善逝集大曼荼罗主尊神，在静猛天神 725 尊以及诸持明随从中，向至尊传授如伏藏所示的广泛灌顶，转动法轮，最后真实显示曲吉杰布身给予无量教诫和授记。此后来到岗续。在上俄地人面前，修白玛林巴所掘伏藏，上师罗布加措的灌顶修行和婆罗门七生圣物时，出现了药丸不断增长等诸异兆。修缮了衰败的俄地诸寺。在朗杰寺中，有一夜出现了具身形的凝衮谢章，讲了许多至尊曾转生为东松乃久和凝氏弟子时的历史。来到达衮寺，向所聚众人解说那若六法教导时，某夜在光明中，来到清凉大寒林，在净相中获得了吉祥那若巴的脐轮火教授。并被迎请到嘉顿德丁，向所聚的家居和外行众徒赐示诸灌顶教法。彼时，从工布医生贡觉杰增处学习了医方明诸大论。

后途经岭宗和达纳寺，来到东耶普寺，出现了桑杰耶巴的身像发出微笑等奇事。在米耶普洞中忆起许多宿世事，看了拉瓦岗吉卓噶(独脚獐子难行)之诸圣地，并说："未来的化身能开辟这一圣地。"留下了手足印迹以作标记。向囊谦各寺的信徒赐授许多

---

①近住戒：在家佛教徒在定期一昼夜中受持的一种别解脱戒。

所求之法。在杂西康玛下部与噶玛巴·曲英多吉[1]相见。前往祖母护法曲吉卓玛把佛法交付给四位本血统子嗣而自己飞往空行刹土的圣地堆普巴丁仍和至尊觉巴仁波且诞生之地宗俄城，以及其修持处孜隆母且，京俄直贡岭巴·西迥诞生地噶堆拉扎等地。亲见了以萨乐和为首的八十四位大成就者。在朗钦寺，向一位凶恶的龙妖传授了居士戒。该地本来就非常寒冷，当时又正值严冬，但是，至尊只要心中想起持守穿单布衣禁戒的猛厉火，就能获得尤如熊熊大火的乐暖。从阿琼上师等诸苯教贤哲处，听了厌胜令牌降冰雹等甚深明咒。一个叫做纳察仲摩且的苯教寺院，对至尊所率僧营作了不应作的坏事，至尊让天降大冰雹来制伏之。此后来到类乌齐、拔、绛热达宗、理塘等地，让众化机得到成熟解脱。至尊红帽六世率僧营前往绛等地，因有些随从所作所为而心生厌烦，于是舍弃一切，驻锡在岗布圣地。至尊前去拜谒，并认真祈求红帽巴一如既往地护佑众僧。带着洛珠丹巴译师为助手，听习了集分派声明大论。前往斯尔其唐时，僧营遭到传染天花病的危险，为此，至尊实施回遮的保护禳解仪轨，出现了梦见在一大雪山顶上安营扎寨等护证究竟的征相授记；真实出现了瘟疫神，至尊让它立誓皈依佛法。率部分师徒，来到从前除了大译师白若外没人到过的夏热山顶，使当地众人惊奇不已。逐次来到达孜下部，受到该地众人的广大承事和丰厚的供品。在汉地小邦刘宗司，为其预测未来将生公子的事，并以法和财，使当地人得到满足，而后返回。

至尊红帽巴听从至尊的祈请，当时率僧营驻扎在绛觉嘉寺，至尊前去拜谒。应邀莅临理塘，获得了印汉地的身语意之所依，以及绫罗绸缎等贵重礼品和其他礼品无量。在西郭曲其，举办回遮诅咒禳解仪轨，使该寺在今后的21年间无有死伤。在一个叫

---

[1] 曲英多吉：噶玛噶举十世的转世化身，生活在1604～1674年间。

作仓雄地的草坪上，雕写了特大的兰扎体[1]“吽”字，并把右旋石螺置在字的圆圈内。朝拜了汉地文成公主神殿[2]、小昭寺的毗卢遮那殿、俄伍的绛顿隆塘等。因至尊红帽巴的随从跟着印度班智达瓦杂萨巴迪返回印度，所以，至尊作红帽巴的随从来到卫藏。对声明等所有学问作了闻思、解惑。然后逐次返回。在羌阿饶唐噶受到了兄长至尊那若尼巴和霍尔噶玛玉杰等诸上人的骑马迎接。

回到直贡后，向直贡替寺的诸经殿作供养，并给僧众广作布施。在宗吉热等柳园内，向至尊那若尼巴奉供连毗沙门天王都感到畏惧的无量礼物。对诸禅院和居家外出的1000多名僧人，以及霍尔本等来自四方的无数人和自己的诸位兄弟赐以无量甚深妙法。听了至尊那若尼巴所传金刚鬘灌顶，把杨日噶尔的主持法座任务交托给邦达瓦·扎西达杰上师，至尊自己来到孜瓦。因为尊父在世时堪与天界相比的福乐生活，现在已到了像至尊米拉日巴的父家财产被人侵占一样岌岌可危的地步，为此，对有为法产生了强烈的厌离之心。

被本玛吉衮迎请到隆穷，当夜初更时分，一恶鬼前来危害，至尊以禅定力摧毁之。黎明时现观到，在好似天宫的彭域卡尔孜殿中，尊父曲吉杰布、觉巴仁波且·仁钦白、文殊大威德、洛支、智慧护法神、祖母护法曲吉卓玛等三尊[3]举办法会。其中尊父曲吉杰布向至尊作了许多授记和教导，让至尊到德仲去挖取伏藏；显示无量神通变相，向至尊示认大手印境界。至尊驻锡在塔瓦喀德庆登和卓隆时，前去朝拜德仲。桑耶寺的曲均前来邀请至尊参加供

---

①兰札字：古印度天城体梵文字母。7世纪时吞弥·桑布札即根据此字体造成藏文的楷书字形。

②文成公主神殿：指大昭寺。

③三尊：三根本。修行佛法依靠的三根本：加被根本依上师、成就根本依本尊和除障根本依空行护法。

养经藏法会。至尊依从恳请,迅速来到桑耶,观看了经典并把它迎请到觉殿。曲均把漆布面具、紫色融酥[①]等诸所依给至尊观看。至尊与曲均作了许多有关过去未来的谈话后来到卓隆,给所聚众人传授八大法行善逝集的灌顶修习及有关教法。从萨恩巴·尼玛沃色上师处听了所有密意集的灌顶传承,拜见了从多康率僧营回来的至尊红帽巴。当时,从本血统后嗣丹巴罗布兄妹的所作,预知在昆玉之间将发生内讧,因此想前往达衮寺,向众兄请示后先来到俄地。有一夜梦到自己在圣印度金刚座的、铺有草的金刚法座上结金刚跏趺入定,背靠菩提树,成为第九佛美朵大觉。在扎西岗日上谷开避创建了叫强米的殊胜圣地,针对一些心怀叵测的他方人,在普域措那湖举办诛法仪轨,现起内外诸相。此后,在达衮寺向所聚1万多僧众传授上师密意集的详广灌顶修行和直贡寺的发菩提心大要等,以法之甘露来满足众人。应邀来到那续,给喇嘛释迦仁钦所建的寺院赐名为曲科强巴林寺[②],向所聚众人传授了金刚鬘中脉二十八等许多灌顶及教法。此时听到直贡兄弟间发生内讧,心中悲痛不已,于是返回直贡。

虽全力以赴恳请诸兄从善和好,但丹巴罗布充耳不闻,至尊亦毫无办法。于是,从囊色瓦·阿旺益西珠巴和绛达仁增·阿旺处听了些许教法后来到年波扎噶拉曲,办长寿仪轨,获得奇异征相。此后来到达衮寺,向所聚众人传授依于彩粉曼荼罗、与药修相结合的上师密意集修习灌顶等许多佛教前弘期时翻译的教授,出现了圆满征相。应波窝薄[③]地区之邀,途经邬坚山岭和江吉山

---

①紫色融酥:在融化的酥油中煎有紫草,则酥油变成深红色,藏俗常用以涂染面食或供神祭品。

②强巴林:藏族地区常作为一些寺庙的称号。如札囊寺称札囊强巴林,昌都寺称昌都强巴林,青海塔尔寺称阿多佑本强巴林。

③波窝薄:地名。今西藏自治区波密县和林芝县东久区所属地区总名。

等前行，于伟隆安营，在当地诸上师面前给僧俗大会众广泛传授配有噶尔羌姆舞的八大法行善逝集大修行灌顶。以伟隆朵卡的一处洞窟为寂静处，从密意集法主泽里唐卓地的上师邬坚丹增听了密意集。为了求得佛法，不顾风雨，通过森林峡谷的泥泞地，历尽千辛万苦多次前往听法。此后来到玛公隆大圣地，见到了与各天神的颜色相同的八大法行天众的魂附湖和色如白玉的善逝静天魂附湖；另外还见到了谷如威猛（即莲花生）和无量寿佛的魂附湖；见到了在空行浴池中有一棵骨肉清晰的丁丁树等等；还见到了比杂日山等其他大圣地还殊胜的无量奇异。在此，每日彩虹飞舞，乐器声阵阵，雨花纷飞，香气四溢，祥兆不断。至尊多次举办会供曼荼罗。此后来到波窝薄迦纳木宗和达衮等地，向合格的信徒赐示许多甚深妙法。从成就者南卡伦珠处，听了一些时轮金刚[①]耳传法。有一夜梦到，某地方在“来敌人了”的叫喊声中，在一座大台上有擦试过的彩粉曼荼罗，中间放着黄金金刚像。不久，蒙古辉特部兵进驻直贡地区，把至尊那若尼巴迎请到蒙古地区。于是至尊来到直贡，想方设法把至尊那若尼巴请回来，但毫无结果。

某时，达西强盗打劫西藏诸翼[②]时，至尊实施二十傲慢轮诛法仪轨，出现了轮子上滴血等内征相，使得达西盗匪团伙灭迹两年之久。彼时丹巴罗布圆寂，举办了与过去一样的丧葬法事。木牛年（1625年）前往杂日大圣地时顺便朝拜岗布寺，拜谒了至尊罗布坚巴并从之听了少许灌顶密法。从曲桑出发，逐次前往，众随从

---

①时轮金刚：密教无上瑜伽部一本尊法。其基道果位一切建立均与内、外、别三种时会密切联系，故名时轮。亦是此密法本尊名。

②诸翼：松赞干布时，划分后藏为也茹和茹拉，前藏为乌如和夭茹，另以不属于前后藏的北部地方为第三翼，共有五翼。

背着包袱步行，至尊骑着牦牛。在错迦尔湖和埃迦杂底萨亲见真实马母天女。朝礼了玉措、美拔措、措尼玛、迦拉东措等诸圣湖。到域麦时，甲琼巴·白玛丹增前来拜谒，按其要求赐示了极深密意的所有内容。因为这位甲琼巴系密意集法主无疑，所以至尊叮嘱他一定要去直贡。途经布日娇郭、岗布、埃和桑耶等地回到直贡。

至尊遵从至尊贡觉仁钦、红帽六世和藏第斯等的请求，于火虎年（1626 年）任直贡大寺的法主，年届 32 岁。在宗萨尔近修阎罗死主和忿怒明王[①]，有一天当太阳升起时，亲见了阎罗大威德和忿怒诸明王，继而在光明中通达一切众生之所有心行。此后，把甲琼巴·白玛丹增迎请到直贡宗，从他听了上师密意集的所有大小灌顶和大圆满纯金法、道果经验传授法的所有传承。另外还听了大部分桑杰岭巴的伏藏。虽然在许多授记中早已预言至尊没有子嗣后代，但在他人面前至尊暂且把自己装扮为持明咒金刚持，于火兔年（1627 年），娶了后藏第斯之公主为妻。土龙年（1628 年）神变月，在密意集大曼荼罗中修咒药[②]，出现了诸多奇异征相。针对危害佛法的蒙古辉特部等敌人，至尊逐次举办了黑龟令牌厌胜、业风和回遮的红黑面罗睺鸦形头等诛法仪轨，现起内外征相，使辉特部的 9 万个城池变得名存实亡。至尊那若尼巴早已在蒙古往生他界，但至尊从岗布寺迎请至尊罗布坚巴为僧团和法会首

---

①十忿怒明王：密教经典所说寺门十忿怒明王。即 1. 大威德明王（又名阎摩敌）；2. 大自在明王；3. 马头明王；4. 甘露漩明王；5. 不动明王；6. 欲帝明王；7. 蓝杖明王；8. 大力明王；9. 顶转轮明王；10. 损美明王。这些是住守在内层护轮之上下方和东西南北四方及四隅共十方以保护众生的十尊忿怒明王。

②咒药：即灵丹。宁玛派上师经过念经、诵咒处理，认为有神效的药物，亦名为甘露丸。

席，举办了丧葬法会，并与岗布寺上师相互赐示许多教法。新建基如达孜宫，作为妻子的住所。修造至尊那若尼巴的灵塔尊胜塔，置于宗萨尔并给予开光。另外铸造了莲花生大师的金像等一些像塔。

以前，在直贡寺有关文殊大威德近修方面只有一些粗略的仪轨，这位至尊经常亲见文殊大威德本尊并真实获得了开许①。至尊把这些秘诀加以阐发。某次，至尊修持十一忿怒明王②，获得了八部神通和本尊征相许多；进一步念修时，在实际、感觉和梦境等不同时间多次亲见本尊面。修药铜中沸腾的泡和大正行时，成就物沸腾起来，并在沸腾的泡泡中出现了法器和字母等。修死主魔时，出现了使八部阎罗王制伏为奴隶等殊胜奇异的征相。另外，至尊把这位大威德本尊的灌顶、开光、护摩、圆成次第和四业之增长法等精要密法广为传播，加以发挥。金羊年(1631 年)，某夜梦中见到：在直贡替寺的金殿内，曲杰仁波且③向至尊赐授未曾有过的甚深妙道上师修方面的密法，之后至尊加以补充并传给那些合格的弟子，使之至今仍流传不绝。在基日达孜，至尊给其妻子等诸具信者传授金刚鬘中脉二十八灌顶，使他们得到满足。当时，诸瓶子里的净水增长为圆球型的长寿丸，容器中的水像温泉一样沸腾并流淌在容器外面。如此种种奇异征兆，众人有目共睹。

在宗萨尔，至尊实施圆遮仪轨时，梦中见到和善的回遮相，上空有一幅文殊画像，在说“咬紧獠牙”等续部颂。又有一夜，乐空智④化为太阳和月亮，从地下冒出，融入至尊身中；又亲见了手印

---

①开许：即允许阐释和发扬某密法。

②十一忿怒明王：即十忿怒明王加上金刚地下明王。

③曲杰仁波且：指觉巴仁钦白之身像。

④乐空智：有能力以空性为对境的大乐智慧。

胜伏父母公子和变化轮等；又因亲见一极其忿怒而又丑陋的胜处[1]故，把凶悲的冤鬼驱逐道方。自从亲见了一个形态优美、大声宣说着的胜处独勇后，至尊平时也清楚地见到本尊明相。不管是什么本尊，一修生起次第就立刻现前。土兔年(1639 年)，在卫藏各地到处流行天花病，也危及到宗萨尔周围，为此至尊修洛支巴拉仪轨。某一早坐时亲见无垢善大仙，告慰至尊能从重天花的恐怖中得到解脱，并讲说至尊宿世成为法主达磨阿肖迦的历史，还教导至尊要念修那噶热恰(龙护)法并给予授记。接大仙的授记，至尊念修那热七夜，结果热恰的佛珠线变成一条可怖的黑蛇，至尊身上落的印子也消失了，并亲见明王独成勇士。于是，至尊认真祈祷众生能绝断地龙神的危害，真实出现了大威龙王，向至尊讲述如果我他各方严守禁止乌如噶蔡龙王殿内带去酒肉的戒规，就有利于藏区的历史。至尊亦忆起在过去已成为热那俄尔王的儿子塔耶沃的情形。在一早坐时，亲见到九头二百二十臂、面部畏惧的明王并看见了毁灭资粮成就[2]的情况。在基日达孜念修月密的十七持诵咒语时，某夜梦见在一个游戏厅内，一些厉鬼化身的僧人对至尊说了许多侮辱至尊的话，至尊以无畏的狮子吼语制伏了他们；又某夜，一个狮子头的僧人率领大军来侵扰，至尊实施月密传承的施恶疾仪轨，所有士兵立即吐鲜血，丧失性命。当天空大降霹雳和冰雹时，至尊高举金刚橛，手结期克印，于是雷雹转向他方，结果在山顶上一佛塔被雷击毁。总之，出现了各种能以诅咒转移灾殃的征兆。又在梦中骑上俊美的红马在空中奔驰，因知是梦，证得梦境幻化。八日夜晚，梦见佛祖被天神、人王、声闻

---

①胜处：发起胜知、胜见的禅定之处。于禅定中修习观想，现见所缘形色，显色净妙，自在变化能胜他，自意不被散动，名为胜处。

②资粮成就：智度七十义之一。成办究竟趋入大乘资粮，即依大乘发心成办自他二利事业，自心生大菩提果。

众所围绕，在众人会集处，佛祖以诸神变打败了外道六师①；还亲见了文殊、静猛诸尊、胜乐等本尊神。在实际、感觉和光明等各境界中见到六道世界，并见到八部天魔示现种种神变。知悉这一切都是心之所变化，获得大乐。念修时，出现了月亮坠落大地等如量的念修征兆，现起征相。知道许多未来事，而且这些预知之事今后无不得到证实。又某夜梦中见到，在一间护法殿中，少数师徒与诸护法一同进行祈请赞颂。又在某夜谒见到能仁释迦王的圆满相好身，随即产生菩提心，进行发愿祈祷；又见到班智达那吉仁钦，他以韵文向至尊讲说大手印教授。又亲见觉沃阿底峡，觉沃对至尊表示崇敬并作了许多交谈；又被时相应尊者②所鼓动，前往印度东南山，谒见在此坐夏③的十六尊者；又有一个白衣人向至尊奉献佛祖的面颊、牙齿等。总之，在实际、感觉和光明各境界中获得了奇特无量的现观。

金龙年(1640 年)，从埃和彭域、聂母等地招来 110 名缮写人员，用金银相混把所有佛说部《甘珠尔》和旧译宁玛派的密续集等写在蓝纸上，造册 120 卷，于该年昂宿月(藏历十月)完成。至尊亲自作了审定，并依月密传规举行开光仪式。向诸缮写人员给予足够的报酬。从大伏藏师嘉村宁波，听了其法报化三身方面的甚

①外道六师：释迦牟尼在世时印度的六派哲学创始人，即富兰那迦叶、末伽梨拘赊梨子、删阇夜毗罗胝子、阿耆多翅舍钦婆罗、迦罗鸠驮迦旃延和尼犍陀若提子。

②时相应尊者：梵音译作迦里迦。十六尊者之一。遵佛命居赤铜洲，住持佛教。参见注释“十六尊者”条。

③坐夏：夏令安居。律经中制定比丘、沙弥僧众，立誓承认于前夏(即阴历五月十五日至八月十五日)或后夏(即阴历六月十六日至九月十六日)三个月中，不越出界外至黎明犹不还寺，不兴僧伽内讧，勤求闻修，维修寺庙倾圮等。

深伏藏以及静猛了义精要等，至尊也向对方传了许多灌顶教法。金蛇年(1641年)，因噶丹颇章福田和固始汗施主霸占了噶尔①藏福田施主的领地，发生了大战乱②。一大批藏蒙人来到直贡，宗萨尔、达宗寝宫等被毁，至尊安居在孜瓦庄园。马、羊二年(1642、1643年)，又连续在卫藏地区发生空前的霜灾，许多人死于灾难，出现了穷人舐食人的脑浆，妇女杀狗食其肉等闻所未闻之福薄命浅的现象。猴、鸡二年(1644、1645年)内，至尊修法救灾，使众生从灾害的危难中得以解救。此后，如至尊热那答阿达衮噶问时所授记，获知自己不会有子嗣。于是，木鸡年(1645年)六月十五日抛弃咒师装束，由喇嘛巴洛巴·晋巴平措为亲教师，由热庆比丘阿旺平措为业轨范师，在如数比丘中受比丘戒。

某时，内部的一些僧俗心入邪魔，作了许多不应作的事。由于阿沃那古瓦在公府施主面前进行挑拨离间，施主把至尊召到拉萨问罪，为此出现了久绛和白卓夏等地河水冻结等不合时宜的怪事。此时，大地剧烈震动，看守至尊的蒙古人看见至尊身上炽燃熊熊烈火，并出现了夜晚听到大军行进的声音等许多神变。胜王知一切五世达赖从哲蚌给至尊送来了盖过印的信函，以安慰至尊，还给施主送华翰下指示，解除了至尊的罪名，至尊的名声愈加增大。至尊告诫施主的代理人，以后除了在觉沃释迦殿、夏拉康寺和直贡替寺的佛殿、护法殿内为佛法作事外，不允许在施主面前说三道四，搬弄是非。那些搞阴谋的人，不久也都遭到报应。

至尊把那若尼巴的灵塔从宗萨尔迎请到直贡替寺的康萨尔

---

①噶尔：原是多康类乌齐附近的一个家族，仁蚌巴就出自这个家庭，历史上这个家族一直和噶玛噶举关系密切。这里应指与藏巴政权建立供施关系之直贡噶举噶尔寺。

②指1641年固始汗征服了多康六岗，并攻打藏巴第斯噶玛典琼政府，1642年固始汗控制藏巴政权，并把藏区十三万户献给五世达赖。

杨衮殿并给予开光。虽然政府允许宗萨尔归属直贡噶举，但是，我方的有些人认为没有用处，就把宗萨尔上缴给政府。至尊先后造了律经根本律①注释、甚深妙道六法教导·那若言教、密意一趣注疏二章，以及胜乐噶译师传规五尊和铃尊者传规五尊、六十食子②萨迦传承的呼金刚、观世音三鬘、俱生四种、无上金刚乘七曼荼罗、恶趣究竟净治九顶髻、普明大日如来、八大法行、极深密意、阎罗敌大威德回遮火剑、铁蝎、十忿怒明王和洛支仪轨等新旧密乘的曼荼罗仪轨、修持和事业方面的论典。另外还造了有关诸明方面的了义和不了义的论著无量。

于土鼠年(1648 年)，在达布医师索朗雷巴的支持下，在孜瓦打禾场搭起能震慑三界的大帐篷，建立了从加行、集资粮到供酥油灯、祈请的八大法行善逝集年氏传承大修行仪轨；建立了与胜根宝鬘论相结合的甘露药修消灭威戏九鹏仪轨，并规定自始至终跳鼓羌姆③、六羌姆和施咒羌姆④等。如此建立胜王热那之轨范仪则长达一个半月。把自他四方所聚集的有缘者数万人引向大密金刚乘妙道。期间自始至终彩虹飞舞，天降花雨，天然念诵真言咒语声不断，药香四溢，乐器声阵阵。如此殊胜奇光，使在场众

---

①律经根本律：注释四部律典(律分别、律本事、律杂事和律上分)总义的一部著作。古印度论师功德光著，全书九卷，二千七百颂。

②六十食子：祭奠护方十五神和阎罗以求祷四业成就的一种宗教活动。

③鼓羌姆：是一种破土仪轨和迎神降福时跳的羌姆。在八大法行善逝集众神上另加四只小鹿、四头水牛，共三十位。表演时分二十小段。

④噶尔羌姆本义为跳舞，噶尔为舞，羌姆为跳。后专指寺院中的跳神。直贡噶尔羌姆由新旧两个部分组成。第一天跳旧密即宁玛派的噶尔羌姆，共有 12 种；第二天跳新噶尔羌姆，共有 11 种，加起来共计 23 种，每种又可分若干种。这里所说鼓羌姆、六羌姆、放咒羌姆等皆属于第一跳的旧噶尔羌姆。

人大饱眼福。

土牛年(1649年),给直贡替寺果芒经殿装修上金屋顶,只因后来产生某些芥蒂,使金屋顶坍塌。从白岭三世楚成多吉处听了集密大灌顶噶妥·多桑①传承等旧译诸法,至尊也给对方赐示了些许密法。因胜者王五世达赖莅临曲科杰寺,至尊特地前往墨竹工卡拜谒达赖喇嘛并给予供养。五世达赖并给至尊赐以法台座垫等给予大力鼓励,对有关旧密方面作了诸多谈话。固始汗丹增曲杰和今上②索朗饶丹两人也向至尊行礼以表示恭敬。翌年,五世达赖喇嘛起驾前往内地时③,至尊送至当塘卓地方,他们详细交谈了以八大法行为主的旧译密法,达赖喇嘛给至尊赐以无量奖品。

某时,至尊身患涎液④与水大方面的重疾,至尊贡觉仁钦赐授白度母灌顶时,梦见许多石头作的小神塔。经岗布医生饶丹桑布和达布医生洛雅等诸医生的精心治疗,以及直贡众人为至尊举办诵经祝寿法会,至尊的身体逐渐得到恢复。

木马年(1654年),至尊召集尼泊尔和西藏工匠20多名,开工修造了誓愿所依金银混合大神变佛塔。此年年底,至尊贡觉仁钦在卓隆示往生他界相,至尊广办丧葬佛事。木羊年(1655年)神变月,至尊来到直贡替寺,在康萨尔杨衮护法殿先后完成了制伏外

---

①噶妥:即噶妥寺。宁玛派寺院,建于12世纪,今四川省甘孜藏族自治州白玉县内。

②今上:旧时对藏王或噶伦的敬称。

③五世达赖于1652年12月16日到达北京。1653年被清政府册封为“西天大善自在佛所领天下释教普通瓦赤喇怛喇达赖喇嘛”。

④涎液:藏医理论认为,人体内存在着三种因素,即隆(风、气)、赤巴(火)、白根(涎液、水土)。白根的功能是磨碎食物,增加胃液分泌,使食物易于消化,主管味觉,保持人体适量体液,润泽皮肤,使人胖瘦适中,睡眠正常。

道的誓愿佛塔及装藏工作，至尊带领众僧依从文殊大威德和胜乐规矩，举办开光仪式和喜筵。向诸工匠赐以丰富的酬劳。此后，在卓隆迎请达隆寺主阿旺扎西白珠为首席，召集众人，为兄长举办丧葬法会。又来到孜瓦，与达隆巴相互传授密法，使直贡与达隆能够和睦相处。首要法太子洛·陈烈朗杰从康区归来，向至尊贡献丰厚的礼品。至尊给他传授了上师密意集的广灌顶大修及一些附属灌顶，不久又派他到康区。某时，至尊念修四臂护法神时，最初虽出现了自己拿武器刺戳自身等幻觉，但最后自身修成本尊，征相圆满。在卓隆，完成修造兄长灵塔天降塔和金伞以及寝室身像等工作，并把灵塔等迎请到直贡替寺给予开光。

某时，至尊前往哲蚌寺拜谒五世达赖，像往常一样得到了五世达赖的大奖励，并在大威德方面作了许多释疑性谈话，至尊也向五世达赖奉献礼品。与今上索朗饶丹①相见时，也像往常一样受到了恭敬，各施主也向至尊献上无量礼物。至尊详细朝礼了哲蚌、布达拉宫等拉萨诸圣。火鸡年(1657 年)，修造雕有大威德护轮的金伞并把它置于替寺的神变佛塔上，并依大威德传规给予开光。土丹杨日噶尔大寺院以前只是四处结缘，没有固定的依靠

---

①索朗饶丹：又名索朗群培(1595—1657 年)。生活在西藏地方政权几经更迭的动荡年代。最初为五世达赖的管家，后任第斯。1618 年噶玛巴推翻了竹珠政权，建立了噶玛政权，并屠杀格鲁派僧人，强迫格鲁派寺院改宗，还下令不许寻认四世达赖灵童。在这种情况下，索朗饶丹于 1619 年借口潜赴青海，秘密联系蒙古军首领鸿台吉和洛桑丹增，请求二人派兵援助格鲁派。1621 年，索朗饶丹和蒙古的拉尊洛桑丹增率领 2000 多蒙古兵来到拉萨，并联合前藏第巴吉续巴的军队，攻打藏巴汗军队。藏巴汗兵大败，逃至药王山上。后被四世班禅等人调停。1633 年，索朗饶丹又派使者请求固始汗出兵。1642 年，固始汗以武力推翻噶玛政权，把全藏大权交给五世达赖，并让索朗饶丹任噶丹颇章政权的第斯，掌管内外政务。

处。当时，至尊把两个大小不同的僧营合并，把卓隆固定为杨日噶尔的经济依靠处，因为卓隆是历代卸任活佛的属地。至尊努力举办年度春季施朵玛食子大法会及阎罗回遮的护遮大修等。至尊贡觉仁钦的化身转生在隆布，至尊于土狗年(1658年)迎请到直贡寺，赐名贡觉陈烈桑布，并把胜义之法付于他，委任他为直贡寺主。至尊为直贡佛法作了广大事业。

土猪年(1659年)，在卓隆召集大众，为藏噶尔寺的轮换禅师传授大手印五具的经验教导等许多甚深甚广的教授，重新编制僧营的新规章，向众僧作了如法行事的谆谆教导。此年，举办了救霜仪则，使天空也像奴隶一样服从命令，广大地区五谷丰登。秋季来到拉萨，胜者王五世达赖虽在闭关静修，但还是接见了至尊及少数随从，不分高低，同坐一垫，并向至尊赐以比以前更高的奖励，在阎罗回遮铁蝎等大威德方面作了详细的释疑性谈话，时间长达两天。胜者王五世达赖鼓励至尊阐发铁蝎之建塔轨范仪则，并赐予许多财物礼品。返回直贡后，应我方下属扎卡洛玛瓦和绒地区人的邀请，至尊前往芒拉地区的松都雄和沃续等地，并赐以法甘露，使众人得到满足。至尊遵照胜者王达赖的教导，编写了阎罗铁蝎的建塔仪轨《金刚焰刀刺》并把它奉献给达赖喇嘛。达赖心生欢喜，赐与至尊《甘珠尔》经卷等殊胜所依，并大加赞颂。另外，作了八大法行威戏大霹雳和一些极深密意方面的补编。曰："燃烧法誉太阳光芒时，诸园智慧莲花该示现，七马之主①太阳落山时，月星难以分辨众莲花。"当此肉身所要调教的化机将尽时，洪水冲走圣地杂日山的美丽林园；邓萨梯和温等地的杜鹃、桃树、苹果树等冬季开花；在孜瓦冬季也被五色彩虹覆盖宫殿。冬季响雷声等等，出现了许多不祥之兆。从十一月开始示疾，虽然

①七马之主：系太阳之异名。

众师徒为至尊再住人世而广作福寿法事，认真祈祷，但都无济于事。于阴土猪年(1659 年)十二月十八日黄昏时分，至尊广泛举办布施朵玛食子回向仪轨，嘱咐众护法神保护佛法，而后示现圆满菩提神变。年届 65 岁。

于金鼠年(1660 年)神变月十七日，由班钦·贡觉伦珠任金刚轨范师，依从吉祥胜乐传规火化了至尊的遗体。当时，彩云满天，降落带有花蕊的花雨，两只雄鹰低低地飞来，绕着遗体盘旋着。每逢七期和十八日圆寂日时，总是出现五色彩虹和花雨等无量奇兆。迎请达隆赤仁波且·阿旺朗杰雷珠为众人首席，举办丧葬法事，向所聚众人给予无量承事并赐以礼品。当年铸造灵塔天降塔，请住于直贡寺康萨尔杨衮殿并给予开光。如此作了广泛超胜的丧葬法事。

此至尊另有详细的传记。其弟子多如天空繁星，数不胜数，而最殊胜的有好似日月之二人。关于圣太子莲花手观世音化身贡觉陈烈桑布的历史下有详述。洛·陈烈朗杰生于琼结，在至尊尊前出家，取名贡觉陈烈朗杰，学习了直贡总法及八大法行和密意一趣等不可思议的新旧密乘教授。从至尊贡觉仁钦受沙弥和比丘戒，听了金刚鬘灌顶等。先后依止了巴洛巴·晋巴平措、岗布巴·罗布坚巴、伏藏师甲村宁波和达隆·扎西白珠等许多贤哲上人。精通正法法库，被至尊贡觉热那派往囊谦禅院为供施处①。曾到过多康各地，把众化机引向成熟解脱道。在米也白吉普巴建寺并常住该寺，念修上师密意集、忿怒金刚、金刚手、四臂护法、祖母护法等许多本尊护法，获得了亲见诸神等殊胜征相，造了大手

①供施处：应供处。举行布施、供奉、祭祀等活动的对象，如僧众、佛寺、佛像等。

印五具教导《达磨给迪言教》[①]。另外修造了《甘珠尔》等许多身口意所依,尤其是给至尊觉巴的灵塔世间庄严和久尼巴灵塔饰以镏金顶,为直贡佛教作了伟大事业。制伏了遍入天、罗睺罗、白哈、夜叉珊瑚等所有傲慢凶狠者;对天神、龙神及刹土神等一下命令就会立即降落及时雨。总之,掌握了许多精通二次第的功德,成为至尊陈烈桑布的主师,向至尊奉传了不可思议的灌顶及密法,是一位大佛学家。后来。在前往卫地的途中,由于誓言稍坏而圆寂,年届67岁。关于至尊曲吉扎巴另有详传。

王子扎西平措生于芒域王族家中,最初在至尊那若尼巴尊前出家,并从此师和一些上人处听了许多教法,念修大威德并获得亲见此本尊。他精通威猛诛法事业并获得大成功德。任杨日噶尔的上师多年,后成为至尊陈烈桑布的主师,向至尊奉传诸灌顶密法,84岁时圆寂。班钦·贡觉伦珠生于洛瓦堆里米,追随至尊达磨给迪(曲吉扎巴)听了无量灌顶密法,精通新旧密乘所有生起次第和圆满次第轨范仪则和《甘珠尔》、《丹珠尔》及诸明,成为大学者。修习大威德和诸本尊获得成就。长期任温仁钦扎寺和噶蔡寺的上师,深得五世达赖喇嘛的青睐,常赐奖励,成为至尊拔扎[②]的主师,向至尊奉传许多新旧密乘的灌顶密法,并任组织灌顶教法轨范仪则和听闻诸明的轨范师。据说后来还任了尼木夏仍禅院的上师。另外,有无数的继承直贡传承、具有学证功德的大弟子。

---

①达磨给迪:系梵音,意即法称。藏音为曲吉扎巴,即指第二十三任住持。

②拔扎:系梵音,藏音为桑布,即指第二十四任住持陈烈桑布。

二十四、贡觉陈烈桑布传

出自大圣悲心①之海洋，
有求必应满足一切愿，
让诸众生称心又如意，
嘎玛拔扎②足下我顶礼。

第二十四任住持至尊贡觉陈烈桑布的历史：这位至尊是圣世自在观音菩萨的化身，为实现“轮回不空誓作解度众有情事业”的誓愿而来到人间。以上所述第二十二任住持贡觉仁钦收摄身曼荼罗后，在兜率天慈氏怙主尊前被天众簇拥着。当时直贡居惹族的血统绝后，为了再次护理无比的直贡佛法，又从天界化身为一只雄鹰来投生，成为羌工隆布地区乔朗村的咒师家族后嗣阿沃杰布和医学之家女子多吉杰姆的儿子。当他投胎时，母亲作了许多美梦，一个佩戴首饰的女子和一个有证悟、佩戴白螺耳环的女子来给母亲沐浴并加以保护。于火猴年(1656 年)十一月上弦十五日黎明时分降生。当时五色彩虹飞射，降落白色花雨，杜鹃黄花盛开，出现了如此圆满的征兆。

至尊曲吉扎巴以无碍的慧眼见到了这一切，于是从杨日噶尔派去罗扎西和旺杰二人前去寻找，并给他们指出了具体地点及家门等。此二人找遍工隆地区的大部分地方，最后终于找到了，其村庄、家门等与至尊曲吉扎巴所言完全相同。于是，二人回直贡向至尊曲吉扎巴禀报，直贡寺又派那二人及格隆·章楚等人，把

①指观世音菩萨。

②嘎玛拔扎：系梵音。藏音陈烈桑布。

转世灵童迎请到直贡寺。当这位尊者年到3岁时，即土狗年(1658年)九月二十五日来到孜瓦，暂住霍尔康殿，在至尊曲吉扎巴尊前受居士戒，取名贡觉陈烈桑布(大宝事业贤)。彼时，阿里杰赛·曲杰说："好像卓隆晓仲的化身来了，把这个奉献给他。"派人送来黄金50两。当时他虽然年幼，但很有礼貌地接收了黄金并把它献给至尊曲吉扎巴，使得至尊心生欢喜。至尊曲吉扎巴把大威德、极深密意、圣如意宝以及诸至尊的所有文集等经典、灌顶仪轨传授给转世至尊贡觉陈烈桑布并以胜义加持，把转世至尊授为直贡佛法之主。不久，至尊达磨给迪(即曲吉扎巴)往生他界，当夜三更时分，贡觉陈烈桑布看见至尊曲吉扎巴在空中行进，于是烧香礼拜，进行祈祷。以前贡觉陈烈桑布的言语不甚清晰，从那夜起就变得很清晰。

年满5岁时，即金鼠年(1660年)来到拉萨，在五世达赖尊前受沙弥戒。此后，在直贡从白林三世楚成多吉和土色珠古听了上师密意集和白林方面的密法等许多旧密乘教法；从格隆·热庆巴和尼赤仁迥处学习了文字读写、我派的诵读经文和行为准则等。6岁即金牛年(1661年)授权为直贡大寺座主。所会聚的众人散花赞颂，进行庆祝。该年首次在卓隆向会众传授灌顶教法，当时天降花雨。从至尊达磨给迪的及门弟子班钦·贡觉伦珠听受极深密意、阎罗敌等甚深甚广诸密法。某夜，在光明中至尊达磨给迪的清净智慧身向至尊传授了上师密意集的广详灌顶；还听了吉祥四面护法的随许，夜里亲见了真实护法，并答应至尊完成大业。从太师昆玉的首要法太子洛·陈烈朗杰首次聆听广详长寿灌顶，夜里亲见在一美丽的草原中央有一个令人神往的大湖，在湖中的莲花茎上有与自己所现观相同的无量寿佛；又从这位上师听了大手印五具、那若六法等直贡怙主的所有密法和新旧密乘的不可思议的教法。火羊年(1667年)，把至尊贡觉仁钦和曲吉扎巴二人的文集用金粉写在蓝纸上，造成卷帙。当念修佛母如意轮时，某夜亲见在一个大湖中的莲花茎上住有与成就法所说相同的佛母。从班钦·贡伦、尼赤仁钦迥乃、喇嘛白衮等处听受了声明拼合法、诗律以及历算理论等诸明并加以研习。聪颖的天赋加上刻苦修练，使他成为一名智慧超群、颖悟过人者。他还学习绘制佛像并得到精通，现在直贡寺内流行的钦氏传承的绘画法，就是这位至尊的及门弟子所传下来的。之后，从朗林班钦·贡觉曲扎处学习了声明集分论，七天之内掌握了全部内容，连上师都感到惊奇。

土鸡年(1669年)秋末来到拉萨，五世达赖喇嘛要求至尊献来八大法行的噶尔羌姆神舞，为此，至尊跳了与善逝集诛法八事业相结合的羌姆神舞，达赖赐以咒士衣等许多礼物。某次近修吉祥黑力夺时，出现了许多如理征相，尤其是某夜在光明中受章苏护法神的鼓励，来到铜色吉祥山。当念修祖母护法神曲吉卓玛时，护法神把自己所保护的深广轮独传秘诀加封赐予至尊。首次修习一般成观的阎罗敌护遮时获得征相，而且这种征相在40年间从未断绝，每年至尊为修习法会首席，办护遮仪轨时，周围总是出现第一次修习阎罗敌护遮时所获得的征相。念修那热白鲁和极深密意上师次旺增巴时也获得了许多如理征相。尤其是在光明相中前往西南拂尘洲莲花光大宫，数次获得被莲花生大师摄收的征候。在藤仲大殿的杨宗普洞和阿普洞闭关修习时，在真实、感觉和光明三相中获得了许多观感。尤其是清晰地看见了喜金刚上乐九尊的所有曼荼罗。不管他人是否祈求，至尊总是作救霜降雨等事，为了有情众生的一些微不足道的小事，也舍弃自己的重要修持。首次救霜时，因羌那玛等地气候寒冷，帐篷上的霜厚如下了一场大雪。黎明时分，这位圣人刚一发愿，霜就融化了，帐篷内“答答”地滴水。

某次，在直贡替寺的康萨尔殿北面寝宫内诵持月密的真言时，亲见真实本尊。在这寝宫的墙纸上留有本尊驾临的印迹，至今依稀可见。至尊时常念修这个殊胜的本尊，每每都现前如理征相。某次，在孜瓦持诵月密的十七莫言时，现起制伏死神等八部的许多征兆。修造了至尊曲吉扎巴的金铜宫像，高与人身等量。开光时，出现了见所未见的五光彩虹，璎珞半璎珞、星曜宫等异兆。以前，从至尊尼结巴到至尊衮噶仁钦在位期间，在直贡替寺和次乌流传金刚橛根本噶尔羌姆神舞。胜者王热那在位时，在梦中前往铜色吉祥山校勘善逝集噶尔羌姆神舞，使之正规化。此外，在直贡替寺还流传护法饮血金刚戏、祖母护法欢乐辨等噶尔羌姆神舞。这位至尊新创立了智慧护法神和祖母护法神主眷、护法紫黑姊妹、哈热、法主之四居士①、梵天、唐拉山神、刹土神②父母、白哈、红色夜叉等我传承所有护法神的噶尔羌姆神舞。后来，在替寺也建立了相同的噶尔羌姆神舞。从此，这种护法神噶尔羌姆神舞在我传承的一些寺院中流传。

火蛇年(1677年)，在孜瓦大场上搭起帐篷。遵照历代祖师的实施传规，举办八大法行善逝集大灌顶修习及其支分药修法会。跳了消灾九威戏大鹏噶尔羌姆神舞，把所会聚的有缘数万人归向大密金刚乘道。此时，五色彩虹成帐，天降花雨，药香四溢，奇异之兆不可思议。23岁土马年(1678年)在布达拉宫，于胜者王知一切阿旺洛桑嘉措尊前正受圆满比丘戒，取名阿旺曲扎平措(语自在法称圆满)。在《国王遗教》中云："释迦方域隆堆之地方，菩提心发力求他人利，叫作扎的贤者将出世。"这就是为这位至尊所

---

①法主四居士：法主指直贡仁钦白；四居士就是仁钦白制伏并传授居士戒的西藏四地方鬼神。据资料表明，莲花生大师亦曾收摄四居士。

②刹土神：守卫方国、神山圣地的护法神。

作的授记，故取此名。从敏珠林[①]来了无可辩驳的上圣法王德达林巴，至尊从这位伏藏师聆听了雅玛陇寺[②]、西扎山和朗加扎山[③]的伏藏密法。这位至尊被认定为新伏藏诛法的法主，与之有联系的孜囊扎仓院也是此时所创建的，亦造了《诛法事业遮拦论》、《回遮曼荼罗仪轨》等。

某时，多扎[④]仁增的转世化身白玛陈烈驾到，至尊向他赐示了正法极深密意等深奥密法，也从他那里听了许多北伏藏方面密法。后来白玛陈烈离开时，至尊又向他传授了八大法行、上师密意集灌顶大修及其有关密法。另外，为泽里朱古、白日朱古和噶尔·丹增扎巴、康久囊苏等我方弟子时常讲经说法，转动法轮。后藏二禅院、替寺和噶蔡寺的禅师三年轮换时，传授了大手印五具、那若六法等各自所需深法，并规定后藏禅师六年轮换一次。从师徒洛·陈烈朗杰再次聆听了上师密意集灌顶修习时，出现了大地震动，咒声自响，夜间法螺声大作等奇兆。某次冬季，应蒙古准噶尔官员之邀请，途经隆续，朝礼热振寺，前往唐拉岗则山时，

---

①敏珠林：即敏珠林寺。在西藏山南地区扎囊县境内。1676年，五世达赖喇嘛的经师德达林巴倡建，是南传宁玛派的祖寺。1718年被准噶尔部焚毁，后由颇罗鼐资助修复。旧时，康青各地较大的宁玛派寺院僧徒多在此寺研习西藏语文、医算等。该寺还以文字书法优美著称，原噶厦政府下面的僧官学校校长，向例是由该寺的僧人中委派。

②雅玛陇寺：山南地区扎囊县境内的一宁玛派古寺名。1663年掘出雅玛陇伏藏。

③西扎山、朗加扎山：都是山峰名。1667年从西扎山掘出伏藏，史称西扎伏藏。1676年从朗加扎山掘出伏藏，称其为朗加扎伏藏。

④多扎：即多吉扎寺。山南地区扎囊县境一寺庙名。16世纪末，宁玛派喇嘛扎西多杰倡建，时期较敏珠林寺为早，是北传宁玛派祖寺，曾被蒙古准噶尔部焚毁，后经修复。

像夏日一样五色彩虹飞射，天降细雨。如此，在种种奇景异兆中来到羌囊热附近的蒙古部。众人向至尊奉献财礼并广作侍奉承事，至尊也以佛法之甘露使众人得到满足，而后返回直贡。

金马年(1690年)，从修尼召来112名缮写人员，用金银相混合的粉，把所有佛说部《甘珠尔》和旧译续部集写在蓝纸上，造册120部，在五个多月内完成，向众缮写人员给予丰厚的财礼。同时制造了十六尊者本生故事唐卡卷轴画二十三轴，同时，依照胜乐五尊给予开光，现住于直贡替寺。又于木猪年(1695年)，从修尼召集100多名缮写人，把宁玛派传承佛说部《甘珠尔》写在白纸上，造册120卷，在四个月内完成，现住宗萨尔殿。于火牛年(1697年)，在直贡替寺的康萨尔北部寝宫下部，修建了沃门殿，殿内铸造了吉祥多门银塔，塔身作工精巧，饰有诸宝，高二层，顶部有阿弥陀佛、鼓音如来、曼荼罗、金伞等，由尼泊尔的诸善巧工匠制造，当年完成。至尊率众僧依静猛种集传规进行开光，出现了五色彩虹成帐，天降白色花雨等奇兆。六世达赖喇嘛坐床时，至尊前往拉萨，在布达拉宫内拜谒了达赖喇嘛和第巴·桑结加措①。当时从敏珠林德钦②听受新掘夏武伏藏，亦向对方赐示八大法行等教法。与多扎朱古亦相互赐奉教法。而后返回直贡。

某时，在替寺向所聚众徒转动法轮时，身有不适之感，亲见佛母如意轮和护法母。前后修造了桑杰林巴遗教、释迦牟尼百行法、八十四成就者传记、八大法行善逝集诸尊等的唐卡卷轴画。另外，还绘制了许多佛像，白银铸造的像和白红檀香所造像亦不

---

①第巴·桑结加措：1653年生于拉萨北郊之娘热地方。1679年任五世达赖的第司，管理政教，维修扩建布达拉宫，建造五世达赖的肉身灵塔。创建医科学校于药王山。1705年被拉藏汗所杀。

②德钦：即指五世达赖的经师，敏珠林倡建者德达林巴。

少。至尊曾多次莅临替寺和德仲。每逢猴年猴月（七月），向所聚广众传授灌顶，举办会供曼荼罗[1]。有一次，在大殿内的梯子上留下足印。起驾擦乌时，在大殿内留下清晰的手足印。有一次，从绒伏藏师堆林巴听受了其伏藏密法，亦向对方传法，使之得到满足。

至尊以慧通得知至尊曲吉扎巴的化身转世在绛域地区，于是，像自己幼小时先师给手下人授记并送唐卡画和书信来寻找转世灵童一样，画了绛域地图，并作了详细的预言：该地区语言异于西藏，花草树木繁盛，五谷丰登，果实累累，前面流淌着大河，右边有清泉，是一个与西藏有着深厚感情的村庄，化身转生在该村庄的一个富豪人家。于木鸡年（1705 年），至尊派去肖仍瓦却本[2]格隆·曲久和梭本[3]·布格及两个助手，前去进行详细调查。翌年四人返回直贡，向至尊详细禀报了其地域及山水风景完全与至尊所预言相同，而且帕木晓仲曾到过该地，并长期住下，与当地群众建立了深厚的友情，这也与预言相符。还禀报了在绛拉皮的一个贵族之家，于木猴年（1704 年）降生了一个相貌奇异的男孩等情况。于是，至尊又派去曲久和布格二人，之后又让喇嘛陈烈旺久及数名仆从带上丰厚的聘礼前去迎请，途中无灾无难，顺利返回。土牛年（1709 年）昂宿月上弦三日至尊骑马前去迎接并给予侍奉承事，举办喜筵，庆祝父子相见，而后回到直贡，在金殿曲吉仁波且像前剪发新并赐名。翌年，让殊胜化身受近事男戒。金兔年（1711 年），在维修孜瓦颇章宫的同时，新建了露台伦孜嘎其殿。向以殊胜化身为首，洛化身曲吉加措等诸上人，传授了直贡总法

---

①即指直贡噶举猴年大法会，传授各种灌顶仪轨及大往生法。

②却本：主管陈设坛场和祭品的僧人。

③梭本：膳食堪布、司膳。掌管贵族喇嘛饮食的人。

和密意集、金刚鬘等新旧密乘的不可思议的教法。某时，至尊身患重病，经过念经祝寿和医药治疗，不久得到痊愈。

蛇年(1713年)，父子一同来到拉萨，朝礼了以觉沃释迦佛像为主的诸圣，并献供物和功德水。当时，有许多人前来拜谒至尊父子，至尊从出世和世间两个方面给予满足。在嘉玛、赤康、噶蔡等地，赐示教法，使众具敬仰的人得到满足。不久，至尊来到替寺和德仲，在仲鄂设法举办会供曼荼罗，当时在虚空响起念诵咒语的声音，在场众人有耳共闻。于木羊年(1715年)，从埃地请来了善于雕刻的鲁晋等人，用红白檀香木雕塑了佛陀及十六尊者眷众、智慧护法神八兄弟主眷等符合现观的精美像。后来又由以上雕刻家塑造了护法曲吉卓玛、四种姓空行、长寿五姐妹和萨索绰①三神等像，其造型精美超胜。

如上所说，在至尊曲吉扎巴在位后期，把宗萨尔上缴给政府，至尊觉得宗萨尔是直贡的一个重要处所，因此向政府施主请求赐还，得到了准许。于是在火猴年(1716年)十月，至尊莅临宗萨尔，驻锡一个月，各方都前来庆贺送礼。以前，宗萨尔归属直贡时其规模很大，自从上缴政府后，因拉萨新修八廓街时折毁宗萨尔，取走材料，所以，此时只剩下一间破烂不堪的小屋。于火鸡年(1717年)三月开始，修建了现存的这个宫殿，于当年秋季竣工，只因受准噶尔骚乱的影响②，未能扩大规模，寝宫内外的诸屋也未能很好

---

①萨索绰：系藏音。萨：即罗睺曜，又名黄幡星。旧说此星食日月，星象家说此为阿修罗王。参见注释“玛萨多”条。索：即阎王、死主。绰：即罗刹女。

②1717年1月，厄鲁特蒙古四部之一准噶尔部酋长策妄阿喇布坦让其子从新疆率兵入藏，攻杀固始汗曾孙即拉藏汗之子。准噶尔部与拉藏汗首战于藏北当雄，拉藏汗兵败，退回拉萨。该年11月1日拉藏汗于突围时被杀，结束了固始汗家族对西藏的统治。

建筑。当时，至尊让恰佐①·旺布认真观察星曜辰宿，恰佐认真观察后禀报至尊，至尊说："目前搞建筑还没有什么问题，如果在土马年搞土石工程，这房屋就会遭到毁坏。"此时正是火鸡年，根本谈不上土马年(1738 年)的事，但后来至尊顿珠曲杰准备在土马年动工建造卓隆神殿时，想起至尊说的话，于是等到第二年才动工。这就说明至尊能清楚地知道过去和未来。当然，在这里只是举个例子说明至尊具有通达无碍的神通，不再一一例举。

此年氐宿月(四月)，在孜瓦法坛搭起能够威慑三界的帐篷，举办年氏传承的八丈法行善逝集之加行积资法会，向以殊胜化身曲吉杰布和洛化身曲吉加措为首的杨日噶、替、噶蔡等诸寺僧众，传授了从破土建寺的仪式，竖立碑牌、布置曼荼罗，到修习灌顶的所有内容，以及噶尔羌姆神舞、九大鹏朵玛食子回遮，绘彩粉曼荼罗、迎请诸神、供酥油灯、进行祈祷等详细实施法。当时，始终出现各种奇异征兆，把会聚的具缘数万人引向成熟解脱之妙道。六月，以殊胜化身为首的 70 多位师徒当助手，在孜瓦寝宫莲花光殿，开启桑杰林巴所掘伏藏上师密意集的曼荼罗。最初举办破土仪轨，竖立碑牌，之后逐个作建立彩粉曼荼罗，按其义理办根本大修及支分药修，传授大小诸灌顶，在彩粉曼荼罗中迎请诸神等事项，在三周内完成。传授了上师密意集之大圆满道果教导，上师修教导等。

不久，佛法与众生利益都遭到灾难，准噶尔的大军从北方开来，开始了大动乱。当时，准噶尔强迫至尊去拉萨，因至尊年事已高，未去，派殊胜化身曲吉杰布前去拉萨，一个月内返回直贡。当时，至尊梦见向准噶尔的官员次仁顿珠和一些官仆传授观世音菩萨随许，威慑这些凶残的人。梦中所见的这些人的面相与实际面

①恰佐：管家。旧译商卓特。旧时，代理封建领主管理财产的人。

相完全相符。此后，还现观到穿着打扮等与后来众人所见实际情况相同的5名汉地官员，并与之作了交谈。他们禀告至尊说准噶尔的权势不会长久，至尊亦以悲心摄持他们。后来的事实证明，至尊所预知的情况与真实情况完全相符。如此，由于至尊的大慈大悲，准噶尔不曾损害直贡佛法。但是，由于准噶尔军毁掉了多吉扎和敏珠林等许多寺院，杀了许多上师，尤其是杀了与至尊同心同德的多吉扎寺的白玛陈烈，使至尊心灰意冷①。加上准噶尔人常到直贡地区来收税，致使至尊身受污秽的阴气而患病。当时，出现了大地震动，在贡布雅上空悬挂被剪断的彩虹帷幕等异兆。虽然众师徒尽力为至尊请医治疗并多作福寿法事，只因众生命薄福浅，一切努力无济于事。为了向他人显示无常之法，于土狗年(1718年)六月二十九日太阳升起时分，显示身曼荼罗摄收到法界中，年届63岁。彼时，花雨纷飞，彩虹成帐，乐声阵阵，奇异征兆，不可思议。以前，在孜瓦附近常听到鬼的叫声，这时也消失了，这就是至尊把这些转生恶趣中的众生引到善趣的结果。七月六日，按月密传规火化至尊的遗体如意宝时，火不能烧毁遗体。当火灭尽后，在遗体上自然炽燃起智慧之火，其色五颜六色，火顶显出八吉祥图样②；没有任何一般火烧时的那种劈啪声响，只有从

---

①1717年年底，准噶尔部首长策妄阿喇布坦之子次仁顿珠让70多岁高龄的吉续巴噶丹台吉拉杰饶丹任摄政，而西藏的实权掌握在自己的手中，在西藏各教派间大搞派系分裂。1718年焚毁了多吉扎、敏珠林等宁玛派的主寺，杀死了多吉扎寺的活佛白玛陈烈、敏珠林寺的谪嗣白玛久美江措和大译师达磨室利等，并抢劫寺中宝物。东嘎先生说：准噶尔“打着宗教和民族的旗帜，欺骗了西藏上层人士、宗教人士和广大群众，篡夺了西藏的政权。这是西藏历史上使人深感悲痛的教训。”(见《论西藏政教合一制度》)。

②八吉祥图：吉祥结、妙莲、宝伞、右旋海螺、金轮、胜利幢、宝瓶和金鱼。

应空中传出各种乐器的合奏声；其烟也是纯白的，没有任何焦臭味，唯有香气四溢；天空中，五色彩虹形成帐幔、弓箭、八辐轮等各种形状。天空飘落大如盘子的花雨，整整下了一天。在清澈的天空中，显出各种彩云天神来供养至尊，其形清晰可辨。这一切直到火化仪式结束时才消失。尤其是，从遗体的各部骨节上落下彩虹花雨。如此奇异征兆，难以言表。于八月份，迎请岗布寺化身贡桑俄顿旺布为首座，举办丧葬法会，向在所会聚的众人给以无量供养。埃巴工匠师傅鲁晋用白檀香木塑造了至尊的8岁等身寝宫像。翌年即土猪年(1719年)，由尼藏诸工匠用金银铸造了灵塔天降塔，高二层，顶部有观世音曼荼罗、金伞等，五个月内完成，请住于直贡大寺的康萨尔沃门殿内，置于至尊自己的意誓所依吉祥门塔之左旁，至尊顿珠曲吉杰布等众人广办开光仪式。在冈底斯雪山修造舍利塔，等等，所作丧葬法事比以前隆重三倍。

这位至尊另有详细传记。其殊胜弟子的情况：政教圣法太子三界众生引导者顿珠曲吉杰布的历史下文详见。首要法太子洛仁波且·曲吉加措生于囊谦，在这位至尊座前出家并听受新旧密乘教法无量，精通诸明及显密，但始终谦恭不傲，视财物为幻影，无有丝毫的贪著。在胜义方面亲怨平等，连在梦中都无有世间八法的分别心，六识①的所有幻觉也在法性中得到净化。总之，具有深广如大海的不可思议功德。阿里拉达克的格隆·珠斯和卡居二兄弟在德仲和杂日长期修持，总是靠避谷术②行苦行，最后在冈底斯山修行。兄长珠斯成就蕴身虹化，弟卡居圆寂时缩小成8岁

---

①六识：六聚。眼、耳、鼻、舌、身、意六识。

②避谷术：摄生术。宗教徒靠意念采取花草树石之精华或靠明咒来补益寿元、肉身，以求延年益寿、留住童颜、点铁成金的成就法。

孩童那么大，众人都闻到异香，据说也出现了彩虹、花雨、乐声等。在替杨日有一位名叫曲杂·贡觉饶丹的比丘，他是舍弃此生的佛教徒，圆寂时，虽然时值严冬，但出现艳丽的彩虹，有目共睹，牙齿成为舍利。另外，有无数名精通二次第，能在石头上留下手印，身体变化为本尊等神通获得者的殊胜弟子。

二十五、贡觉陈烈顿珠传

把那三宝三密金刚舞，
融为一体功德不思量，
持守佛法化度众有情，
顿珠曲吉杰布我祈请。

第二十五任住持绛央曲吉杰布陈烈顿衮珠巴白吉德的历史：

他是作为至尊曲吉扎巴的转世化身，成为居惹血统的帕木晓仲之子，于蛇年诞生在绛杰塘地区，取名噶维旺布。噶玛巴·曲央多吉也承认他是至尊曲吉扎巴的转世化身，并向他表示崇敬。在《启请三地》中云："未来居惹血统之最末，蛇年生者发挥深法库，以那正法瑜伽度众生，向那顿珠曲吉我启请。"这就是对这位至尊的授记。倘若这位至尊能住世，那么居惹血统就不会断，对直贡佛教也必有大益。但是，当时至尊陈烈桑布年幼无权，诸随从也不好好侍奉，加上混浊时代总别有情众生福浅命薄，而以上所引用的授记又过于清楚，因此，种种障碍使父子在汉地圆寂。据说，他们中的有清净智慧身住在各个佛土，多半住在吉祥山莲花光无量宫的大师(即莲花生大师)尊前。此后过了许多年后，成为绛拉皮贵族世家后代，父亲为翟斯·欧珠扎西、母亲为朗迥玛，于阳木猴年(1704 年)七月二十五日黎明伴着诸多祥兆降生于世。

当天，在直贡地区也出现了降花雨，彩虹飞舞，云成白伞等祥兆。

这时，胜王一切知贡觉陈烈桑布的名声响遍三界，他对三世通达无碍，了如指掌。如上所述，至尊作了预言，并在布上画图，指出具体出生地点，让肖仍瓦却本格隆·曲久和梭本·布格及两名小僧带上书信以及详细的预言前去调查。他们一行途经南路来到绛地，到处寻找，最后找到了与至尊所预言的情况和所画地图相符的拉皮地方。又听人说在斯多坚村，有一位名叫翟斯·欧珠的信仰佛法、财产富裕的人，他有一个儿子，名叫噶维旺布或噶玛巴，诞生时伴有许多祥兆。于是他们来到这家，公子虽生下只有数月，但一见到他们就显得很快乐，他们看到他没有丝毫一般幼儿所有的特点，而是显得非常特别，得知是化身就坚信无疑。回来途中，又请达香伏藏师算卦，得到了可靠的授记。回到直贡，向至尊禀报详情，至尊肯定地说："是化身无疑。"于是给他们赐以无量寿佛的像、名签、法器等。他们渐次来到拉皮，择黄道吉日给转世化身，赐名贡觉陈烈顿珠（宝事业义成），献上无量寿佛的像和法器、祝寿颂辞等。又有喇嘛陈烈旺久和知客仁钦乌坚等7名僧俗带着以佛陀《甘珠尔》为主的丰厚聘礼前来迎请转世化身，到达绛拉皮，献上聘礼。由于转世化身的父亲拒绝接受聘礼，所以耽搁了许久。彼时，他们前去杰汤（中甸）日鄂五佛殿、顿珠岭寺和工泽热瓦寺等进行朝礼。

于土牛年（1709年）神变月上弦一日从工泽热起驾，前往卫地。当时，至尊只有6岁，但藏语无师自通，而且多谈与佛法有关的话，反复念诵唵字和莲花大师的名号。途中有许多奇异的观感，开辟了拔热拉山的那囊、昌都、囊谦考培其以及至尊曲吉扎巴所授记过的拉瓦岗吉等圣地。途经羌达纳寺、帮其、沃那寺等渐次前来。在替寺前方受到了替寺和杨日噶尔众僧的遣马相迎。到达卓隆寺时，天降花雨，彩虹飞射。昂宿月三日，被首要法太子洛化身曲吉加措、恰佐·朗杰、霍尔本·索朗旺久等诸僧俗官员骑马迎请到颇章孜瓦。此时,颇章孜瓦装饰得好似帝释住处善法堂,悬挂吉祥彩幔、伞、华盖、飞幡,并奏着乐器。在这坚固金刚圣地颇章孜瓦内父子相聚,设喜筵款待有情众生,呈现出恰似新圆满时①的祥瑞景象。直贡派的天人众部为殊胜化身常住世间而赞颂供奉。不久,父子一同来到直贡大寺,在无比的热那室利如意宝身像和尊师拔扎尊前献了发新,在旧名贡觉陈烈顿珠后面又补加了曲吉杰布(法王)四个字。朝拜和供祭金殿世间庄严等诸经堂和护法神殿,给众僧发放大布施。此时,有关文字读写方面已无师自通,能详细清楚地讲出舍身饲虎的菩萨本生故事②和自己的中有清净智慧身驻锡铜色吉祥山时的情景以及投胎降世等情形,使众人惊奇不已。此后来到卓隆,众人散发鲜花来赞颂。后驻锡在孜瓦。

至尊七岁即金虎年(1710 年)时,在至尊拔扎尊前受近事男戒。并先后由洛化身曲吉加措、达隆·维久朱古和白日朱古等诸上人陪同,在至尊陈烈桑布尊前聆听了直贡的甚深法五具、六法等及历代诸圣文集以及灌顶、金刚鬘、俄氏传承七曼荼罗、陆希巴、黑行者和铃尊者三传承的胜乐金刚、四臂护法的大小灌顶、年氏和桑杰林巴、噶玛林巴、热那林巴、加村林巴等无可争辩的诸伏藏师的灌顶密法等新旧密乘之灌顶密法不可思议。对我传承的舞画唪三艺③及诗学、黑白历算等亦作听讲学修。

于水蛇年(1713 年)氐宿月(四月)父子一同来到大昭寺,向以

---

①圆满时:佛书所说南瞻部洲人享受法、财、愿、乐等最为圆满时代,期间为一百七十二万八千年,有拘留孙佛出世。

②故事参见罗秉芬等选译《佛经故事选》第 229 页,“摩诃萨陀舍身饲虎”故事。1985 年江西人民出版社出版。

③舞画唪三艺:亲教师、轨师范等必须娴熟的三种技艺。“舞”谓穿戴舞衣面具跳神,即噶尔羌姆神舞;“画”谓绘制曼荼罗;“唪”谓举腔唪诵。

觉沃释迦牟尼像为主的众像塔供奉金水、酥油灯和哈达等，进行祈请发愿。彼时，至尊向六世达赖之代理人献发新，对方赐予至尊以贡觉顿珠仁钦的名字。朝见准噶尔拉藏汗①等诸施主，相互送礼后返回住处。不久莅临替和德仲等处，前往德仲大殿时，由五色彩虹引路，使在场众人大饱眼福。在德仲举办会供曼荼罗并进行朝礼后渐次来到孜瓦并定居下来。于木马年(1714 年)，在卓隆，与至尊拔扎足下一道向藏噶尔的轮换禅师赐示法之甘露，这是至尊首次向人授法。从 12 岁木羊年(1715 年)开始，逐次念修诸本尊。于火猴年(1716 年)神变月，念修文殊威慑手印相时，现前如理征相。至尊拔扎足下塑造红白檀香木的十六尊者、八怙主等像时，至尊亦塑造了文殊大威德父母子三位像、文殊静猛像、至尊上师像、业阎罗修行者像等。这是至尊首次修造佛像。该年六月，至尊来到德仲，倘若这次具备因缘，那么至尊能活到 76 岁，并能新开启数法门，只因梭本格隆·多迪原是妨碍至尊事业的因缘，作了许多遮拦至尊因缘的坏事，因此，至尊失去了朝拜新旧诸圣地和重开新圣地之门的机缘。在茅屋闭关修持一周后，于十日向来自各方的大会众传授了上师静相灌顶，莅临大殿等处后定居于孜瓦。

14 岁即火鸡年(1717 年)由先师为亲教师、洛化身曲吉加措为业轨范师，受了沙弥戒。当年，在先师尊前，与我们两方众人一道听受了年氏传承的八大法行善逝集之大灌顶修习。此后，听了上师密意集的修习灌顶及其药修悉地道果之教导。不久，准噶尔部人发动大骚乱，至尊来到拉萨避难。此时，准噶尔部人毁坏了

①拉藏汗：全名拉藏鲁白。固始汗曾孙。1703～1717 年间继任藏王。1705 年杀死第巴·桑结加措，驱逐六世达赖喇嘛仓央嘉措，另立益西嘉措为六世达赖喇嘛，被清廷册封为“翊法恭顺汗”。1717 年，被准噶尔部军队所杀。

多敏扎三寺①,杀死了许多上师。虽然时势如此动荡不安,但由于至尊师徒的悲力恩惠,直贡派的政教及其所属地区都未受任何损失。此后至尊回直贡,于土狗年(1718年),先师身患重疾,至尊不离先师左右进行服侍,并念经祝寿祈祷,但一切徒劳无益,先师往生他界,至尊为先师举办了隆重的丧葬法事。当时,鲁噶尔晓仲·曲扎为了安慰至尊专程前来参加丧葬法事,并向至尊奉献阿阇黎扎瓦哈第的意誓圣物赤金所作的金刚童子②像、曲吉林巴之伏藏、婆罗门吉顿之头盖骨等。当时,至尊梦见先师给自己传授八大法行之广详灌顶,这就是至尊将要建立八大法行大修仪轨的祥兆。此年十月上弦八日,在直贡大寺的大静殿的法台上,把这位至尊授权为三世怙主直贡仁钦白法王的继承人。翌年即土猪年(1719年),至尊为先师修造银灵塔,并率众僧依胜乐传承给予开光。此后在卓隆塑造了檀香木的寝宫像,并依胜乐给予开光。当时至尊梦见到先师之中有清净智慧身,于是向先师询问银塔装藏程序有否错误,先师回答说一切正确无误,至尊心情也就舒畅了。

从第巴鲁木巴的顷则③处听受了声明学集分派和月八戒派的大论,顷则稍作提示至尊就能掌握。至尊重建了至尊达磨给迪编写的九顶髻仪轨。当年,康熙皇帝为了把藏区从准噶尔所造成的痛苦中解救出来,派来了驱逐和消灭魔军的大部队④。首先,定西

①即指位于山南地区扎囊县境内的多吉扎、敏珠林和扎囊强巴林三寺。

②金刚童子:无上瑜伽本尊金刚橛的异名。

③顷则:僧人在寺院中通过捐献财物而获得的上层地位。有全寺级顷则,有札仓级顷则。

④清朝政府为了巩固西南,驱逐准噶尔军,于1718年派将军额伦特率满汉兵数千人自西宁分道进剿,但全军覆没于黑河。于是,于1720年任命皇十四子允禵为抚远大将军,统率三路大军入藏,在西藏各地起义军的配合下,重创准噶尔军,使其逃回新疆伊犁。从而解除了西藏人民受准噶尔军蹂躏践踏的灾难。

将军和大译师途经小绒前来，至尊前往擦古塘进行拜谒，二位将军都给至尊以大奖励。此后不久，转世在理塘的六世达赖的化身即七世达赖格桑嘉措[①]由阿里将军从理塘前往拉萨，至尊途经隆续来到热振下部迎接，受到福田和施主两方面的很好关照。此后，至尊途经彭域的雄地来到拉萨，参加达赖坐床典礼并奉献礼品[②]。如果当时至尊能再次见到定西和大译师二位将军，那么，像至尊曲吉扎巴在位时桑耶曲均所预言，会对直贡佛法大有裨益，只因一些心怀叵测的随从从中作梗，致使至尊未能再次见到二位将军。于是返回直贡。翌年金牛年(1721年)，为了向达赖喇嘛表示祝贺及广办福寿法事，至尊来到哲蚌寺，达赖喇嘛接见了至尊并广作交谈，给予多方照顾。在拉萨，至尊向前来拜谒的汉蒙藏诸大人赐示各自所需教法，使他们都心满意足，而后返回直贡。

准噶尔制造大骚乱时，直贡寺内的春季施朵玛食子和回遮修等旧密乘的轨范仪则先后中断，从水虎年(1722年)开始，至尊又如昔举办春季施朵玛食子法会。一段时间内，杨日噶尔寺的教规有所松弛衰落，至尊认为佛法之本为戒律，而戒律又要赖于清净

---

①历史上有三个六世达赖喇嘛：第巴·桑结加措所立仓央嘉措、拉藏汗所立益西嘉措、清政府所封格桑嘉措。尽管清政府封格桑嘉措为“弘法觉众第六世达赖喇嘛”，赐金册金印，并派官兵护送至拉萨，既不承认仓央嘉措为六世达赖喇嘛，也不承认益西嘉措为六世达赖喇嘛。但是，西藏各阶人士，尤其是拉萨三大寺僧众一直认为仓央嘉措为六世达赖喇嘛，格桑嘉措为七世达赖喇嘛，不予承认益西嘉措为达赖喇嘛。因此，1783年乾隆帝封格桑嘉措的转世绛白嘉措为八世达赖喇嘛，默认格桑嘉措为七世达赖喇嘛，仓央嘉措为六世达赖喇嘛。但在这以前的汉文史籍中一直称格桑嘉措为六世达赖喇嘛。

②七世达赖喇嘛格桑嘉措由和硕特部诸台吉率兵护送，随廷信大将军进藏。于1720年4月22日离开西宁塔尔寺，9月15日在拉萨举行坐床典礼。

的比丘来护持。因此，至尊遵照至尊觉巴仁波且推崇戒律的作法，通过各种手段和方法，严肃了教规教律。此外，在杨日噶尔至尊每日潜心于闻思修等十法行[①]中。每年为僧众置办所需资具，如印汉地的殊胜佛像，汉蒙的钹和铙等诸乐器，色彩艳丽、质量上等的华盖、帷幔、幡、香囊和跳噶尔羌姆神舞的衣服等。于木龙年(1724年)，至尊新修了直贡噶举法嗣卷轴画39幅，完成了先师在位时新建的宗萨尔扎西粗殿未完的工程。于天降月[②]从孜瓦驾临宗萨尔，举办喜宴庆祝会，为扎西粗殿和法嗣卷轴画开光。

某次来到德仲温泉，虽然如上所说，因缘多失，但仍有朝拜一些小圣地，找到邬坚洞[③]的因缘。至尊先派遣一些近侍探路，格隆·多迪回来说无路可走，所以最终又失去了开启邬坚洞等圣地的因缘。于龙年秋末来到德仲，详细朝礼了十多数新旧圣地，而且在各处举办会供曼荼罗，给予供养，并进行了纯净的祈祷和发愿。当朝拜新圣地拉孜时，天上彩虹成帐，在护法神洞内，从岩壁上自然发出鼓声，如此奇景异兆，在场的人有目共睹，有耳共闻。至尊还亲见到了至尊米拉日巴、度母、瞻巴拉[④]等许多圣人天神。另外决定了许多新的自然获得的观感。此后渐次途经搅郭来到擦邬

---

①十法行：分普通、特殊和最上三种。一、普通十法行，即十到彼岸，或谓十度、十波罗蜜多、十胜行。在施、戒、忍、精进、静虑、般若六度之上，再加方便、力、愿和智四度。此十度为菩萨十地行法。二、特殊十法行，指念行地有十法行，即对于经典十种之行法：缮写、供奉、施赠、听闻、朗读、受持、开演、讽诵、思维、修习。三、最上十法行，即解脱道或十利他行；塑佛像、印佛经、建佛塔、舍己救人、建桥、上供、下施、浴佛、巡礼佛塔和梵行。此处是指特殊十法行。

②天降月：即藏历九月，因九月二十一日为释迦牟尼佛从天降临南瞻部洲日，故九月二十一日为佛教四大节日之一。

③邬坚洞：即莲花生大师曾修行过的崖洞。

④瞻巴拉：义译持赜。梵音作阎婆罗，旧译布禄金刚。系一财神名。

白山岭中，多吉洛迦介绍说此地有被土石淹没的至尊觉巴仁波且的身印，经众人寻找，找到了至尊觉巴仁波且的身印。朝拜了大殿等诸圣处，当时至尊在德仲等地留下了一些手印。在茅屋与诸阿阇黎修长寿仪轨①，在直贡寺开启大缎制佛像。

木蛇年(1725 年)六月四日转四谛法轮节②那天，率众随从，从直贡启程，途经北路前往达隆、羊八井等寺进行朝拜。在香达那德庆曲吉颇章，于八月八日吉祥时辰，从埃帮三世支乌仁波且·绛丘曲吉宁波受圆满比丘戒，而且相互传授了一些灌顶和教法，详细朝谒大圣地沙普隆后来到达夏二禅院。至尊觉巴仁波且的不共本尊为胜乐金刚，但近期很少有近修此本尊，为了那些无暇修详尽仪轨者有法可修，至尊修造了胜乐本尊修法简略仪轨，使胜乐本尊仪轨得以再传。在途中，当地居民向至尊供奉无量礼品，至尊也以佛法和财物使之各得其所，当年秋季返回直贡。在杨日噶尔建立三常念③及十四布萨④、十五布萨⑤仪轨。为了使旧译密乘法统不致于衰败，为了驱逐和制伏外寇，使藏区佛法和众生得到安宁，至尊建立在杨日噶尔大法场每年举办年氏传承八大

---

①长寿仪轨：使人获得长寿的修法。西藏各教派都有此法。具体修法参见多识选编《藏密气功典籍选编》中之噶玛·阿旺云丹加措所作《长寿仪轨修法》(民族出版社 1991 年出版)。

②六月四日为佛教四大节日之一，是释迦牟尼佛转苦集灭道四谛法轮之期。

③三常念：布萨仪轨之一。初为寺庙神主、神众举腔念经，为地方神等施放朵玛食子，向三宝例行礼忏；次为使天、人等众生听法，而诵《宣法经》中经文四偈。依敬礼、诵经、回向等种念头，讲听《戒行清净经》等。

④十四布萨：顺法布萨的定时布萨之一。值鬼宿、翼宿、氐宿、箕宿、壁宿、昴宿等月份下弦之十四日所作布萨，即不满日布萨。

⑤十五布萨：顺法布萨的定时布萨之一。值十二序月之上弦及嘴宿、星宿、角宿、心宿、牛宿、娄宿等六个月份下弦之十八日所作布萨。

法行善逝集大修仪轨的传规，为此至尊安排供礼人员，新建曼荼罗、供物及众天神的面具，并准备跳噶尔羌姆神舞所用诸资具。至尊亲自造了附有简明注释准确无误的轨范仪则《旧译佛日》。于火羊年(1727 年)首次举办此仪轨。

土猴年(1728 年)卫藏各地发生大动乱①，因谣传所致，至尊亲自前往工布，不久安然返回。至尊清楚地洞见到了至尊先师的殊胜化身转生在工布厄荣，派格隆·曲久前去认定，结果找到了灵童并确认是转世化身。但是由于温波拉斯塔尔和司膳雷桑二人无故制造事端，而我方大多僧俗又被欲天所唆使，无理取闹，告到福田和施主前。又曲解了拉莫寺曲均的预言，把根本不是殊胜化身的拉斯之子认定为化身，掀起轩然大波，引起了激烈争论。此时，至尊来到拉萨，亲自向摄政②起诉，为此向觉沃释迦牟尼报身像献上三个写有名字的纸卷，结果第一个出来的是写有无可置疑的化身的厄荣孩童纸卷，第二出来的是写有是否另有其化身的纸卷，但写有拉斯之子名字的纸卷就是不出来。这样，至尊办妥事情后返回直贡。不久派遣噶尔堪苏③杰赛·陈烈次达等僧俗多人，于土鸡年(1729 年)昂宿月顺利地把转世化身迎请到直贡。首

---

①1721 年，清政府废除在西藏施政中独揽大权的第巴职位，设噶伦制，并先后封康济鼐和阿尔布巴为贝子，封隆布鼐为辅国公，封颇罗鼐为台吉，并具授为噶伦。另任命扎尔鼐为噶伦，共同主管政务，以康济鼐为首席噶伦。1727 年，代表前藏地方势力的噶伦阿尔布巴联合隆布鼐和扎尔鼐二位噶伦，杀死代表后藏地方势力的首席噶伦康济鼐。于是，康济鼐亲信颇罗鼐，自日喀则起兵，于 1728 年攻下拉萨，软禁阿尔布巴等三位噶伦，等待清廷处理。清廷立派内阁学士曾格、副都统马腊等先驰赴藏，后又军分两路入藏，将阿尔布巴等三噶伦及其亲眷随从 22 人同时处死。颇罗鼐授权总管藏政，以功封贝子、贝勒、多罗贝勒。1739 年又授封为郡王。

②即指颇罗鼐。

③堪苏：即退位亲教师。此处指杨日噶尔寺的卸任堪布。

先在孜瓦设宴庆祝父子相见，在替寺于曲吉仁波且像前让转世化身献发新。

当时各地举办佛事时总要享用肉事，并成为一种习俗。至尊虽觉不妥，但各地各寺都认为自己的习俗是正确的，因此至尊亦无法根除这种习俗，但是，至尊完全废除了在祈福祝寿法事上祭肉的习俗。至尊渐次向殊胜化身传授了直贡诸总别教法和八大法行、密意集等新旧密乘的诸教法。另外父子一同从洛化身曲吉加措尊前听了许多灌顶密法。卓隆曾有每年举办八大法行、护法、十忿怒明王、威猛等四种施放朵玛食子仪轨的传统，但在准噶尔侵扰西藏期间曾一度中断，之后总是以此为借口，始终未能建立此仪轨。至尊心想虽然办这些法会应该有基索①支出所需费用，但如果这样置之不理，长此以往，这些仪轨将会渐渐消失。于是安排负责人，于木虎年(1734 年)开始正式建立以上四种施朵玛食子仪轨。以上所说严肃教规时，也制定了禁酒的戒律，由于冬季所食用的酒羹里少不了酒，因此禁酒戒规难以严守，但订立了保证履行条款依据。由于分别心的障碍，在施放朵玛食子仪轨上所供甘露，谁也没有使用真实五甘露②的规矩，而至尊觉巴仁钦白又说："水、酒、精血都一样"，因此至尊制定了在僧院内除了奶汁、青茶、净水以外，禁止带酒的教规。

至尊念修文殊大威德仪轨多次，近修胜乐、时轮、极深密意之诸尊数次，念修祖母护法等本尊护法诸神多次，各个现前如理之瑞相。尤其是修持寿命自在持明③时，在彩虹中亲见大阿阇黎和

---

①基索：是全寺性的大总管。负责全寺的庄园、属民、经商、房产等行政和财务事项。是一个掌握经济大权的职位。

②五甘露：为密乘内供用品，即大便、小便、男精、女血、骨髓。

③寿命自在持明：旧密所说地道修行过程中四种持明（炼丹持明、肉身持明、受用持明、寿命自在持明）之一，属于五道之见道。此过程中，身已转成世第一法净金刚身，心亦成熟为见道智，获得无生死之寿持明。

法王赤松德赞①。至尊在每六年藏噶尔禅师轮换时和替夏尔禅师轮换时赐示至尊觉巴之深妙法、大手印五具、那若六法、极深密意大圆满等许多教导，出现了许多舍弃此生、一心向佛的宗教徒，尤其是向前来求教的岗布寺化身衮桑俄顿旺布、主巴知一切·噶举陈烈星达、噶妥仁增·次旺罗布、巴卧·多吉祖拉等无可争辩的圣人传授了不可思议之新旧密乘教法。萨热法主从多麦宗喀送来与毗沙门天王相比的财物礼品。

至尊某次造了八大法行善逝集之卷轴画、莲花生大师传等许多本生卷轴画像，用红白檀香树塑了能仁王释迦佛之十二大宏化像。因鲁晋师傅刚一开工就逝世，耽搁了一些时候。在绛拉皮地区新建土丹饶杰岭寺，至今犹存并香火旺盛。此后，为了佛法长久住世，为了众生有积二资粮的福田，打算在卓隆修建佛殿及诸所依。于是，土马年（1738 年）十一月下弦月黄道吉日举行破土仪式并取土加持，于土羊年（1739 年）神变月（一月）筑基开始，修建了上下楼各面积 12 柱子六间屋的经殿，而且当年克时竣工。金猴年（1740 年）作完其他具体工作，在安噶殿内新修法台，并把别处的位置不显要的诸佛像迎请过来。金鸡年（1741 年），召集尼藏许多工匠，用金银铸造了菩提塔、胜外道神变塔、寿元加持和好塔等，各塔高一层半，饰有诸宝，造型精巧，置于伦珠多吉波殿（任运金刚顶），多次给予开光。水狗年（1742 年），在以上工匠上又请来尼泊尔师傅多星等许多工匠，修建了称为大能仁三界庄严加持霖降的释迦佛像，高二层，有金伞捧座，做工奇特精美，使人一见就能起净信。共用了 3000 多钱黄金和 600 克②红铜，于当年年末完成。请住在不动金刚座上，依胜乐、月密和静猛种集等进行多次

---

①大阿阇黎是指莲花生大师。西藏历史上把藏传佛教前弘期时的亲教师静命、轨范师莲花生和法主赤松德赞合称为“师君三尊。”

②克：藏斤。重约七市斤。十钱为一藏两，二十藏两为一克。

开光，广办庆贺喜筵。水猪年(1743 年)，以上诸工匠师傅又用金铜铸造了住于崖石的十六尊者像，用白银 770 十多两铸造了称为见而有益的至尊拔扎身像，高过人身。埃巴地区的工匠师罗布曲培和我寺一些僧人用大宝粉和药帛等塑了十五神变庄严图及十六尊者所住崖石模型，把十五神变庄严图请住于沃门(色究竟)殿，十六尊者像请住于具乐德丹殿，依续部海给予多次开光。第十三饶迥火兔年(1747 年)，由埃巴工匠坚参和我寺一些富裕僧人塑造了以前所造檀香树的佛陀十二宏化像的未完成部分。此年，把殊胜化身授权为直贡大寺住持，并散花赞颂。

至尊在卓隆大经院新建诸护法神噶尔羌姆神舞，并在原有诸神上又增加了持梃护法、长寿五姊妹、毗沙门等。此年末顺利完成塑造十二宏化像工作。先师在位时有个反复嘱托的心愿，是举办丧葬法事和修习要旨所不能缺少的，为此，至尊在以上所请的工匠上又请许多工匠铸造了精美胜乐六十二尊曼荼罗诸能依所依，也于龙年(1748 年)竣工并请住在安噶殿给予开光。土蛇年(1749 年)，浊世大班智达司徒·却吉迥乃[1]驾到，至尊与司徒相互听了许多灌顶密法。马年(1750 年)身患重疾，不久痊愈。在此

[1] 司徒·却吉迥乃：系第八世司徒活佛，八邦寺第一任住持。又名却吉朗瓦、噶玛·丹巴尼吉。1700 年生于多康六岗中金沙江、澜沧江二江间之色莫冈地方。10 岁赴藏，从八世红帽噶玛巴·却吉顿珠剃度出家。依止十二世噶玛巴·绛曲多吉等许多上师，学习佛教四续、三藏以及声韵、工艺、医药等，造诣深甚，驰名藏、汉、蒙古和尼泊尔等地，人称大司徒学者。赴西藏各地、汉地、和印度尼泊尔等处讲学。著书有关佛学、因明、声明、医药、历算之书甚多，对西藏文化有着丰功伟绩。于 1727 年，在德格倡建八邦寺，并使之成为噶举派讲修显密之主要经院之一，于 1775 年往生他界。其历史参见政协德格县委所编《噶举历史新编》(藏文)第 230 页～238 页。

大经院，每年六月二十九日为祭奠先师，至尊身着九顶髻装束自入[1]仪轨，为众僧广作侍奉。从水猴年(1752年)二月起，先后召集了尼藏许多工匠，达那星工匠师也被请到。至尊让众匠用金铸造了以金刚持到历代直贡法嗣诸师承及本尊护法诸神像，高与人身等量，于水鸡年(1753年)完成，请住于曲科多吉宁波(法轮金刚心)殿。用金银铸造了天降塔、聚莲善逝塔、吉祥多门塔，塔身高于以往所造塔，其上绘有胜乐六十二尊，因缘殊胜；铸造尊胜塔以代替涅槃塔，其高度造型等与以上诸塔相同；用金铜铸造了大佛位于中央，有无量光佛和普见佛在左右的佛像，有靠座，高一层楼，于木狗年(1754年)角宿月(三月)内顺利完成。至尊从拉萨印经院迎请了一回《甘珠尔》和《丹珠尔》，从德格印经院迎请了二回朱印本[2]《甘珠尔》，并分别请住于各经殿。用红白檀香树塑造了三十五佛[3]身像和构造奇特的极乐世界庄严图，并很快完成。开启三根本、静猛种集、月密、胜乐等新旧密乘之曼荼罗，以至尊父子为首的众僧为以上所造塔经像进行反复开光赞颂。诸工匠先后完成诸所依时，至尊赐以无量财物，使之得到满足。在六个经殿内饰佩来自中国皇帝内库，质地优秀、色彩艳丽的华盖、幡、香囊、胜幢、帷幔等；给诸佛像饰着服装和哈达，其前面祭奉汉、蒙、回的造型奇胜的供物及长明酥油灯等不可思量的供品。

如此，至尊的诸伟大心愿已遂，而此身需教化的化机亦临近完毕。当时内外各处出现了许多不祥之兆。至尊向以殊胜化身为首的诸近侍给予眼前和未来各方面的教导，尤其是告诉众人：

---

①自入：自受灌顶。为他人灌顶之前，金刚阿阇黎自己进入智慧坛场之中，观自我与本尊身、语、意、德和业五者无二无别，接受灌顶，取得允许弟子进入曼荼罗之权。

②朱印本：用朱砂或红墨水印刷的字画本。

③三十五佛：参见忏罪经《三聚经》。

“就算未能修造我的金银灵塔，如果上下各地尽力修建大小佛塔，并其中装藏一些我的灵骨，就有利于保卫直贡土地，会成为直贡佛法得以弘扬的因缘。”给众近侍示看一莲茎，上有极乐世界庄严图，说：“我就住在这里。因我专心祈祷，能到极乐世界，这是不用怀疑的”。此后并没有患病的征状，但身体显得很笨重，于狗年(1754年)角宿月(三月)传授完八大法行大修后，于氐宿月(四月)下弦二十日暖时把深意收入法界中。年届51岁。当时彩霞满天，响起悠扬的乐器声，出观了许多奇景异兆。此月二十九日，由殊胜化身丹增珠堆主持仪轨，依月密传规火化遗体大宝，之后举行七七祭奠，在卓隆修建的土塔，年底在孜瓦举办丧葬法事。翌年即木猪年(1755年)修居造了金铜寝宫身像，请住于卓隆大殿。用白银铸造天降灵塔，二层楼高，请住于直贡寺康萨尔沃门殿，在冈底斯山建造舍利塔。如此，一切丧葬法事及善后诸事照旧完成。

至尊的弟子情况如下：圣法太子无比法主宝丹增珠堆情况下文详述。继承直贡噶举之深密成熟解脱教授的首要弟子噶尔朱古·贡觉丹增曲吉尼玛牛干囊谦，当至尊觉巴成为如来龙系灯时他为其太子旋努；当至尊觉巴主持直贡寺时他为其近侍噶尔曲丁巴·释迦白；胜王热那在位时他为其仆从藏巴·阿旺顿珠；而无比曲杰平措时期他又成为其弟子丹增平措；在曲吉扎巴任住持时他成为丹增扎巴。经过如此多的转世，他又成为这位至尊的弟子。他在至尊曲吉杰布尊前初受居士戒，中间受沙弥戒，最后受比丘戒。聆听了直贡的所有教法，研习显密教法及诸明。依止至尊丹增珠堆、洛·曲吉加措等诸贤哲，精通诸法，现证本性，不染世间八法。后成为至尊多吉强曲吉尼玛之主师，向至尊奉传了所有直贡教法及八大法行善逝集等新旧密乘不可思议之教授，对法统具有极大恩典。另外持守修行禁戒，精通二次第的弟子亦有些许，恕不付诸文字。

二十六、贡觉丹增珠堆传

大悲空中密布怜慈云，
成熟解脱之道似细雨，
滋润具缘众生二利苗，[①]
珠堆至尊救护吾辈众。

第二十六任住持至尊贡觉丹增珠堆白典曲吉尼玛陈烈乔烈朗巴杰瓦桑布德的历史如下：至尊先师陈烈桑布于土狗年（1718年）圆寂后，于金鸡年（1720 年）在波窝薄地区噶瓦地方转世为德钦·曲吉林巴之子，只活数月即夭折。过了数年后又转世在工布地区厄荣地方的一个贵族之家，其父名第巴·次仁旺杰，为政府代本[②]，母名维色布赤，兄弟二人之兄长为主巴知一切·噶举陈烈星达，弟弟即此至尊，生于第十二饶迥阳木龙年（1724 年），被至尊顿珠曲吉杰布之无障天眼所见。年满 4 岁即火羊年（1727 年）格隆·曲久前来认定，至尊把先师之佛珠项链、金刚橛等从诸物中认出，毫无差错，得到确信。格隆·曲久把护身符奉献给至尊并散花赞颂念经祝寿。彼时，至尊偕父母前往杂日山大地进行朝拜。

---

①二利：自利和他利。

②代本：旧译戴琫。原西藏地方政府藏军军职。清乾隆末年，始确定每一代本辖兵 500 名，后来渐有扩充。

此后如上所述，像佛祖降临世间时遭到外道推理者①的无端挑剔作难一样，温布拉斯塔为了让自己的儿子成为至尊陈烈桑布的转世化身，伪称得到菩萨和拉莫寺曲均的支持，制造争端。为此至尊顿珠曲吉杰布亲自前往拉萨，禀报藏王颇罗鼐，并在觉沃释迦牟尼如意宝像前抓阄儿，结果断定这位至尊是转世化身。土鸡年(1729年)八月内，噶尔退位上师杰赛及知客嘎佐等僧俗30多人带着聘礼前去迎请，不久顺利迎请到直贡，闰十月的第二个月一日日出时，在孜瓦萨丹多吉乃久殿(坚固金刚圣地)父子相见并办喜宴庆贺，广办祈福祝寿及赞颂法会，十二月内来到直贡大寺。十五日木星会鬼宿的黄道吉日，在曲吉仁波且仁钦白身像前，向至尊曲吉杰布献发新，取名贡觉丹增珠堆(大宝持佛化众)。后驾临卓隆大经院，父子一同住于宗萨尔。金狗年(1730年)在先师曲吉杰布尊前为佛法剃度出家，在原名后补加白典曲吉尼玛陈烈乔烈朗巴杰瓦桑布德。先后父子一同多次莅临替寺和德仲，供养诸所依并为佛法和众生发愿祈祷。

水鼠年(1732年)在至尊曲吉杰布尊前打开法库之门，聆听了大手印五具、那若六法等怙主直贡巴的所有教法及俄氏七曼荼罗、金刚鬘四十八曼荼罗和年氏传承八大法行善逝集等。另外先后听了有关桑林贡堆、白玛林巴之密法等不可思议的新旧密乘教法。在洛·贡觉曲吉加措尊前听了至尊觉巴仁波且深妙法《意精华大发心》等。木兔年(1735年)七世达赖胜王格桑嘉措从噶塔尔寺莅临藏区时，至尊前往热振迎接，在那儿向圣胜王献了发新，胜王给至尊赐名衮桑贡觉尼玛。至尊从文字读写开始，学习了我传

①推理者：寻思者。未能如实现见事物的本性，只依各派因理略思详察，以进行推理者。如古印度哲学派系中的数论派、顺世派、胜论派、吠陀派和离系派等诸外道。

承的舞画嗱三艺、黑白历算和诗韵三十五种意义修饰法①以及医学四续②、绘制佛画等。后来又从司徒·却吉迥乃处学习集分派声明。总之,精熟所有显密二教及世间诸明。

火蛇年(1737年)至尊应那续诸寺共同的诚挚邀请,莅临曲科强巴林寺。冬季传授白林罗布加措的大修根本灌顶和无上瑜伽十三尊灌顶等,以法之甘露使在场的有情众生之菩提幼苗得到成熟,而后返回直贡。土羊年(1739年)应囊谦禅寺萨迥·多吉次旺之邀,率不少眷属,途经木亏荣、那续霍尔、仲巴德囊等前去,途中受到寺庙村落之僧俗部众的热情接待,至尊亦赐示佛法,使各自得到满足。此年室宿月(八月)到达囊谦禅寺,受到洛噶尔和囊谦贵族公子等广大僧俗乘马相迎。福田与施主相见,至尊得到广泛承事和丰厚礼品。在宗塘噶尔妥,以洛噶尔为首的许多师徒作助手,建立了八大法行善逝集大修灌顶的仪轨,把所聚1万多有缘者引向成熟解脱圣位,一个半月内顺利完成。至尊又莅临米也寺和杨钦寺等。另外受到各寺各部迎请,并受到广泛侍奉和无量礼物。尤其是囊谦官人先后给至尊供第三百献、第五百献等堪与毗

---

①三十五意义修饰法:古印度东南两派修辞学家共许的以意义变化为主的35种诗文写作修饰法。参见东嘎·洛桑赤烈先生所著《诗学明鉴》第127页～476页。青海民族出版社1982年出版。

②医学四续:即四部医典。公元8世纪时藏医宇妥·云丹贡布所著西藏医学四大论:1.《本续》,共六章,述人体生理、病理、诊断及治疗的一般知识;2.《释续》,共三十一章,述人体解剖构造、病症形象分类、保健卫生等;3.《诀窍续》共九十二章,述临床诊断和具体治疗方法;4.《后续》共二十八章,述辨症论治、制药等。书中涉及藏医学的基础理论、生理解剖、诊断、临床各科、治疗原则、方剂药物和预防等内容。参见李永年译《四部医典》,人民卫生出版社1983年出版,日琼仁波且·甲拜衮桑编著、蔡景峰译《西藏医学》,西藏人民出版社1982年出版。

沙门相比的丰厚礼物，至尊向各自赐予灌顶和密法之甘露，为当地所有人播下解脱之种子，而后渐次返回。于金猴年（1740年）秋末回到直贡，把所有从多康得到的财物都敬献在至尊先师曲吉杰布尊前。不久，父子一同来到拉萨，向上级福田与施主贡献丰厚的礼品，亦得到了无上关照和奖赏。

从金鸡年（1741年）开始，至尊先师在大经院修建出乎凡夫意料的经殿及塔像经等，至尊亦帮助先师作一些力所能及，如制作塔中所藏小神塔以及装藏开光等诸事。水猪年（1743年）至尊先师授他为直贡寺住持，至尊恳请先师暂且继任住持。当时大王颇罗鼐之公子久米朗杰①为人性情凶狠狂妄，对众新友施以暴虐，后来不仅成为这位至尊的朋友，而且也因至尊的大悲心所致，使得他的嚣张气焰有所收敛，残暴性情亦有所改变，他非常崇敬这位至尊。至尊应邀数次莅临当雄、吉日达孜等地。火虎年（1746年）念修殊胜本尊手印胜处并多次近修本尊护法，尤其是常修极深密意上师次旺增巴。

第十三饶迥火兔年（1747年）遵从先师命令，于角宿月十四日五支②果殊胜吉祥日出时，任直贡大寺住持。以至尊曲吉杰布为

①久米朗杰：清史称珠尔墨特那木扎勒。1746年，清乾隆皇帝将他封为颇罗鼐的长子。1747年郡王颇罗鼐病故，清朝政府“即将伊子珠尔墨特那木扎勒袭封郡王”，让他“总理藏卫事务”（见《清实录·高宗实录》）。关于久米朗杰的性情，驻藏大臣奏中称为“秉性暴虐，众心怨怒”“乖张悖庚”。因久米朗杰阴谋勾结准噶尔蒙古，多行不义，与七世达赖喇嘛的矛盾亦激化，暗中策划反清和谋叛达赖叛乱。为此，1750年驻藏大臣傅清、拉布敦计诱久米朗杰至驻藏大臣衙门楼下，拔刀砍死。

②五支：五要素，五位。星算家说有值日的曜、星、日数、会合、作用等五类星神，并各赋予一定数据，从而推断时辰之吉凶。

主的众僧徒赞颂庆贺；久米朗杰也从拉萨派代表来祝贺；上下贵贱众人送礼道贺，隆重盛况超过以往。此后前往卓隆登上法座，进行庆祝。此年天降月黄道吉日，在卓隆经院三界庄严佛像前，由绛央曲吉杰布任亲教师，在轨范师及如数比丘中受比丘戒。金羊年(1751年)在宗萨尔新建六字大轮。翌年铸造历代先师像时，这位至尊也铸造了无比达布仁波且和至尊上师无比曲吉杰布的金铜像，并同时给予开光。不久至尊先师自觉不适，体质亦愈加虚弱，至尊多次举办祈福祝寿法事，先师给至尊作了教导并留下遗嘱，尤其是至尊按先师遗嘱完成了大殿下部的剩余壁画的绘制。木狗年(1754年)四月至尊曲吉杰布融入法界，至尊先后完成祭奠祈祷，火化遗体及七七祭奠等法事，并迎请兄长珠巴知一切，组织僧众举办回向法会。翌年即木猪年(1755年)完成寝宫像、天降灵塔等并给予开光。在孜瓦铸造金铜像，又遵照先师遗嘱，新建土塔，举办丧葬佛事的同时制作了无比净饭王子释迦牟尼的本生传记卷轴画15幅。

至尊每年举办春季施放朵玛食子法会、八大法行大修、大威德回遮护遮等从未间断。向每六年轮换的达夏二寺禅师传授五具、六法等及各自所需求的教法，向每三年轮换的替东院禅师传授五具，向噶蔡禅院传授极深密意之教法。新造五具教导《易携白晶石鬘》。某次莅临擦与搅部时，在会堂的一块小石子上留下清晰的手指印。在宗萨尔正厅内塑造了噶举殿诸法嗣、传承及能仁释迦和诸阿阇黎的药泥像，铸造了觉巴仁波且的金铜像。金龙年(1760年)，为了藏区得到安宁，根据诸伏藏中所说，把位于德仲地区杨温种俄三岔口的曲斯吉寺左右扩充修造了莲花大师及其萨霍尔二妃、八种别号像[①]，还修造了三根本、金刚童子、十忿怒明王夫妇等像。新建孜瓦护法殿并铸造四臂护法、祖母护法曲吉卓玛像和无死林苑六字真言变化轮等。另外先后在卓隆佛殿铸造莲花生银像；修造十六尊者本生传记和所有护法神的卷轴画；新造了从至尊觉巴仁波且到至尊顿珠曲杰间的诸先师文集和新旧密乘之教法许多卷帙；在大能仁释迦像三界庄严前献上纯银曼札。

水羊年(1763年)至尊维修了大圣地杂日山玉麦寺，同时新建高二层的大殿，塑造诸法嗣师承像。此年夏，司徒·丹巴尼杰却吉迥乃从楚普前往多康时，至尊陪送到当雄。至尊和司徒仁波且都清楚地看见至尊先师的化身转生在绛域地区，卜卦的结果也与之相同。于是在有关认定迎请等方面进行了详细周密的讨论。从郭庆山岗前往那木措朝礼，返回途中又朝谒热振寺。冬末首派迎请我们的上师[②]、殊胜化身的人到了绛地。木猴年(1764年)新年刚过又派杰赛罗布为首的迎请队前往德格。猴月(七月)，至尊莅临德仲，向所集聚万人传授三根本之供朵玛食子仪轨及灌顶等，不久，将殊胜化身顺利地从绛域迎请到卫地。此年昂宿月(十月)十日，在孜瓦萨丹多吉殿，父子相见，我他各方的诸上师及贵贱众人前来庆贺，奉献丰厚礼品，不久途经宗萨尔等地来到直贡大寺。在至尊觉巴三世怙主身像如意宝前，让殊胜化身献发新，

①莲花生八种别号：藏传佛教宁玛派对莲花生常用的八种别号：即释迦狮子、莲花生、日光、狮子吼、忿怒金刚、莲花金刚、莲花王和爱慧等八种名号，其前均冠有梵音谷如，有尊师之意。莲花生大师有八种化身像，才有八种别号。

②因为这位化身是《直贡法嗣》作者即直贡第二十八任住持之上师，故如此称呼。

并取名。让化身朝拜替寺、供养诸所依、发放布施等都胜过以往。来到佛法大经院杨日噶尔寺，众僧散花，庆祝祈祷化身久住世间，杨日噶尔亲教师曲旺伦珠向化身贡献丰厚供品。此后父子一同驻锡在宗萨尔。木鸡年（1765 年）的新年喜筵和春季供朵玛食子法会的规模都大于以往。父子先后来到德仲，至尊向殊胜化身详细介绍了德仲圣地的历史。至尊在替寺的东西两禅院传授胜乐五尊的广详灌顶等许多教法。

此后至尊莅临拉萨，拜见福田施主，朝谒大昭寺，并供奉祈祷。汉藏许多上人前来拜谒，至尊满足各自的需求后返回直贡。不久临近往生他界时，适逢杨日噶尔执事换届，尤其是亲教师曲旺伦珠因四大失调、身染重疾、无望继续在世。至尊给诸人适当的教导，有些执事亦恳请辞职，只因一味偏袒徇私所致，未能顺利换届。如此，至尊看着恶世不良现象，心生悲哀，故一直住在寝宫内潜心修证。当时，在卓隆、孜瓦、宗萨尔等地出现鬼头鹰①，不祥之兆频频出现。火狗年（1766 年）在孜瓦举办完春季供朵玛食子法会后就显示四大失调、身患肿瘤病相，只因至尊上师尚年幼，而众仆从又鬼迷心窍，整日无所事事，懒惰成性，只是给至尊作些医药治疗而不办祈福祝寿法事。因此，于火狗年角宿月十九日日暖时，至尊把身曼荼罗摄入法界，年届 43 岁。当由洛仁波且·曲吉坚参亲自主持仪轨，依静猛种聚传规火化遗体宝时，从焚尸亭内流出甘露，冒出颜色纯白、香气馥郁的烟，袅袅白烟一头飘向东方，一头直冲西方，天空中彩虹飞舞，花雨纷飞，彩云形成的神众正在供养至尊。如此奇景，使在场人大饱眼福。在孜瓦修建了土石灵塔，在卓隆铸造了寝宫金铜像，并请于法嗣像中。冬末，举办

①鬼头鹰：鸣声被视为不祥预兆的一种鸟。

僧众回向大法会。翌年即火猪年(1767 年)铸造了金银吉祥多门灵塔,饰有诸宝,造型精巧,塔身高于以往灵塔。以至尊上师为首的众僧举行了开光仪式。另外,一切丧葬佛事按成规完成。

这位圣人有无量徒众,最殊胜的首要弟子是洛仁波且·曲吉坚参。他于土蛇年诞生于囊谦,5 岁时在至尊顿珠曲杰尊前出家,取名贡觉曲吉坚参。从至尊珠堆受沙弥戒,学习了五具、六法、极深密等直贡诸法;在先师之侄阿阇黎贡桑受比丘戒,并听了许多新旧密法。大威德和洛支作为主要本尊,加以修持。当至尊珠堆示短寿,直贡法统面临断裂时,洛仁波且任传授沙弥和比丘戒的亲教师,所以对直贡有着特殊的恩典。在东也巴尔麦建造许多所依,把多康地区的众化机引向成熟解脱。52 岁时示寂。另外,尚有持守成就戒行,现证一味瑜伽,能以道法把自身转化为文殊大威德的格隆·阿旺,以及证得离戏空性,亲见胜乐等诸多本尊神的格隆·旺久等隐修瑜伽士数人,在此不赘述。

二十七、贡觉丹增曲吉尼玛传

总聚佛和菩萨之慈悲,
密宗各部主尊金刚持,
为利众生译编噶尔羌姆,
曲吉尼玛足下我顶礼。

第二十七任住持贡觉丹增曲吉尼玛历史:正如在胜者王热那在位时所述,三世怙主仁钦白之弟子多如繁星,其中最殊胜的十地菩萨京俄·西绕迥乃虽然为了实现“轮回大海不空誓作要化度众生事业”的誓愿而显示无量化身，然而他化身为文殊法王陈烈顿珠白吉德[①]时，因混浊时代众生愚蛮难调教而显示往生净土不再转世。但此时又因宿世誓愿之力所鼓动，在此界转世为殊胜化身，这就是我们的吉祥圣上师。至尊诞生在靠近东方汉地的大理所属普粗瓦村庄，父为绛三睒[②]之王后裔索朗次丹，母为该王大臣之后裔次仁桑母。于木猪年(1755 年)八月三日降生人世。当时母亲有梦兆等种种奇异征相，至尊刚一降临人世，就被莲花手[③]丹增珠堆和大班智达司徒·丹巴尼杰(或称却吉迥乃)二人的无垢清净天眼所见。因直贡与绛三睒相距遥远，所以把确认化身等诸事托咐给司徒仁波且。这样司徒派近侍喇嘛丹培，携带先师的佛珠等前去确认，结果化身认识先师之物无误，是转世化身确信无疑。于是我寺派喇嘛曲旺和贡觉伦珠及其随从，于水羊年(1763年)十月初启程前往绛三睒，迎请转世化身；司徒之侄贡乔亦于木猴年(1764 年)二月从八邦寺来到绛三睒。于该年角宿月(三月)二十七日黎明从绛三睒起程，乘马返回直贡。途中受到土丹饶杰林寺的僧队夹道欢迎。在此驻锡数夜。扎西伦珠寺等寺院和村落前来迎请并献无量供品。渐次前行，在八邦寺与司徒仁波且相见并一同前行，在此遇到了从直贡前来迎请的杰赛罗布主仆等第二批人马，经过囊谦等地返回直贡。行至霍尔境内，骑马过河时，苯教神作祟，降可怖的冰雹，危及至尊等人性命，由于这位至尊悲心浩大，战胜了凶狠的敌人。此后渐次到达卫地，受到替噶尔等

---

①即指第二十五任住持。

②绛三睒：系藏音。是唐时南诏国所在地区名。“绛”泛指云南的丽江、大理一带。“三睒”指古丽江附地。

③莲花手：系观世音菩萨之异名。此处系形容丹增珠堆之修饰语。

寺遣马郊迎和大经院杨日噶尔僧队的夹道相迎。在热索塘受到我方僧俗、各寺上师之代表等数百人乘马相迎。此年十一月上弦五日，颇章屋顶悬挂吉祥彩幔、伞、胜幢、旗幡等，并有诸乐器合奏，举行盛大喜筵。在吉祥直贡派集会处大颇章萨丹多吉圣地，殊胜化身谒见与圣世自在①无别之贡觉丹增珠堆。二人相见，犹如天空中的日月，使此地一切众生享受到新圆满时的幸福。噶玛巴父子、岗、主等噶举派诸大师和我他各方面的贵贱众人，都给殊胜化身祈福供奉。此后父子一同莅临宗萨尔，不久又莅临与灵鹫山②无别的直贡大寺。择黄道吉日在妥卡金殿内，在与无比仁钦白本人毫无二致的曲吉仁波且像前，向至尊丹增珠堆尊前献发新，取名贡觉丹增曲吉尼玛(大宝持佛法日)，向各经殿进行朝礼供奉。此后来到讲修佛法根枝的圣佛教大经院杨日噶寺，受到众僧夹道欢迎，寺院公私各方都供奉丰厚礼品，此后定居宗萨尔。

木鸡年(1765 年)氐宿月(四月)举行八大法行大修时，至尊聆听了至尊先师所传的从建立灌顶仪轨到药修、结束灌顶等。另外先后听了二种长寿灌顶和谷如静相修法等。此年夏末，至尊父子朝拜了德仲和替圣地，秋末莅临拉萨，拜谒福田与施主，朝礼大昭寺诸殿堂，于火狗年(1766 年)春季供施朵玛食子法会结束时，至尊先师显示身患疾病相，至尊进行服侍并一直住在先师尊前，当时至尊梦见许多不祥之兆。当三月十九日先师融入法界时，至尊无比悲痛，犹如佛陀涅槃时阿难比丘之悲痛。一切丧葬法事如昔完成。此年心宿月(五月)十六日，把这位至尊授权为大寺狮子座的法太子。由于至尊年幼，准备请洛仁波且·曲吉坚参来实施八

①圣世自在：指观世音菩萨。

②灵鹫山：佛说般若经处。十六尊者之注茶半托迦尊者住持佛法处。

大法行大修仪轨。某夜至尊梦见至尊先师，并对至尊说："我因患病，不能出席法会，你作金刚阿阇黎吧"。于是由领诵师贡觉次仁向至尊献来导引经典，至尊则作金刚阿阇黎主持实施仪轨，使得所有贵贱众人惊奇不已。当时梦中见到了智慧怙主、护法神、红色夜叉等。此后从洛仁波且受沙弥戒，听了大手印五具、甚深妙道那若六法等自宗之许多灌顶密法。此年冬，由至尊主持，在孜瓦举行了僧众回向大法会。

火猪年(1767 年)孟夏，从二位先师的首要弟子圣噶尔朱古·曲吉尼玛处聆听了玛尔巴、米拉日巴、达布拉杰、众生怙主帕珠、至尊觉巴仁波且及直贡派诸祖师之所有文集等直贡所有甚深妙法和八大法行善逝集、金刚鬘等新旧密法无量。季夏，为修至尊先师之灵塔来到替寺，依胜乐广作开光。此后在德仲斯木吉念修佛母如意轮时出现了如理征相。此后在宗萨尔，从噶尔朱古听了佛说部《甘珠尔》的所有经教，先后闻修自宗的念诵法行及文字、黑白历算等。从阿阇黎大班智达佐钦巴·顿珠格桑处聆听显密诸术语时，先天的禀赋加上后天的勤修，一学便通。当杨日噶尔亲教师曲旺伦珠圆寂时对至尊说："我所交遗物，作为僧院的公共财产或用来扩充大殿，请至尊决定。"至尊决定用来扩充杨日噶尔大殿，于土牛年(1769 年)新建一座有八个长柱相连的面积为 48 柱子的大殿，附带维修了寝宫、祖母护法神殿等需要修缮的殿堂。当年刻时完工并给予开光，在这先后出现了许多梦兆等情况见于其单行传记。金虎年(1770 年)，替寺金殿被雨水损坏，翌年给予维修。至尊多次莅临替和德仲，朝拜了新旧诸圣地，并留下许多手掌印迹。至尊还造了八十四成就者[1]等的卷轴画像。金兔年(1771年),至尊在卓隆新修八大法行善逝集之大轮,并新修开光仪轨给予开光。水龙年(1772年),在卓隆大经院,向后藏轮换禅师传授五具、那若六法之教导以及各自所需密法灌顶等。

完成每年举办的八大法行大修后就被那续贡村落和寺院迎请。为了在北方有情众生心中播下菩提种子,于此年心宿月(五月)下弦的空行集会大节日,至尊率100多名随从途经隆续前往,朝拜热振寺诸殿堂,应邀莅临达隆,受到遣马郊迎。达隆寺屋顶香烟缭绕,旗幡飘扬,寺内传出阵阵乐声,迎接场面隆重热烈。至尊与达隆寺朱古·阿旺丹增平措朗杰桑布相见并就世间出世间各方面作了交谈,得到丰厚礼品。至尊及随从朝拜进香达隆寺各殿堂后继续前行,途中乾达婆王[2]降落霖雨以示迎接至尊。此后,至尊朝拜了纳木措之扎西夺沃寺后继续前行,受到考察、杂玛尔、那曲等各村落的邀请并得到无量供奉,至尊亦对机行化,施以佛法和财物,使众人得到满足。八月上弦二日,与那续众村落和寺院遣马相迎者一道来到曲科强巴林寺,受到众僧夹道欢迎。至尊向寺院赠送礼品,给众僧发放布施。应村落和寺院共同恳请,为给当地众人打开成熟之法门,至尊传授年氏传承的八大法行善逝集之大灌顶修行,从加行、取土加持仪轨到最后收拾号桩,一切遵照历代先师实施法规。传法既详广又隆重,内外都出现了许多奇

---

①八十四成就者:从7世纪到12世纪末大约共600年间,古印度龙树、静命、底洛巴、那若巴等八十四位成就者,通常也称八十大成就者。东嘎·洛桑赤列先生《红史·校注》条列有八十四位成就者的名字,其事迹详见于印度阿阇黎阿巴雅噶葸所著雷江巴曹译师所译的《八十四名成就者传记》中。

②乾达婆:系梵音,意即寻香、食香者。欲界中有或中阴身,各依因缘善恶,吸食种种香、臭气味,故名寻香。乾达婆王即三界中欲界之主。

特征相，把当地所有有情众生引入大乘之道。如此传法，在一个多月内完成。至尊还为当地寺院的经像塔等给予开光，得到公私各方面的丰厚礼品。九月内起程返回，途中被种俄瓦上师普噶迎请，至尊顺便为新建自宗寺院加持地域，不久寺院也顺利建成。琪种、苏熟和直贡属下扎喀等各村落邀请至尊并献无量礼品，至尊亦对机行化，传授各自所需灌顶密法，使众化机见闻觉知都获益。十月末回卓隆，而后莅临宗萨尔。十一月，至尊前往拉萨，拜见福田与施主，并献礼品，供养拉萨诸寺，并发愿弘扬佛法利乐众生。前来谒见的上人甚多，至尊使各自得到满足后返回直贡。

因为僧院的诸祭供和宗萨尔的诸佛事都离不开肉供，为此需要大量杀生，而在续部《金刚鬘》中云："要有大慈大悲心，未要伤害一生命，宁可牺牲自己命，也不杀戮一生灵。"如此在许多显密经典中讲述了许多血肉供之过患。因为至尊自己诸世都住于菩提萨埵之地，由此菩提心之力所鼓舞，至尊为了解救牲畜于死的恐怖，为了使刽子手不堕恶趣悬崖，发出无量大悲心，制定了禁止杀生的戒规，并且想到倘若只让他人守戒而自己却失戒，未免不近情理，为此至尊自己也严守有关食用肉类的戒规。众生幸福靠佛法，佛法事业靠僧众，而戒律又是关键所在。在杨日噶尔，虽说历代祖师制定过戒律，只因劫时所致，世风日下，使诸戒亦有所松弛。《律仪二十颂》[①]云："对己或者对他人，就算痛苦也求利，利乐诸事要作到，有乐勿作不利事。"正如所言，于木羊年，至尊举办凶猛仪轨，把那些严重犯戒者给予定罪；对大多数犯戒者，施予惩治，令其修忏悔，奉还残戒，舍戒还俗，并诚恳教诫其重新勤修二学。如此，至尊针对不同情况用静猛不同仪轨严肃戒律，为佛法

①《律仪二十颂》：古印度旃陀罗阁弥论师著，全书包含二十偈颂，叙述菩萨戒诸学处。

作殊胜事业。此年心宿月(五月)十五日黄道吉日，让工匠师阿旺丹增等四人起灶开炉，铸造一层半楼高的雪域之主，圣大慈大悲观世音菩萨之金铜像。

至尊先后近修八大法行善逝集等诸本尊，视无垢善大仙为特殊本尊，并毕生时时加以勤修，在实际、感受和梦境①等不同境界中获得身和语的明相等许多好征相，尤其是亲见了众集山的奇异庄严。当时我生在工布已有7岁，至尊上师说我是至尊先师之转世化身。所有佛教经典都有六边四式，其中有不了义或密意所说。在《莲鬘狮子吼经》中云："众生本是五佛之本性，如现舞者画匠之相形，虽然大乐就是唯一处，但是唯一之中含众多。"这就是说一切众生为佛因，一切佛陀为一密意。如我类凡夫俗子，虽没有任何像诸菩萨及先师那样的奇异功德，但是正如以上所述密意语，为了暂时不让寺院空缺住持，才认定我为转世化身。因此于火猴年(1776年)，派以噶尔堪苏杰赛为首的许多僧俗前来迎请。翼宿月(二月)，我来到至尊足下，有幸拜谒至尊尊容。此年洛·曲吉坚参从多康前来，向至尊贡献丰厚财礼。猴月(七月)在德仲，至尊向所聚3万多人传授谷如静相等许多新旧密乘灌顶。嘴宿月(十一月)，铸造了有靠座的造型精巧的大悲观世音像，请住在杨日噶尔大殿，至尊带领僧众依从静猛种集给予开光，并在两周内传授大王传承之观世音菩萨宝瓶修法②。

火鸡年(1777年)角宿月(三月)十三日太阳入轸宿的吉日，由

①或说"在实际、感受、梦境中"，或说"在实际、光明、梦境中"，皆指三个时期或三种境界，即言在平常生活中，在修持的禅定中，在入睡时的梦境中，都能出现修持获成就之征相。

②宝瓶修法是密宗无上瑜伽之重要修持法，是修脐轮火、大圆满、大手印等密法的基础。其目的是调整人身上的五气(上行气、下行气、遍行气、平住气、命根气)，使五气融入注于中脉，以修持更高一层次的密法。

洛仁波且·曲吉坚参为亲教师，由佐钦·顿珠格桑为轨范师，在如数比丘中至尊受清净圆满比丘戒。至尊认真遵守一切戒规的细微处，成为混浊世代雪域之殊胜持律者。狗年(1778年)至尊在德仲的新开圣地西普宁玛洞中闭关修持长寿法，并到擦乌白的山岭巡礼。至尊尼结巴曾在雅玛日上修建了禅院，但长久无人驻锡，已衰败不堪。至尊心想，如果杨日噶尔大经院属下有个禅院，对实修派传承大有裨益。于是在金鸡年(1780年)，趁杰赛·丹增桑布扩建大经院住宅之便，维修了禅院的护法殿，并新建了米久德庆岭(不变大乐洲)殿。当时萨迦教主贡噶洛珠父子游历前藏各地，亦驾临直贡替和德仲等处，在卓隆与至尊相见，并如至尊所愿，至尊传授了无量寿佛俱卢洲灌顶。翌年，用数匹上等绸缎，请乌坚扎西等5名我寺僧人，制作了佛祖的具备靠座等十三金刚法的缎制巨像，上有燃灯佛、弥勒佛、声闻二胜、心性安息的观世音、静相金刚手、梵天、帝释天等诸像。于水虎年(1782年)四月完成，依胜乐给予开光并启开。又根据《大方广菩萨藏文殊师利根本仪轨经》①之“画像集”所说传承，制作造型精巧的画像，两个月内完成，并依月密开光。另外，至尊还制作了佛陀本生、历代住持传记和八大法行善逝集诸神等的许多画像；塑造了金银、红白檀香树的双尊胜乐金刚五尊信誓曼荼罗。属下次仁师傅完成铸造金银像工作，檀香像有至尊亲自雕塑。所造佛像造型精美，于土兔年②完成并给予开光。此年，至尊还新建了米久德庆岭殿的拉章③和一些茅棚。

龙年(1784年)，向我等众人传授了《金刚鬘》曼荼罗四十八尊

---

①系密宗经籍，全书共三十六章。11世纪初，译师释迦洛追由梵译藏。

②此处年代有误，应是水兔年(1783年)而不应是土兔年(1819年)。

③拉章：大活佛之居室。亦指该活佛系统之传承势力范围。

的灌顶和胜者王佛说部《甘珠尔》经，每年办大修八大法行会时传授其详广灌顶仪轨大宝金鬘等。至尊为直贡寺的主要所依无比热那室利身像如意宝新造作工殊特的金铜座，并当年完成，请住在金殿中，并与诸所依一道依胜乐给予开光。蛇年（1785 年），在德仲确定了空行秘密杨普洞和诸天然所成圣地，造了新旧诸圣地的历史解说。羊年（1787 年），用白银 570 多两，铸造了第二佛莲花生大师像，高于人身；在朽堆日朵地方制造了六字真言、元寿陀罗尼、百字明咒[1]、三姓怙主等的 24 个神通轮。这一切由我寺属下工匠完成，各自依从静猛种集给予开光。此年胜者王噶玛巴·都堆多吉[2]驾临直贡，与至尊首次相见于德仲。此后在宗萨尔，从噶玛巴听了一些金刚除障明王[3]的灌顶及密法。至尊铸造了如来在《三聚经》中所说的三十五佛的金铜像[4]；在米久德庆岭，塑造了如经所说的药泥庄严图。土猴年六月，至尊向 1.5 万人众传授了谷如静相灌顶及各自所需灌顶。至尊在宗萨尔空行秘密胜成洞内闭关静修数夜后朝礼了新开诸圣地。在帕王觉钦寒林举办会供曼荼罗时，飞落许多雄鹰前来享用会供，不伤害众人，静静地站在至尊旁边，使众人惊奇不已。之后，至尊莅临觉郭擦乌及直贡寺，当时比以往更详细地朝谒诸圣，暗示以后不会再莅临。此时

①百字明：字数为一百的咒语，如金刚萨埵百字明，胜乐金刚百字明，大威德金刚百字明。

②噶玛巴·都堆多吉：即噶玛巴十三世都堆多吉（1733～1797 年）。其历史见于政协德格县委所编《噶举历史新编》藏文版第 125～133 页。

③金刚除障明王：佛教一护法神。

④《三聚经》为一部忏悔经。此经见于青海民族出版社 1989 年版藏文《颂词汇编》第 4～9 页。参见成都昭觉寺所印《上师无上供养观行法》汉译文“三十五佛忏悔文”。

发生尼藏大战乱①。为此前一年即木龙年各地发生多次地震，天空变成血红色，不祥之兆屡屡出现。此后数年内各地流行重天花等各种瘟疫，至尊先后多次举办仪轨作法，以求政教平安，而且在此之前，至尊已预知将在藏区流行瘟疫，动荡不安，并作了韵文的授记，后来这些预言都一一应验。

金猪年(1891 年)在卓隆轮换禅师时，向众人开示甚深妙道五具和六法、极深密意之见地教导；向我等少数人传授诸灌顶。秋季，洛仁波且·曲吉坚参驾到，至尊从他听了大成就者米扎之百灌顶等许多灌顶。当年再度发生尼藏大战乱，先后汉地的大批官兵人马进进出出，使卫藏各地动荡不安，被时势所迫，大多数人变得残暴蛮横，为此至尊表现出极其悲痛，化度此界众生的事业也已完毕。当时，多次发生地震，夜晚出现白色彩虹，内外出现种种不祥之兆。数年前，至尊就多次暗示不再此界驻锡，只因我等鬼迷心窍，未能揣知猜中。水鼠年(1792 年)神变月末，至尊向洛仁波且赐予超过往年的佛法和财物，派他前往多康。二月份在孜瓦举行春季朵玛食子供养法会时，至尊四大失调，身体变得衰弱。

---

①指廓尔喀入侵西藏而引起的廓藏之战。廓尔喀本是尼泊尔境内的一小部落，后于 1769 年在尼泊尔创建廓尔喀国，并征服尼泊尔诸小国，亦霸占西藏东部的一些土地。1780 年六世班禅贝典益西应邀前去蒙古热河给乾隆帝祝寿，获得清廷赏赐和众人供养财物无量。因班禅在京圆寂，其财物由班禅的堪布运回西藏交给班禅之弟仲巴呼图克图。仲巴把财物多窃为私有，而班禅的二弟噶玛巴红帽系活佛曲珠加措因教派不同而分文未得，于是投奔廓尔喀部，唆使其入侵。1788 年，廓尔喀部以西藏商税增额、食盐搀土为借口，入侵西藏，占领吉隆、聂拉木等地，清廷驻藏大臣巴忠、鄂辉等妥协贿和，私许由藏方发纳银两，廓尔兵大掠而退。后以廓尔喀索要银两，而西藏地方政府分文不纳，于是，1791 年廓尔喀再度入侵藏土，大掠扎什伦布寺，并掠走牲畜等财产。乾隆帝又派兵进藏讨伐廓尔喀，把廓尔喀军全部驱逐出境。1792 年廓尔喀投降。

之后至尊来到宗萨尔，身体每况愈下，虽然医生进行治疗，我等也积极侍奉祈祷；向诸寺一视同仁地布施茶粥，举办福寿法事，只因众生命薄福浅，一切努力都无济于事。为了鼓励那些执著有为法者入法，于氐宿月①下弦初十六日黎明，显示身相好曼荼罗收入变化界相，使我等众人陷入痛苦深渊，犹如盲人迷路于荒野，显得不知所措。但众人都深知有为法无法避免，于是大家勤奋作好供养和洗濯遗体宝等诸事，由杨日噶尔和替寺的150多名比丘举办七七大祭并供养三所依，向以胜者王噶玛巴为首的雪域地区诸上人贡赐礼品，向卫藏各寺布施茶粥，不分教派，一视同仁；向我属下的寺院和村落布施大斋。当月二十七日，由我任金刚阿阇黎，率40名僧人遵照静猛种集火化至尊的遗体如意宝。当时烟雾覆盖我许久以暗示我将摄收众化机。另外，空中出现了彩虹及清晰的八吉祥相，许多雄鹰绕着火化的遗体飞翔。在普古洞建菩提土塔，高三层，49天内完成；铸造金铜寝宫像，请住于杨日噶尔寺，并分别给予开光。十月份，在孜瓦举办僧众回向大法会。翌年水牛年(1793年)，铸造金银灵塔天降塔，请住于直贡寺康萨尔沃门殿，依从静猛开光。在冈底斯山修造舍利塔。如此，诸丧葬法事办得不亚于以往。

至尊的弟子多如繁星，难以计数，其中最殊胜的弟子都尚在。而众所周知，管理直贡派政教的重担交给了无德无能之鄙人，我虽然缺于闻思修，浸染在世间八风之中，成为所有贵贱众人之耻笑对象，没有丝毫的上士功德，然而命运使我成为至尊上师之继承人，为此我的情况简述如下：于金虎年(1770年)生在工域地区阿达年氏之血统的咒师家族中，7岁时来到直贡，有幸谒见真实金刚持曲吉尼玛。在替寺于法主仁波且像前受居士戒，取名贡觉丹

---

①氐宿月：藏历四月。

增陈烈朗杰(宝持佛事业殊胜),获得直贡诸法和善逝集等许多新旧教法。15 岁时受沙弥戒,取名丹增白玛坚参晋美陈烈乔唐且来朗巴杰瓦德。从洛仁波且·曲吉坚参处获得了一些灌顶密法。19 岁时即土猴年(1788 年)被授权为直贡政教继承人。尽管如此,但让我担任住持,等于赶鸭子上架,难以胜任,所以暂时只是名义上担任住持之职,实际上一切有至尊上师主管。23 岁时,由至尊上师当亲教师,洛仁波且当业轨范师,在如数比丘中受比丘戒。不久,至尊上师示寂,使我陷入痛苦深渊,虽然难以担此政教重任,但至今为直贡佛法竭尽全力,努力作到善意善行。

佛陀之法广漠如天空,达布噶举传承似太阳。
为了推助信愿之大海,在此简述直贡法嗣史。
由于自身愚昧少智慧,自诩武断诸错亦难免,
尚有惑知二障之污垢,法嗣诸贤尊前诚忏悔。
但愿彼之犹如水晶石,洁白雪山善业功德力,
能使释迦佛法离烟雾,常住四大部洲永不变。
尤愿修行传规山水中,第二龙树怙主直贡巴,
所传法统好似黄金山,永远巍然屹立不衰败。
愿彼秘诀教授律合一,了义大手印和金刚乘,
无上甘露点滴常降落,滋润充盈广阔之大地。
祈愿持彼大士之金鬘,犹如太阳月亮在天空,
永远高高升起不陨落,元寿长久事业又发达。
祈愿随从比丘似繁星,遍布各地护持细小戒,
勤奋闻思修于十明处,盛开十大法行之莲花。
祈愿在此世间永熄灭,疾病武斗贫穷诸苦难,
长住幸福安乐和圆满,众生也不放逸入法门。
愿我以大手印生次力,四支瑜伽圆满获自在,
以那方便空乐圆次力,刹那间过十地和五道。

祈愿使我成为大船主，从那世间苦海深渊中，
解度无边无际诸众生，引向具乐庄严之天界。

如此，这本《无比怙主直贡派历代法嗣教法源流·金鬘》是根据胜者王贡噶仁钦所作法阐教王仁波且以前历氏住持历史、胜者王贡觉仁钦所作《宝鬘》、至尊曲吉扎巴所作《莲花鬘》、至尊顿珠曲吉杰布所作《法嗣·水晶鬘》以及巴卧所作《宗教史》中的直贡历史①等而写成。由于以上书籍中记载过于简单，因此参照有些先师的传记及新旧历史典籍。另外生年及出任住持的时间上有些出入，为此又参照了郭译师之《青史》及曲吉扎巴的《莲花鬘》等，并从其他史书作了补充，以便之臻于完善详尽。我本有著此书之大愿，加上先后受到多方鼓励，因此，我这个金刚持曲吉尼玛的拙劣弟子、吉祥直贡寺的第二十八任或以至尊三世怙主算起的二十九任住持丹增白玛坚参晋美陈烈乔烈朗杰瓦德于金猴年（1800 年）氐宿月上弦吉日，位于龙声河畔的佛法大经院续麦卓隆杨日噶尔寺伦珠噶奇殿写作，又于水猪年（1803 年）作了认真校正并请埃地区文化发祥家族之多吉次旺来刻写。愿此成为佛法宝藏弘扬各地并永住的因缘！愿得吉祥！

第三十任住持丹增曲吉坚参，第三十一任住持攘迴曲尼罗布，第三十二任住持贡觉土吉尼玛，第三十三任住持丹增曲吉洛珠等因没有新传故未载入此书。另外，现任住持为丹增希瓦洛珠和丹增曲吉迥乃。

---

①即指巴卧·祖拉陈瓦（1504～1566 年）所著《宗教史·贤者喜宴》。成书于 1564 年，此书木刻本存于山南洛扎多瓦宗拉隆寺，故又名《洛扎教史》。此书第三章第九节讲述直贡噶举传承史。详见民族出版社藏文版，第 1337～1359 页。

直贡历代住持生卒年代及在位时间表

直贡觉巴·仁钦白,直贡噶举创建者。生于1143(水猪)年,卒于1217(火牛)年。1177年任帕珠寺座主,1179年创建直贡替寺并任住持。

1.堪钦·古热瓦,直贡第一任住持,仁钦白之弟子,生于1154(木狗)年,卒于1221年(金蛇年)。1217～1221年间在位。

2.温顿·索朗扎巴,直贡第二任住持,仁钦白之侄子,生于1199(土羊)年,卒于1247(火羊)年。1222～1247年间在位。

3.京俄·扎巴迥乃,直贡第三任住持,仁钦白之弟子,生于1175(木羊)年,卒于1255(木兔)年。1247～1255年间在位。

4.迥·多吉扎巴,直贡第四任住持,温顿·索朗扎巴之幼弟,生于1210(金马)年,卒于1278(土虎)年。1255～1278年间在位。

5.妥卡瓦·仁钦僧格,直贡第五任住持,温顿·索朗扎巴和迥·多吉扎巴之侄子,生于1226(火狗)年,卒于1284(木猴)年。1279～1284年间在位。

6.仓解巴·扎巴索朗,直贡第六任住持,妥卡瓦·仁钦僧格之三弟,生于1238(土狗)年,卒于1286(火狗)年。1284～1286年间在位。

7.觉依·多吉益西,直贡第七任住持,妥卡瓦·仁钦僧格之弟子,生于1223(水羊)年,卒于1293(水蛇)年。1284～1293年间在位。(此处有误,才丹夏茸先生认为1288～1293年在位)。

8.多吉仁钦，直贡第八任住持，妥卡瓦·仁钦僧格之孙子，生于1278（土虎）年，卒于1314（木虎）年。1296～1314年间在位。（有误，才丹夏茸先生认为1293～1315年在位）。

9.多吉杰布，直贡第九任住持，多吉仁钦之二弟，生于1284（木猴）年，卒于1350（金虎）年。1314～1350年间在位。

10.曲吉杰布，直贡第十任住持，多吉杰布之侄子，生于1335（木猪）年，卒于1407（火猪）年。1351～1407年间在位。

11.顿珠杰布，直贡第十一任住持，曲吉杰布之侄子，生于1369（土鸡）年，卒于1427（火羊）年。1407～1427年间在位。

12.达布王·仁钦旺杰，直贡第十二任住持，顿珠杰布之独子，生于1394（木猪）年，在职一个半月，后往五台山。

13.仁钦白桑，直贡第十三任住持，达布王之独子，生于1421（金牛）年，卒于1469（土牛）年。1435～1469年间在位。

14.仁钦曲杰白桑布，直贡第十四任住持，仁钦白桑之长子，生于1449（土蛇）年，卒于1484（木龙）年。1478～1484年间在位。

15.衮噶仁钦白桑布，直贡第十五任住持，仁钦曲坚白桑布之二子，生于1475（木羊）年，卒于1527（火猪）年。1494～1527年间在位。

16.仁钦平措曲吉杰布，直贡第十六任住持，衮噶仁钦白桑布之侄子，生于1509（土蛇）年，卒于1557年（火蛇）年。1528～1534年间在位。

17.仁钦朗杰曲吉扎巴坚参白桑布，直贡第十七任住持，仁钦平措曲吉杰布之侄子，生于1519（土兔）年，卒于1576（火鸡）年。1534～1565年间在位。

18.索朗白吉加措，直贡第十八任住持，仁钦朗杰曲吉扎巴坚参白桑布之幼弟，生于1527（火猪）年，卒于1570（金马）年。1565～1570年间在位。

19.乔烈朗杰，直贡第十九任住持，索朗白吉加措之侄子，生卒年代不详，从上下文推断，大约生活在1550～1575年左右，1570年任住持，数年后圆寂。

20.曲杰平措扎西，直贡第二十任住持，十六任住持仁钦平措曲吉杰布之子，生于1547(火羊)年，卒于1602(水虎)年。1582～1602年间在位。

21.扎西平措扎巴坚参，直贡第二十一任住持，曲杰平措扎西之子，生于1574(木狗)年。卒于1628(土龙)年。1603～1615年间在位。

22.贡觉仁钦，直贡第二十二任住持，曲杰平措扎西之三子，生于1590(金虎)年，卒于1654(木马)年。1615～1626年间在位。(此住持无子嗣，居惹家族血统断后，直贡寺内的活佛转世制始于此时)。

23.贡觉平措(或名仁增曲扎)，直贡第二十三任住持，曲杰平措扎西之幼子，生于1595(木羊)年，卒于1659(土猪)年。1626～1659年间在位。

24.贡觉陈烈桑布，直贡第二十四任住持，贡觉仁钦之转世化身，生于1656(火猴)年，卒于1718(土狗)年。1661～1718年间在位。

25.贡觉陈烈顿珠，直贡第二十五任住持，仁增曲扎之转世化身，生于1704(木猴)年，卒于1754(木狗)年。1718～1747年间在位。

26.贡觉丹增珠堆，直贡第二十六任住持，贡觉陈烈桑布之转世化身，生于1724(木龙)年，卒于1766(火狗)年。1747～1766年间在位。

27.贡觉丹增曲吉尼玛，直贡第二十七任住持，贡觉陈烈顿珠之转世化身，生于1755(木猪)年，卒于1792(水鸡)年。1766～1788年间在位。

28.贡觉丹增陈烈朗杰，直贡第二十八任住持，贡觉丹增珠堆之转世化身，生于1770(金虎)年，1788年(土猴)年任住持。

译后记

有谚曰:“山皆直贡山,坝皆直贡坝”。直贡噶举在西藏历史上的影响可见一斑。然而,时值国内外掀起藏学研究高潮,藏学研究不断深入的今日,却很少有人过问直贡噶举这一曾在西藏历史上有过巨大影响,起到重要作用的教派,甚至有人还认为它早已消声匿迹:“这一系在明朝中期以后,格鲁派兴起并与之进行斗争,才最终断了传承。”(长春出版社 1992 年《佛教文化)230 页)。关于直贡噶举在西藏历史上的地位、影响及作用,恰白·次旦平措先生在本书藏文“出版说明”中已论述,在此不再重复。值得一提的是,直贡噶举经历了 800 年的风风雨雨,至今仍流传于雪域高原及其他地区,其每逢猴年举办的大法会和其寺独具特色的噶尔羌姆神舞等远近闻名。在党的民族政策和宗教政策得到充分落实的今天,直贡噶举以其独有的特色,吸引着区内外,甚至国内外的众多信徒,在西藏的精神文明和物质文明建设中,发挥着积极的作用。

那么,为何在学术界直贡噶举却成为一个被遗忘的角落呢?其主要原因在于研究直贡噶举可参考的史料太少,尤其是译成汉文的资料更是难以见到。鉴于这一原因,译者在西藏民族学院民族研究所的直接领导和具体安排下翻译了《直贡法嗣》,并在历史事件和人物以及宗教术语等方面作了力所能及的注释,以满足和适应各类读者的需要。译者最初根据西藏民族学院民族研究所提供的直贡国觉拉章所存行书体版本复印件,后又根据西藏藏文古籍出版社1989年版进行翻译。我们之所以选择这本《直贡法嗣》翻译，其主要原因有以下三点：

一、《直贡法嗣》的作者是直贡噶举第二十八代住持，谙习直贡噶举的历史、教法等情况。《直贡法嗣·金鬘》不仅是《宝鬘》、《莲花鬘》、《水晶鬘》等直贡噶举诸先师所作历代住持传记的集大成者，而且作者还参照《贤者喜宴》、《青史》等享有盛誉的藏文书籍，进行校订补充，比较客观和真实地记述重大历史事件和人物，再现了西藏中世纪风云变幻的社会历史，弥补了许多西藏中世纪历史研究的空白；对研究明清时期西藏历史、政治提供了许多史料，有较高的史学价值，对研究西藏封建社会的政治、历史、经济、文化等有一定的参考价值。

二、《直贡法嗣》不仅"记载了直贡派的教法传承和派系、历代上师、各个时期的寺院盛衰情况，是一部研究直贡历史之不可缺少的重要文献"，而且详细介绍了玛尔巴、米拉日巴、达布拉杰、帕木珠巴等噶举派的西藏诸师历史，还记载了噶举派印度祖师底洛巴和那若巴的历史以及由金刚持到底洛巴之间的十几位印度金刚阿阇黎之历史，弥补了很多藏文史籍只是记载噶举派"四教诲"传承诸师人名而不见其历史的缺陷，给我们显示了噶举派总教法传承的清晰线索，对研究噶举派乃至研究金刚乘佛教，都有不可低估的参考价值。

三、《直贡法嗣》的全名为《了义佛法心要怙主大直贡传承法源·金鬘》，它不是单纯的人物传记，在记载直贡历史住持及其弟子的历史的同时，还清楚地介绍了直贡噶举诸显密教法传承情况。从《直贡法嗣》我们不仅看到正法一密意趣、五具等直贡噶举特有的教法，还能获悉大手印、那若六法和胜乐金刚本尊修法等噶举派的总教法的诸传承情况，同时还清楚地看到八大法行善逝集，大威德金刚本尊修法等教法在直贡噶举内流传盛行的情况，进而认识到直贡噶举不仅具有噶举派共有的特点，而且还有其与众不同、独具一格的特色。

在《直贡法嗣》翻译过程中，得到了西藏民族学院民族研究所的领导和文国根教授等有关同志的指导和帮助；西安冶金建筑学院的石世梁先生仔细地审阅了译稿并提出修改意见；西藏大学的大善知识次旺先生解释了一些书中难懂的词语；西藏人民出版社的李小方和杨志国两位先生为本书的出版做了许多工作，谨在此一并表示衷心感谢！尽管在翻译时得到以上诸位先生的指点和帮助，但由于译者学识浅陋，藏汉文水平有限，在译文中错误疏漏在所难免，恳请广大读者和专家批评指正。

克珠群佩

1993 年 5 月于古都成阳